中国法学会部级法学研究课题
家 事 法 研 究 学 术 文 库

我国防治家庭暴力情况实证调查研究

——以我国六省市被抽样调查地区防治家庭暴力情况为对象

陈 苇 主编（课题负责人）

群 众 出 版 社
2014 · 北京

我国六省市调查组组长（排名不分先后）：

重庆地区调查组组长 **陈 苇**

吉林地区调查组组长 **李洪祥**

湖南地区调查组组长 **欧阳艳文**

海南地区调查组组长 **叶英萍**

贵州地区调查组组长 **刘淑芬**

云南地区调查组组长 **杨晋玲**

撰稿人（以撰写章节先后为序）：

陈 苇 罗 杰 胡苷用 石 婷

李洪祥 闫晓玲 欧阳艳文 李 欣

杜志红 黎乃忠 叶英萍 张 浩

宋 莉 顾天羽 刘淑芬 李琼宇

雷 昕 杨晋玲 崔艳芬 吕 敏

《家事法研究学术文库》顾问

（以姓氏笔画为序）

目 录

CONTENTS

前　言

《我国防治家庭暴力情况实证调查研究——以我国六省市被抽样调查地区防治家庭暴力情况为对象》这一著作是本人负责主持完成的2012年度中国法学会部级法学研究课题“我国防治家庭暴力情况实证调查研究”的结项成果［课题编号：CLS（2012）D152］。

在当今世界，家庭暴力问题，尤其是针对妇女的家庭暴力问题，已引起许多国家和地区人们的关注。在现代社会，针对女性的家庭暴力，仍然是以性别不平等为基础的男性对女性的暴力。正如《联合国专家组反对针对妇女暴力的立法框架》之“立法序言”所指出的那样：“针对妇女的暴力是歧视的一种形式，是历史上男女不平等关系的体现，是对妇女人权的违背。”家庭暴力是对妇女基本人权和自由的侵犯，它不仅严重摧残妇女的身心健康，还可能会造成婚姻解体，家庭破裂。在国际上，自20世纪70年代以来，联合国在一些相关公约和文件中积极倡导各国政府及相关机构采取法律等措施预防和制止家庭暴力。例如，1979年联合国通过《消除对妇女一切形式歧视公约》；1993年12月联合国通过《消除针对妇女的暴力行为宣言》；1995年第四次世界妇女大会通过《行动纲领》，确认“针对妇女的暴力侵犯了和伤害了妇女的基本人权和基本自由”，将消除家庭暴力作为提高妇女地位的十二个关切领域之一，作为观察改善妇女人权状况的一个重要内容；1996年联合国经济与社会理事会人权委员会第52次会议通过的《家庭暴力示范立法框架》，为各国制定家庭暴力防治法提供了重要指导；1999年12月17日，联合国大会正式通过决议，将每年的11月25日定为“国际消除家庭暴力日”；2006年联合国通过《关于侵害妇女的一切形式的暴力行为的深入研究》，等等。

在我国，自20世纪90年代初，特别是1995年在我国北京召开“第四次世界妇女大会”以后，家庭暴力问题逐渐引起全社会的广泛关注。目前，越来越多的人开始意识到，对妇女的暴力是对妇女人权的侵犯，是对妇女身心的严重摧残，其既阻碍妇女的生存和发展，也危害社会的和谐与进步。中国政府是联合国《消除对妇女一切形式歧视公约》的签署国，是《北京宣言》、《行动纲领》的发起国和签署国，对于消除家庭暴力、保护妇女人权承担着国际义务和国家责任。2000年6月，中国政府向联合国联大特别会议提交了《〈北京宣言〉、〈行动纲领〉执行成果报告》，该报告重申中国政府重视妇女的进步与发展。男女平等是中国社会发展的一项基本国策。1995年，我国政府制定的《中国妇女发展纲要》(1995~2000)，第一次正式提出了“家庭暴力”这一概念。① 但是，有关防治家庭暴力的立法，我国则始于地方。1996年年初，在湖南省长沙市发生“高楼抛妻案”后，该市政府制定了《关于预防和制止家庭暴力的若干规定》，这是我国第一部反家庭暴力的地方性政策。2000年3月，湖南省出台了我国第一个省级层面的防治家庭暴力地方性法规《湖南省预防和制止家庭暴力的决议》。2001年，修正后的现行《婚姻法》首次在全国性法律层面规定“禁止家庭暴力”，并设专章规定了家庭暴力的救助措施及法律责任。此后，最高人民法院2001年12月颁布的《关于适用〈中华人民共和国婚姻法〉若干问题的解释（一）》对《婚姻法》有关禁止家庭暴力的司法适用作了补充规定。2004年3月14日通过并

① 《中国妇女发展纲要》(1995~2000）第11条第2款规定，依法保护妇女在家庭中的平等地位，坚决制止家庭暴力。

公布施行的《宪法（修正案）》在第33条新增第3款规定：“国家尊重和保障人权。”这是禁止家庭暴力、保障妇女人权的宪法依据。2005年修正后的《妇女权益保障法》、2006年修正后的《未成年人保护法》、2012年修订的《老年人权益保障法》等亦对禁止家庭暴力作出了明确的规定。此外，值得注意的是，最高人民法院中国应用法学研究所于2008年3月编写了《涉及家庭暴力婚姻案件审理指南》用于指导司法实践，该指南比较系统地概括了家庭暴力的特点，阐明了法律实务工作者在处理涉及家庭暴力的实践中应注意的问题。2008年7月31日，全国妇联与中宣部、最高人民检察院、公安部、民政部、司法部和卫生部，联合发布了《关于预防和制止家庭暴力的若干意见》，对各地各部门开展预防和制止家庭暴力工作作出了统一的规范性指导，对家庭暴力构建起事前预防、事中干预、事后救助的工作格局。

在我国，自2000年3月湖南省在全国率先制定省级地方性法规《湖南省预防和制止家庭暴力的决议》以来，至今已有28个省、直辖市、自治区制定了有关预防和制止家庭暴力的省级地方性法规。例如，河北省2004年7月发布《河北省预防和制止家庭暴力条例》、辽宁省2005年5月发布《辽宁省预防和制止家庭暴力规定》、重庆市2006年5月发布《重庆市预防和制止家庭暴力条例》、吉林省2007年1月发布《吉林省预防和制止家庭暴力条例》、新疆维吾尔自治区2008年11月发布《新疆维吾尔自治区预防和制止家庭暴力规定》、浙江省2010年9月发布《浙江省预防和制止家庭暴力条例》等。此外，北京市于2011年3月10日出台了《关于预防和制止家庭暴力的若干意见》。

目前，我国家庭暴力问题仍时常见诸报端。例如，2011年发生的“疯狂英语”的创始人李阳对其妻子Kim实施家庭暴力事件，让家庭暴力这个隐藏于家庭内部的社会问题再一次浮出水面，引起社会各界对防治家庭暴力问题的关注。作为家庭暴力受害者的Kim后来对记者这样说道：“李阳总是说家庭暴力是中国文化，他的朋友说这不是什么大的事情，家丑不可外扬，这种态度导致女性沉默，它甚至让我保持了数年的沉默，就是这样的态度，才把女人置身于危险之中。”[①] 我国有学者指出，在中国传统文化中，人们相信，丈夫是一家之主，他肩负着管教子女和妻子的责任。民间谚语有这样的说法：“老婆三天不打，就要上房揭瓦。”人们在认可丈夫的如此特权后，对于夫妻之间的暴力事件基本上采取的是不管不问的不干预态度，正是这种态度，在某种程度上支持和纵容了针对妇女的家庭暴力行为的存在和持续。[②] 可见，我国当今社会的家庭暴力，实际上是在传统的封建夫权统治思想残余影响下，丈夫对妻子的控制和奴役，是对妇女的基本人权包括人身自由权、身体健康权、财产权乃至生命权的侵犯。因此，国家应当采取法律等措施积极防治家庭暴力，保护受害妇女和其他家庭成员的基本人权。

近年来，继我国专家学者已提出制定一部全国性的预防和制止家庭暴力法的建议并已经先后拟定两部“中华人民共和国家庭暴力防治法（专家建议稿）”之后，[③] 一些全国人大代表也先后提出了制定一部全国性的专门预防和制止家庭暴力法律的议案。2011年9月，“预防和制止家庭暴力法”已被纳入全国人大首批立法立项论证试点项目。在2012年3月召开全国人民代表大会和全国政治协商会议期间，“预防和制止家庭暴力法”已被作为提案提交全国人大会议。但时至今日，我国“家庭暴力防治法”的征求意见稿并未公布，这说明我国立法机关对于立法非常慎重。我们认为，

---

① 新浪网，http://news.sina.com.cn/o/2011-09-26/092223217497.shtml，访问日期：2013年6月30日。

② 刘梦：《针对妇女的家庭暴力的研究》，载谭琳主编：《1995～2005年：中国性别平等与妇女发展报告》，社会科学文献出版社2006年版，第292页。

③ 参见中国法学会“反对针对妇女的防治家庭暴力对策研究与干预”项目建议稿（2003年）：《中华人民共和国家庭暴力防治法》，载陈明侠、夏吟兰、李明舜、薛宁兰主编：《家庭暴力防治法基础性构建研究》，中国社会科学出版社2005年版，第1～20页；《中华人民共和国家庭暴力防治法（专家建议稿）》，载夏吟兰主编：《家庭暴力防治法制度性构建研究》，中国社会科学出版社2011年版，第12～32页。

要制定一部具有中国特色、适合中国国情的全国性《家庭暴力防治法》，必须建立在了解我国家庭暴力问题的现状和相关机构防治家庭暴力工作情况的基本国情基础上。

在此社会背景下，本人作为2012年度中国法学会省部级课题“我国防治家庭暴力情况实证调查研究”的负责人，策划、组织进行了本次实证调查研究工作。由于我们的调研经费和人力有限，为了较为全面地了解我国经济较发达的地区和经济欠发达的地区防治家庭暴力的情况，本次调查主要根据全国社会经济发展情况的差异性，在我国东北部、中部、南部和西南部分别选取吉林省、湖南省、海南省、重庆市、贵州省、云南省作为被调查地点，在六省市抽样选择部分基层人民法院、妇联和司法所作为被调查对象。重庆市调查组组长为陈苇教授；吉林省调查组组长为吉林大学法学院李洪祥教授；湖南省调查组组长为湖南省警察学院欧阳艳文副教授；海南省调查组组长为海南大学法学院叶英萍教授；贵州省调查组组长为贵州大学法学院刘淑芬教授；云南省调查组组长为云南大学法学院杨晋玲教授。本次调查按照课题申请书中预定的研究计划，主要开展了以下三个阶段的工作：（1）确定调研对象、设计调查问卷与开展实地调查（2011年1月至2012年6月）；（2）对调查资料进行统计分析，撰写和发表中期调研成果（阶段性成果）论文（2012年7月至2012年12月）；（3）撰写完成我国六省市防治家庭暴力情况实证调查报告，提交结项成果著作（2013年1月至2013年8月）。

本次实地调查工作的时间，自2011年1月1日开始至2012年6月30日止，历时一年半，六省市的调查组组长分别组织本地的调查员进行了实地调查。[1] 本次实地调查的方法，主要包括实地调查收集资料、统计分析、个人访谈和小型座谈会等。首先，实地调查收集资料。通过查阅被调查地区法院、妇联和司法所三机构之涉及家庭暴力的案件和纠纷的案件卷宗、投诉和接访记录，填写调查问卷。收集的信息资料包括：涉及家庭暴力案件和纠纷的数量，当事人的基本信息（施暴者和受害者的性别、年龄、职业、文化程度），家庭暴力的行为方式和发生原因，以及涉及家庭暴力案件法院的审理结果（包括审理依据的法律，证据认定，是否提出请求给予离婚损害赔偿或离婚经济补偿，是否申请发布人身安全保护裁定等）。其次，我们根据实地调查收集的资料，进行分类统计分析，着重研究家庭暴力的现状及趋势、发生原因、危害和处理结果，分析和总结法院、妇联和司法所三机构防治家庭暴力工作的成效和经验、存在的不足和困难。并且，通过与家庭暴力受害人、法官、妇联和司法所工作人员的个人访谈，了解家庭暴力案件的发生、原因及后果等情况。通过召开小型座谈会，与法官、妇联和司法所的工作人员互动研讨，总结和分析三机构防治家庭暴力工作的成效和经验、存在的不足和困难，寻求解决问题的对策建议。最后，我们根据统计资料，进行分析和研究，撰写中期调研成果论文，发表阶段性成果论文 8 篇，其中 CSSCI 期刊论文 6 篇。在此基础上，我们撰写完成了本课题的最终结项成果著作：《我国防治家庭暴力情况实证调查研究——以我国六省市被抽样调查地区防治家庭暴力情况为对象》。除前言和课题内容摘要之外，本著作的主要内容包括六章："第一章　重庆市防治家庭暴力情况实证调查研

① 必须说明，由于本课题是以 2010 年 12 月被西南政法大学批准立项的校级重点项目为基础申报的，因此本课题的实际进行时间，始于 2011 年 1 月，止于 2013 年 8 月。我们于 2011 年 1 ~ 3 月选择确定被抽样调查地区和对象、拟定调查问卷后，于 2011 年 4 月至 2012 年 6 月开展我国六省市防治家庭暴力工作情况的实地调查，所以对法院、妇联和司法所三机构防治家庭暴力工作情况的调查资料收集时间为 2008 年 1 月至 2010 年 12 月的 3 年。

究”、“第二章　吉林省防治家庭暴力情况实证调查研究”、“第三章　湖南省防治家庭暴力情况实证调查研究”、“第四章　海南省防治家庭暴力情况实证调查研究”、“第五章　贵州省防治家庭暴力情况实证调查研究”和“第六章　云南省防治家庭暴力情况实证调查研究”。

德国著名法学家鲁道夫·冯·耶林在他的法学名著《为权利而斗争》中指出：“因为法理念是永恒发展的。现存的法必须给新生的法让出位置……”法律作为人们社会生活中基本关系的调整器，它必须随着社会生活的发展、变化而进行立、改、废，才能具有旺盛的生命力。目前，对于防治家庭暴力，虽然我国现行法律和司法解释已经有一些规定，但也存在诸多不足。首先，从全国性法律看，在立法结构上比较分散，缺乏完整性、系统性；在立法内容上比较原则，不够细化、可操作性不强。其次，从地方性法规看，由于没有上位法作为依据，不仅在内容上不能有较大突破，而且由于位阶低，不具有全国适用的效力。最后，从实施效果看，对于防治家庭暴力，由于没有设立全国性的从中央到地方的组织机构，也没有建立有效的全社会支持和援助系统，其实施的效果也不尽如人意。针对这些不足，我国迫切需要尽快制定一部全国性的专门的《家庭暴力防治法》。我们相信，本课题的结项成果著作，通过简介实地抽样调查获得的我国六省市防治家庭暴力情况的第一手国情资料，通过总结我国六省市被抽样调查的基层人民法院、妇联和司法所三机构防治家庭暴力工作之成效和经验，分析存在的不足和困难，进而提出的相关对策建议，既可以为我国立法机关制定全国性《家庭暴力防治法》提供参考，也可以为我国有关机构推进我国防治家庭暴力工作献计献策，其具有重要的理论意义和实际应用价值。

值得我们高兴的是，本课题的结项成果著作《我国防治家庭暴力情况实证调查研究——以我国六省市被抽样调查地区防治家庭暴力情况为对象》，经中国法学会聘请专家匿名评审，2013 年 12

月2日由中国法学会发给了“结项证书”：课题等级优秀，证书编号：CLS（2012）D512。这是对本课题负责人及其团队全体成员历时两年零八个月辛勤工作的肯定和鼓励！诚然，我们已尽了最大的努力，但由于我们的学识和能力有限，本著作的内容如有不当之处，恳请学术界和实务界各位同人不吝指正，对此我们表示诚挚的谢意！

本课题著作由课题负责人陈苇教授担任主编。前述六省市的六位调查组组长：西南政法大学陈苇教授、吉林大学法学院李洪祥教授、湖南省警察学院欧阳艳文副教授、海南大学法学院叶英萍教授、贵州大学法学院刘淑芬教授、云南大学法学院杨晋玲教授各自带领团队成员，大家分工合作完成了六省市的实地抽样调查工作。在此基础上，除湖南省调研报告欧阳艳文副教授委托陈苇教授负责主持撰写完成外，其余五个地区调研报告分别由本地区调查组组长负责主持完成撰写工作。最后，陈苇教授对六省市调研报告进行统一修改、补充后定稿。

本著作各章撰稿人（按撰写章节先后排序）如下：

第一章　陈苇、罗杰、胡苷用、石婷

第二章　李洪祥、闫晓玲、石婷

第三章　陈苇、欧阳艳文、李欣、杜志红、黎乃忠

第四章　叶英萍、张浩、宋莉、顾天羽

第五章　刘淑芬、李琼宇、雷昕

第六章　杨晋玲、崔艳芬、吕敏

在本书即将出版之际，对六省市被抽样调查地区的基层人民法院、妇联和司法所的工作人员，对接受个人访谈的家庭暴力受害人和参加小型座谈会的相关机构工作人员，我们表示衷心的感谢！同时，对西南政法大学民商法学科给予的出版资助表示衷心的感谢！

最后，必须说明，本项目成果著作在2013年8月底被提交结项评审前，我的两位硕士研究生任丁、何文骏冒着重庆8月的酷暑，对全部稿件进行了耐心细致的图表和文字校对工作。在2014

年2月本著作即将交出版社付梓前，我的两位博士研究生杜志红、石婷对全部稿件进行了认真仔细的图表和文字校对工作。在此，我代表全体作者对他们的辛勤校对工作表示诚挚的谢意！此外，我还要代表全体作者衷心地感谢群众出版社的编辑同志们对本书出版所做的辛勤编辑工作！

课题负责人：陈苇
2014年2月28日

课题成果内容摘要

一、主要内容

本课题成果著作《我国防治家庭暴力情况实证调查研究——以我国六省市被抽样调查地区防治家庭暴力情况为对象》，其内容除前言外包括六大部分：第一部分重庆市防治家庭暴力情况实证调查研究；第二部分吉林省防治家庭暴力情况实证调查研究；第三部分湖南省防治家庭暴力情况实证调查研究；第四部分海南省防治家庭暴力情况实证调查研究；第五部分贵州省防治家庭暴力情况实证调查研究；第六部分云南省防治家庭暴力情况实证调查研究。

各省市实证调研报告的主要内容都分为以下五个部分：第一，防治家庭暴力实证调查概述；第二，防治家庭暴力实证调查情况的统计分析；第三，防治家庭暴力工作的成效和经验；第四，防治家庭暴力工作存在的不足和困难；第五，推进防治家庭暴力工作的对策建议。

二、主要观点

本课题成果著作的主要观点，有如下四个方面：

（一）我国六省市被调查地区的家庭暴力实证调查情况分析

第一，家庭暴力的现状及趋势。在我国六省市被抽样调查地区，家庭暴力现象在一定程度上存在。在 2008 ~ 2010 年的三年期间被调查地区法院、妇联和司法所三机构受理的家事案件和纠纷的总数中，涉及家庭暴力的所占比例为15%～30%。其中，法院受理的涉及家庭暴力案件有85%～95%被反映在离婚案件中，即家庭暴力主要是夫妻之间的暴力。

第二，施暴者和受害者的基本情况。从性别看，施暴者绝大多数是男性，占85%～95%，可见家庭暴力主要是男性针对女性的暴力；从年龄看，施暴者和受害者多为25～49岁的中青年人，所占比例为60%～80%；从职业看，农民、无固定职业者、无业者等低收入或无稳定收入的人员是家庭暴力的高发群体，其比例占60%左右；从文化程度看，施暴者和受害者的文化程度主要在初中及以下的文化程度，其比例占70%左右。

第三，家庭暴力的发生原因及行为方式。在被调查地区三机构受理的涉及家庭暴力的案件和纠纷中，引发家庭暴力的原因大致相同，主要有家庭琐事、草率结婚、性格不合、性格暴躁、疑有外遇、不良嗜好或不法行为等。因此，预防和制止家庭暴力，必须针对不同的发生原因，采取不同的措施，从根源上解决问题，才能收到较好的效果。从家庭暴力的行为方式看，以人身侵害为主，其比例占80%左右；同时也有少数伴精神暴力或性暴力的复合型行为方式，其比例占20%左右。

第四，涉及家庭暴力的案件和纠纷之处理结果。从处理情况看，法院审理涉及家庭暴力的案件，依法首先进行调解，通过法制宣传、严肃批评教育施暴者，调解和好的不到10%，调解离婚的占30%左右，判决离婚的占40%左右，自行撤诉的占20%左右。而妇联、司法所受理的涉及家庭暴力纠纷，经调解和好的比例占80%～90%。这表明，这些家庭暴力纠纷绝大部分属于家庭内部矛盾，妇联和司法所通过调解促使大部分当事人双方归于和好。这对及时处理涉及家庭暴力的纠纷发挥了主要作用。但也要注意，各省市司法所的工作情况不尽相同，有个别省如云南省被调查地区的基层司法所处理涉及家庭暴力纠纷的数量极少。

第五，家庭暴力的危害。其主要有四个方面，一是侵犯妇女的基本人权，损害受害妇女的健康权甚至生命权等人身权利。二是破坏婚姻家庭的和睦与稳定。如前所述，法院受理的涉及家庭暴力案件有90%左右为离婚案件，且经法院调解离婚的和判决离婚的合计占70%左右，可见家庭暴力是“婚姻杀手”。三是不利于未成年子女的健康成长。家庭暴力往往会在心理健康、学习和行为三个方面给未成年子女的健康成长造成极大的障碍。四是危害社区安宁、和谐的生活环境。对“平安社区”的建设增加了不稳定因素。

（二）我国六省市法院、妇联和司法所防治家庭暴力工作的成效和经验

第一，法院审理涉及家庭暴力案件的成效和经验，主要有八个方面：一是加强法官的业务培训，培养法官的社会性别平等观念和提高法律知识水平；二是家庭暴力行为的认定依据，主要根据《关于适用〈中华人民共和国婚姻法〉若干问题的解释（一）》和参考《涉及家庭暴力婚姻案件审理指南》；三是设立专门“妇女维权法庭”，及时审理涉及家庭暴力案件；四是设立家庭暴力验伤中心；五是对举证责任酌情采用优势证据规则；六是聘请妇联干部陪审员组成“妇女儿童合议庭”；七是坚持“教育为主，惩罚为辅”的原则，针对不同的家庭暴力案件确定不同的调解方向；八是人身安全保护裁定的执行，已形成多机构监督执行的机制。

第二，妇联防治家庭暴力工作的成效和经验，主要有五个方面：一是推动地方政府制定地方性立法，明确各机构防治家庭暴力的职责，并且有的省如湖南省已将各机构防治家庭暴力工作情况纳入社会综合治理的考评体系；二是重视法制宣传，营造预防和制止家庭暴力的社会舆论氛围；三是妇联已形成内部联动工作机制；四是与社会多部门配合形成外部联动工作机制；五是注重调解，严肃教育施暴者，及时援助受害者，经做调解工作后，当事人双方和好的占80%～90%。妇联作为防治家庭暴力的第一道防线，其成效

显著。

第三，司法所防治家庭暴力工作取得的成效和经验，主要有四个方面：一是干部主动上门，及时化解家庭纠纷，在有些地区，如重庆市的基层司法所处理的家庭暴力纠纷被调解和好的比例高达90%以上，防治家庭暴力的第一线工作卓有成效；二是利用节假日与法律专业大学生共同开展法制宣传；三是邀请律师到社区办公，为群众开展法律咨询服务；四是开展业务培训，提高人民调解员的法律知识水平。

（三）我国六省市法院、妇联和司法所防治家庭暴力工作的不足和困难

第一，法院预防和制止家庭暴力工作的不足和困难，主要有五个方面：一是部分法官对家庭暴力的认识有偏差；二是司法解释对家庭暴力的界定类型过窄、标准过高；三是家庭暴力举证难；四是部分法官处理家庭暴力案件的经验不足；五是人身安全保护裁定的适用有局限性。

第二，妇联预防和制止家庭暴力工作的不足和困难，主要有四个方面：一是部分工作人员防治家庭暴力的相关知识不足；二是工作经费与人员编制不足；三是家庭暴力受害者的依法维权意识欠缺；四是家庭暴力纠纷投诉处理的回访制度缺失。

第三，司法所预防和制止家庭暴力工作的不足和困难，主要有五个方面：一是防治家庭暴力的法制宣传没有形成长效机制；二是部分工作人员欠缺防治家庭暴力的专业知识；三是工作经费不足；四是部分当事人对人民调解工作不理解不支持；五是家庭暴力受害人的生活难以保障。

（四）推进我国防治家庭暴力工作的对策建议（详见本文“四、对策建议部分”）

三、创新之处

本课题成果著作，主要有以下四点创新之处：

第一，实地抽样调查，收集我国六省市被抽样调查地区家庭暴力情况的第一手实证调查资料，为我国立法机关和其他机关提供现实的第一手国情资料。

第二，统计分析，研究揭示我国六省市当前家庭暴力情况的现状及原因。

第三，实证研究，填补对我国基层人民法院、妇联和司法所防治家庭暴力现实工作情况研究的空白，总结三机构防治家庭暴力工作取得的成效和经验，分析存在的不足和困难。

第四，结合我国实际，论证制定一部全国性专门的“家庭暴力防治法”的必要性，建议在借鉴我国“家庭暴力防治法专家建议稿”和我国台湾地区“家庭暴力防治法”的有益经验基础上，结合内地实际，从立法结构、立法原则和立法内容等方面构建我国内地的“家庭暴力防治法”。

四、对策建议

为继续推进我国防治家庭暴力工作，我们提出如下七个方面的对策建议：

第一，加强宣传教育，营造预防和制止家庭暴力的社会舆论氛围；

第二，尽快制定全国性防治家庭暴力的专门法律，明确各机构防治家庭暴力的职责、设立专门的家事审判庭、制定针对家庭暴力的证据规则、引入民事保护令制度等；

第三，加强法院、妇联及司法所的内部工作机制建设，包括加强防治家庭暴力的业务知识培训，设立专门法庭审理涉家庭暴力案件，妇联和司法所要配备经验丰富的专职人员处理涉家庭暴力纠纷，并且应当建立处理情况的登记、回访制度等；

第四，完善防治家庭暴力的多部门联动工作机制，并且将各部门工作情况纳入社会综合治理考评体系；

第五，培养家庭暴力当事人的证据收集意识和建立家庭暴力验伤中心；

第六，设立家庭暴力受害人专项救助基金；

第七，推广基层法院、妇联、司法所在防治家庭暴力工作中行之有效的经验和做法。

课题负责人：陈苇
2014 年 2 月 28 日

第一章　重庆市防治家庭暴力情况实证调查研究*

一、重庆市防治家庭暴力实证调查概述①

关于重庆市防治家庭暴力实证调查概述，我们以下从三个方面简要介绍：（1）调查背景；（2）调查对象；（3）调查方法。

（一）调查背景

目前，家庭暴力问题已经受到世界上许多国家和地区的重视。基于性别的针对妇女的暴力是许多国家和地区广泛存在的社会现象。据有关调查显示，在20世纪，全世界有25%～50%的妇女都受过与其关系亲密者的身体虐待。例如，联合国妇女发展基金的调

* 本章作者简介：陈苇，女，西南政法大学外国家庭法及妇女理论研究中心主任、民商法学院教授、博士生导师、中国法学会婚姻家庭法学研究会副会长；罗杰，女，西南政法大学民商法博士，燕山大学文法学院讲师；胡苷用，男，法学博士、西南政法大学民商法学院副教授；石婷，女，西南政法大学民商法博士生。

鸣谢：根据本课题负责人陈苇教授拟定的重庆地区调查计划，我们组成四个调查小组分别在重庆市所辖的四地区A区、B区、C区、D区的人民法院、妇联、司法所三机构开展实地调查。在此，我们对该四地区调查小组组长以及调查组成员的辛勤工作表示衷心的感谢！该四地区调查小组组长是杜江涌、罗杰、曹贤余、石雷；调查组成员有段伟伟、姜大伟、石婷、侯函、王玲、罗琼、周超、欧阳中梁、成蓓丽、周明利、段燕、刘露露、范灵、苏丹、程海兵、张文清、田玉康、赵改萍、陈贵铨、杨凯、赵乐、宫晓旭、任艳艳、李震。

① 本章以重庆市被抽样地区的法院、妇联、司法所三机构之防治家庭暴力工作情况为研究对象。

查显示，全世界范围内每三名妇女中，至少有一名妇女在她一生中经历过基于性别的暴力。① 在英国，有 90% ~97% 的暴力行为都是男人以女人为对象实施的；② 在法国，95% 的暴力受害者为女性，其中 51% 是来自配偶的暴力；1987 年，加拿大被谋害的妇女中有 62% 是死于亲属或亲密伙伴之手。③ 可见，在现代社会中，针对女性的家庭暴力，仍是以性别不平等为基础的男性对女性的暴力。正如联合国相关文件所指出的那样："针对妇女的暴力是歧视的一种形式，是历史上男女不平等关系的体现，是对妇女人权的违背。"④ 家庭暴力是对妇女基本人权和自由的侵犯，它不仅严重摧残妇女的身心健康，还可能会造成婚姻解体，家庭破裂。联合国在一些相关公约和文件中积极倡导各国政府及相关机构采取法律等措施预防和制止家庭暴力。例如，1979 年联合国通过《消除对妇女一切形式歧视公约》（以下简称《消歧公约》）；1993 年 12 月联合国通过《消除针对妇女的暴力行为宣言》，将"对妇女的暴力行为"定义为，在公共场所或私人生活中，对妇女造成或可能造成身心或性行为上伤害和痛苦的任何基于性别的暴力行为；1995 年第四次世界妇女大会通过《行动纲领》，确认"针对妇女的暴力侵犯了和伤害了妇女的基本人权和基本自由"，将消除家庭暴力作为提高妇女地位的十二个关切领域之一，作为观察改善妇女人权状况的一个重要

---

① 参见《联合国妇女发展基金：中国 35% 的婚姻中存在暴力》，载《中国反对家庭暴力网络通讯》2008 年 4 月，第 32 节。

② 参见亚伯拉罕 1994 年的相关著述及 1998 年《英国犯罪调查》，转引自［英］玛丽安·海斯特：《家庭暴力，英国研究概览》，载中国法学会、英国文化委员会等编著：《防治家庭暴力研究》，群众出版社 2000 年版，第 46 页。

③ 参见黄列：《两种反对家庭暴力战略评析》，载荣维毅、宋美娅主编：《反对针对妇女的家庭暴力——中国的理论与实践》，中国社会科学出版社 2002 年版，第 119 页。

④ 参见《联合国专家组反对针对妇女暴力的立法框架》之"立法序言"，转引自夏吟兰主编：《家庭暴力防治法制度性构建研究》，中国社会科学出版社 2011 年版，第 55 页。

内容；1996年联合国经济及社会理事会人权委员会第52次会议通过的《家庭暴力示范立法框架》，为各国制定家庭暴力防治法提供了重要指导；1999年12月17日，联合国大会正式通过决议，将每年的11月25日定为“国际消除家庭暴力日”；2006年联合国通过《关于侵害妇女的一切形式的暴力行为的深入研究》，等等。

在我国，自20世纪90年代初，特别是1995年在我国北京召开“第四次世界妇女大会”以后，家庭暴力问题逐步引起全社会的广泛关注。目前，越来越多的人开始意识到对妇女的暴力不仅是对妇女人权的侵犯，而且也是对妇女身心的严重摧残。① 中国政府是联合国《消歧公约》的签署国，是《北京宣言》、《行动纲领》的发起国和签署国，对于消除家庭暴力、保护妇女人权承担着国际义务和国家责任。中国政府要担负起促进妇女和社会协调发展的责任。2000年6月，中国政府向联合国联大特别会议提交了《〈北京宣言〉、〈行动纲领〉执行成果报告》，该报告重申中国政府重视妇女的进步与发展。男女平等是中国社会发展的一项基本国策。② 1995年，我国政府制定的《中国妇女发展纲要》(1995～2000)，第一次正式提出了“家庭暴力”这一概念。③ 但是，有关防治家庭暴力的立法，我国则始于地方。1996年年初，在湖南省长沙市发生“高楼抛妻案”后，该市政府制定了《关于预防和制止家庭暴力的若干规定》。这是我国第一部反家庭暴力的地方性政策。④ 2000年3月，湖南省出台了我国第一个省级层面的防治家庭暴力

① 参见张李玺、刘梦主编：《中国家庭暴力研究》（序言），中国社会科学出版社2004年版，第1页。

② 参见沈奕斐著：《被建构的女性——当代社会性别理论》，上海人民出版社2005年版，第325～328页。

③ 《中国妇女发展纲要》（1995～2000）第11条第2款：“依法保护妇女在家庭中的平等地位，坚决制止家庭暴力。”

④ 参见陈苇：《论预防和制止我国家庭暴力的法律对策》，载陈苇著：《中国婚姻家庭法立法研究》，群众出版社2000年版，第478页。

的地方性法规《湖南省预防和制止家庭暴力的决议》。2001 年修正后的现行《婚姻法》第一次在全国性法律层面规定“禁止家庭暴力”，并设专章规定了家庭暴力的救助措施及法律责任。此后，最高人民法院 2001 年 12 月颁布的《关于适用〈中华人民共和国婚姻法〉若干问题的解释（一）》[以下简称《婚姻法解释（一）》]、2005 年修正后的《妇女权益保障法》、2006 年修正后的《未成年人保护法》、2012 年修订的《老年人权益保障法》等对禁止家庭暴力都进行了明确规定。① 此外，特别值得注意的是，最高人民法院中国应用法学研究所于 2008 年 3 月编写了《涉及家庭暴力婚姻案件审理指南》（以下简称《审理指南》）用于指导司法实践，《审理指南》比较系统地概括了家庭暴力的特点，阐明了法律实务工作者在处理涉及家庭暴力的实践中应注意的问题。2008 年 7 月 31 日，全国妇联与中宣部、最高人民检察院、公安部、民政部、司法部和卫生部联合发布了《关于预防和制止家庭暴力的若干意见》（以下简称《七部委意见》），对各地各部门开展预防和制止家庭暴力工作作出了统一的规范性指导，对家庭暴力构建起事前预防、事

---

① 在我国，现行《婚姻法》第 3 条第 2 款规定：“……禁止家庭暴力。禁止家庭成员间的虐待和遗弃。”第 32 条规定，实施家庭暴力或虐待家庭成员是提起诉讼离婚的法定理由之一；第 43、45、46 条规定了实施家庭暴力的救助措施与法律责任。《婚姻法解释（一）》第 1 条对“家庭暴力”的内涵界定为：“……行为人以殴打、捆绑、残害、强行限制人身自由或者其他手段，给其家庭成员的身体、精神等方面造成一定伤害后果的行为……”2005 年修正后的《妇女权益保障法》第 46 条规定：“禁止对妇女实施家庭暴力。国家采取措施，预防和制止家庭暴力。公安、民政、司法行政等部门以及城乡基层群众性自治组织、社会团体，应当在各自的职责范围内预防和制止家庭暴力，依法为受害妇女提供救助。”第 58 条规定：“违反本法规定，对妇女实施性骚扰或者家庭暴力，构成违反治安管理行为的，受害人可以提请公安机关对违法行为人依法给予行政处罚，也可以依法向人民法院提起民事诉讼。”2012 年修正后的《未成年人保护法》第 10 条第 2 款规定：“禁止对未成年人实施家庭暴力，禁止虐待、遗弃未成年人。”2012 年修订的《老年人权益保障法》第 25 条规定：“禁止对老年人实施家庭暴力。”第 75 条规定：“……对老年人实施家庭暴力的，由有关单位给予批评教育；构成违反治安管理行为的，依法给予治安管理处罚；构成犯罪的，依法追究刑事责任。”

中干预、事后救助的工作格局。《七部委意见》对于推动我国的反对家庭暴力工作，推动出台统一的专门性的“家庭暴力防治法”迈出了重要的关键性的一步。[①]

目前，在我国内地，自2000年3月湖南省在全国率先制定省级地方性法规《湖南省预防和制止家庭暴力的决议》以来，至今已有28个省、直辖市、自治区制定了有关预防和制止家庭暴力的省级地方性法规。例如，河北省2004年7月发布《河北省预防和制止家庭暴力条例》、辽宁省2005年5月发布《辽宁省预防和制止家庭暴力规定》、重庆市2006年5月发布《重庆市预防和制止家庭暴力条例》、吉林省2007年1月发布《吉林省预防和制止家庭暴力条例》、新疆维吾尔自治区2008年11月发布《新疆维吾尔自治区预防和制止家庭暴力规定》、浙江省2010年9月发布《浙江省预防和制止家庭暴力条例》等。此外，北京市于2011年3月10日出台了《关于预防和制止家庭暴力的若干意见》。

近年来，继我国部分专家学者先后提出制定一部全国性的预防和制止家庭暴力法的建议并已先后拟定两部“中华人民共和国家庭暴力防治法（专家建议稿）”之后，[②] 一些全国人大代表也先后提出了制定一部全国性的专门预防和制止家庭暴力法律的议案。例

① 参见陈丽平：《制定家庭暴力防治法已箭在弦上——访中国政法大学教授夏吟兰》，载法制网，http://www.legaldaily.com.cn/index_article/content/2012-05/02/content_3537963.htm?node=5955，访问日期：2013年7月19日。

② 参见巫昌祯：《关于家庭暴力的研究概况》、龙翼飞：《中国反家庭暴力法的现状与走向》、王歌雅：《家庭暴力的背景因素与惩处机制》，载巫昌祯、杨大文主编：《防治家庭暴力研究》，群众出版社2000年版，第15、29、107页；陈苇：《论预防和制止我国家庭暴力的法律对策》，载陈苇著：《中国婚姻家庭法立法研究》，群众出版社2000年版，第490页；李明舜著：《妇女权益法律保障研究》，国家行政学院出版社2003年版，第336页；中国法学会“反对针对妇女的防治家庭暴力对策研究与干预”项目建议稿（2003年）：《中华人民共和国家庭暴力防治法》，载陈明侠、夏吟兰、李明舜、薛宁兰主编：《家庭暴力防治法基础性构建研究》，中国社会科学出版社2005年版，第1~20页；《中华人民共和国家庭暴力防治法（专家建议稿）》，载夏吟兰主编：《家庭暴力防治法制度性构建研究》，中国社会科学出版社2011年版，第12~32页。

如，2003 年 3 月 12 日，来自山西的全国人大代表提交了关于出台“预防和制止家庭暴力法”的议案。2008 年 3 月 12 日，四川代表团向全国人大提交议案，建议尽快制定预防和制止家庭暴力法等。2011 年 9 月，“预防和制止家庭暴力法”已被纳入全国人大首批立法立项论证试点项目。在 2012 年 3 月召开全国人民代表大会和全国政治协商会议期间，“预防和制止家庭暴力法”已被作为提案提交全国人大会议。[①] 我们认为，制定全国性的家庭暴力防治法，必须建立在了解我国家庭暴力的现状以及法院、妇联、司法所等机构防治家庭暴力工作情况的基础上。为了解重庆市近年防治家庭暴力工作情况，我们针对重庆市防治家庭暴力情况进行抽样实证调查，在收集第一手实证调查资料的基础上，统计分析和研究总结重庆市防治家庭暴力工作取得的成效和经验以及存在的不足和困难，进而提出推进防治家庭暴力工作的对策建议，以期对我国防治家庭暴力的立法与实践有所裨益。

（二）调查对象

我们本次抽样调查，所选取的被调查地点为重庆市所辖的 A 区、B 区、C 区、D 区（以下简称四地区），被调查对象为四地区的人民法院、妇联、街道司法所（以下简称三机构）防治家庭暴力的工作情况。其中，重庆市 A 区（以下简称 A 区）面积约 400 平方公里，总人口 60 余万人，2011 年实现地区生产总值 500 多亿元，城镇居民人均可支配收入 2 万余元，农村居民人均纯收入 1 万余元；重庆市 B 区（以下简称 B 区）面积约 1500 平方公里，总人口约 80 万人，2011 年实现地区生产总值 700 多亿元，城镇居民人均可支配收入近 2 万元，农村居民人均纯收入近 0. 7 万元；重庆市 C 区（以下简称 C 区）面积为 200 余平方公里，总人口 40 余万人，2011 年地区生产总值 500 多亿元，城镇居民人均可支配收入 2 万

① 资料来源：载中国新闻网，http://www. chinanews. com/fz/2011/09 - 23/3348428. shtml，访问日期：2013 年 3 月 4 日。

余元，农村居民人均纯收入1万余元；重庆市D区（以下简称D区）面积近300平方公里，总人口近60万人，2011年地区生产总值完成400多亿元，城镇居民人均可支配收入2万余元，农村居民人均纯收入1万余元。[①]

（三）调查方法

1. 针对法院的调查方法

我们抽样选取重庆市的四个区级人民法院：A区法院、B区法院、C区法院、D区法院作为调查对象（以下简称四地区法院），主要采用查阅案件卷宗、分类统计分析、对审理法官个人访谈、召开小型座谈会讨论等调查方法。首先，调取四地区法院2008～2010年审理的婚姻家庭类民事案件（以下简称家事案件）的全部卷宗，查阅其中涉及家庭暴力的所有案件；其次，将涉及家庭暴力的案件信息分类统计，提取出11部分共计16个项目（包括家庭暴力案件数量，家庭暴力的类型，施暴者的性别、年龄、职业、文化程度，受害者的性别、年龄、职业、文化程度，家庭暴力的发生原因，涉及家庭暴力案件的审理结果，证据认定情形，审理依据的法律，是否提出离婚损害赔偿或离婚经济补偿，人身安全保护裁定）；再次，通过与审理家事案件的法官个人访谈，获取审理涉及家庭暴力案件的审判经验；最后，通过召开预防和制止家庭暴力小型座谈会，与法官互动研讨，总结和分析法院对涉及家庭暴力案件的审判实践经验与存在的不足和困难，寻求解决的对策和建议。

2. 针对妇联的调查方法

此次调查，主要采用查阅重庆市四个区级妇女联合会（以下简称妇联）：A区妇联、B区妇联、C区妇联、D区妇联的投诉记录（包括电话来访、上门来访、来信来访等来访方式的接访记录）、分类统计分析、与家庭暴力投诉人、妇联工作人员个人访谈

① 资料来源：载百度百科，http://baike.baidu.com/view/140275.htm，访问日期：2012年11月1日。

等方法。首先，由于资料收集的限制，我们只调取到四地区妇联2009年、2010年处理投诉家庭暴力纠纷的全部记录；其次，将记录信息分类统计，提取出7部分共计12个项目（包括家庭暴力纠纷数量，家庭暴力类型，施暴者的性别、年龄、职业、文化程度，受害者的性别、年龄、职业、文化程度，家庭暴力发生的原因，妇联处理的结果）；最后，通过与家庭暴力投诉人、妇联工作人员的个人访谈，总结和分析妇联处理涉及家庭暴力纠纷工作的经验与不足及其困难，寻求解决的对策和建议。

3. 针对街道司法所的调查方法

此次调查，我们以A区司法所（下属7个基层人民调解委员会）、B区司法所（下属14个基层人民调解委员会）、C区司法所（下属9个基层人民调解委员会）、D区司法所（下属7个基层人民调解委员会）作为被调查对象，在各街道党委的指导以及各街道工作人员的配合下运用实地调查、投诉记录分析、与当事人访谈相结合的调查方法，主要采用查阅该四地区司法所2008~2010年受理的涉及家庭暴力纠纷的投诉记录档案、分类统计分析、召开小型座谈会、与人民调解员个人访谈等调查方法。首先，到各街道办事处、居民委员会以及人民调解委员会等基层单位实地考察和了解2008~2010年辖区内受理的涉及家庭暴力问题投诉的基本状况，并对负责社区调解工作的人民调解员就如何预防和制止家庭暴力等相关问题进行个人访谈；其次，召开小型座谈会与部分人民调解员就家庭暴力的成因及其危害等问题进行探讨与交流；最后，根据调查掌握的第一手资料进行统计，总结和分析司法所处理涉及家庭暴力纠纷工作的经验与不足及其困难，寻求解决的对策和建议。

二、重庆市防治家庭暴力实证调查情况的统计分析

（一）法院受理的涉及家庭暴力案件情况的统计

1. 涉及家庭暴力案件的数量和类型

表 1－1　2008～2010 年四地区法院受理涉及家庭暴力案件总表

类型 \ 四区各量			A 区		B 区		C 区		D 区	
			件	百分比	件	百分比	件	百分比	件	百分比
家事案件	总计	7968	1934	100.00%	3142	100.00%	1723	100.00%	1169	100.00%
涉及家庭暴力案件	合计	1276	458	23.68%	458	14.58%	147	8.53%	213	18.22%
涉及家庭暴力案件类型	离婚		450	98.25%	442	96.51%	125	85.03%	213	100.00%
	继承		0	0	2	0.44%	11	7.48%	0	0
	赡养		1	0.22%	11	2.40%	6	4.08%	0	0
	抚养费		0	0	0	0	3	2.04%	0	0
	抚养权		0	0	1	0.22%	1	0.68%	0	0
	离婚后财产纠纷		4	0.87%	1	0.22%	0	0	0	0
	其他		3	0.66%	1	0.22%	1	0.68%	0	0

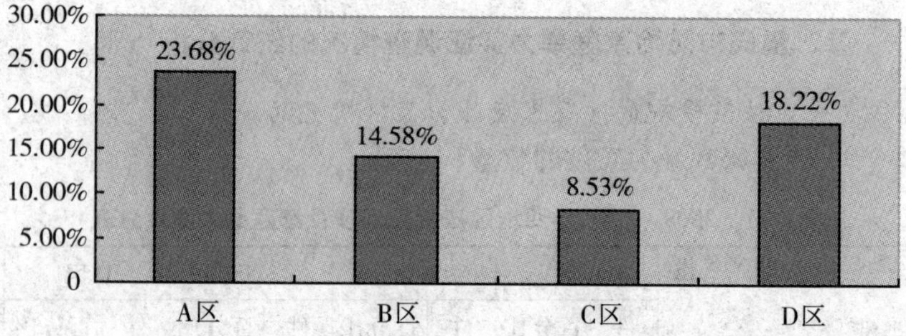

图1－1－a　2008～2010年四地区法院各受理涉及家庭暴力案件占该地区法院家事案件的数量比例图

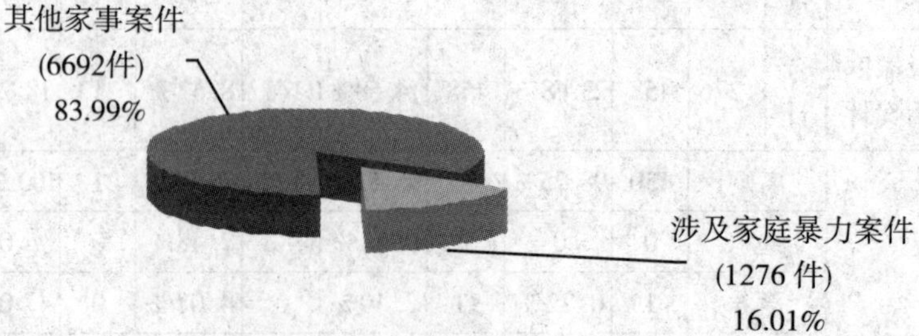

图1－1－b　2008～2010年四地区法院受理涉及家庭暴力案件与其他家事案件的数量比例图

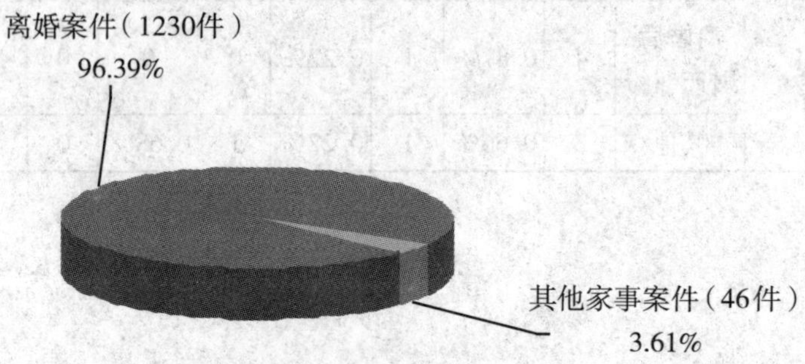

图1－1－c　2008～2010年四地区法院受理涉及家庭暴力案件中离婚案件的数量比例图

根据对2008～2010年的统计，A区法院受理涉及家庭暴力案件共458件，占家事案件总量（1934件）的23.68%；B区法院受理涉及家庭暴力案件共458件，占家事案件总量（3142件）的14.58%；C区法院受理涉及家庭暴力案件共147件，占家事案件总量（1723件）的8.53%；D区法院受理涉及家庭暴力案件共213件，占家事案件总量（1169件）的18.22%（见表1－1、图1－1－a）。四地区法院在三年期间共受理家事案件总数为7968件，其中涉及家庭暴力的案件总计为1276件，占16.01%（见图1－1－b）。

2008～2010年，从四地区法院受理的涉及家庭暴力案件的类型看，其中A区法院共有458件，属于离婚案件的有450件，占98.25%，其余8件为赡养、离婚后财产纠纷等其他家事案件，合计占1.75%；B区法院共有458件，属于离婚案件的442件，占96.51%，其余为继承、赡养、抚养权、离婚后财产纠纷等家事案件，共16件，合计占3.49%；C区法院共有147件，属于离婚案件的125件，占85.03%，其余为继承、赡养、抚养费、抚养权等其他家事案件，共22件，合计占14.97%；D区法院受理涉及家庭暴力案件有213件，其全部属于离婚案件，占100%（见表1－1）。

综上可知，2008～2010年，前述四地区法院受理的涉及家庭暴力案件共计1276件，其中绝大部分都是离婚案件，所占比例为85%～100%（见表1－1）。三年期间四地区离婚案件总量占涉及家庭暴力案件总量的96.39%（见图1－1－c）。

2. 涉及家庭暴力案件施暴者个人基本情况①

表 1-2 2008~2010 年四地区法院受理涉及家庭暴力案件施暴者的数量（单位：人）

项目 \ 四区		A 区	B 区	C 区	D 区
性别	男性	391	406	141	197
	女性	67	52	6	16
	总量	458	458	147	213
四地区法院总量		1276			

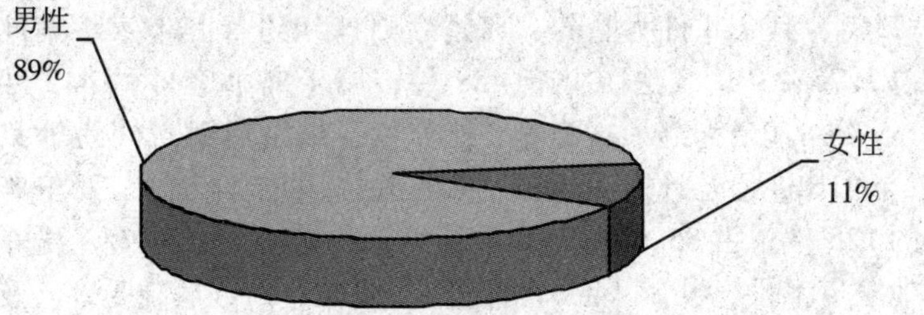

图 1-2-a 2008~2010 年四地区法院受理涉及家庭暴力案件施暴者性别比例图

① 由于被查阅的案件案卷中，绝大多数缺少施暴者和受害者文化程度信息，因此对该部分数据未予统计。

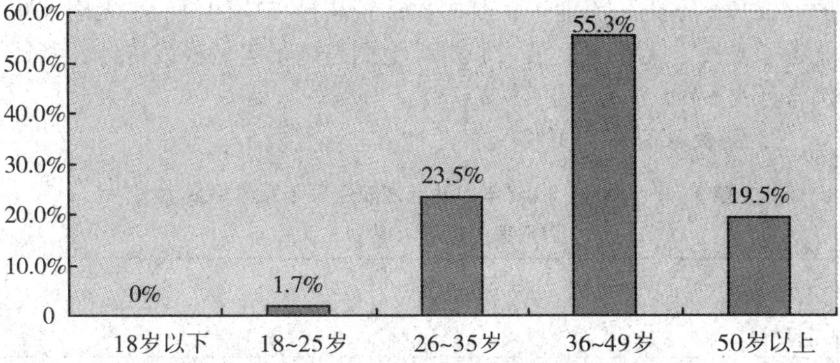

图 1－2－b 2008～2010 年四地区法院受理涉及家庭暴力案件施暴者年龄比例图

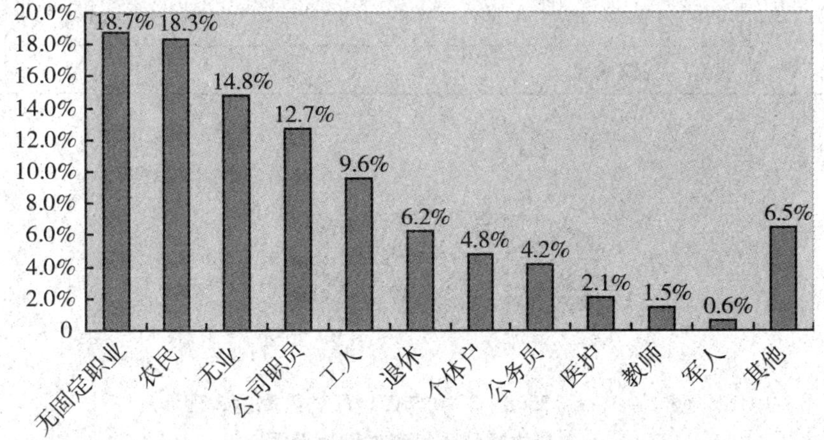

图 1－2－c 2008～2010 年四地区法院受理涉及家庭暴力案件施暴者职业比例图

2008～2010 年重庆市前述四地区法院受理涉及家庭暴力案件的施暴者中，男性占绝大多数，占 89%，女性施暴者只占 11%（见图 1－2－a）；施暴者的年龄集中在 26～35 岁、36～49 岁两个年龄段，其比例合计占 78.8%（见图 1－2－b）；施暴者的职业各行业都有，包括如农民、公司职员、工人、个体户、公务员、医护、教师、军人、无业等，其中比例较高排在前四位的是无固定职业者、农民、无业者、公司职员，他们是施暴者的高发群体，其比例合计占64.5%（见图1－2－c）。

3. 涉及家庭暴力案件受害者个人基本情况

表1－3 2008～2010年四地区法院受理涉及家庭暴力案件受害者的数量（单位：人）

项目 \ 四区		A区	B区	C区	D区
性别	男性	68	47	6	18
	女性	390	411	141	195
	总量	458	458	147	213
	四地区法院总量	1276			

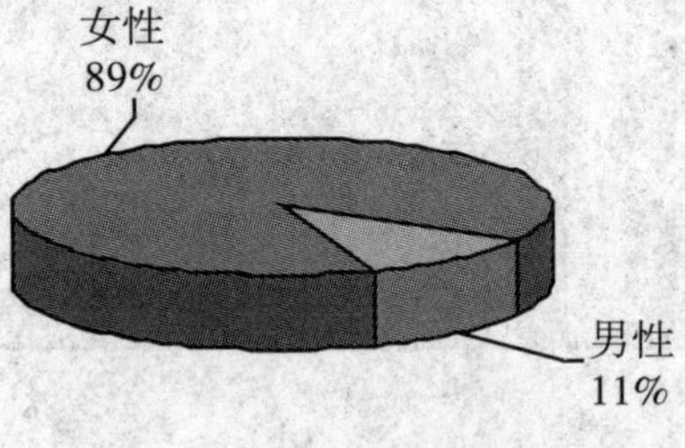

图1－3－a 2008～2010年四地区法院家庭审理涉及暴力案件受害者性别比例图

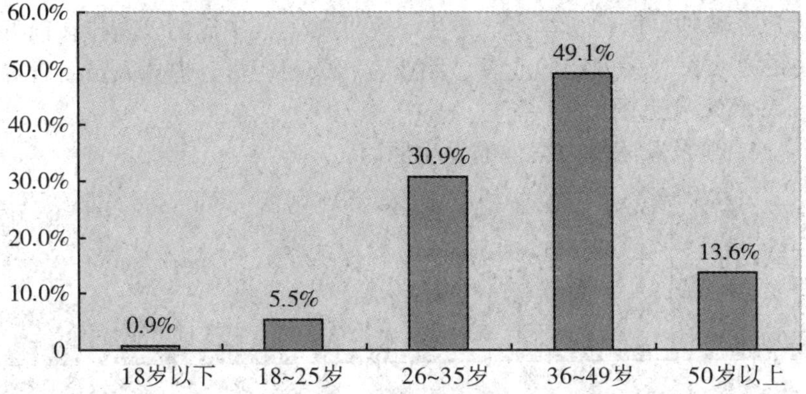

图 1-3-b　2008～2010 年四地区法院受理涉及家庭暴力案件受害者年龄比例图

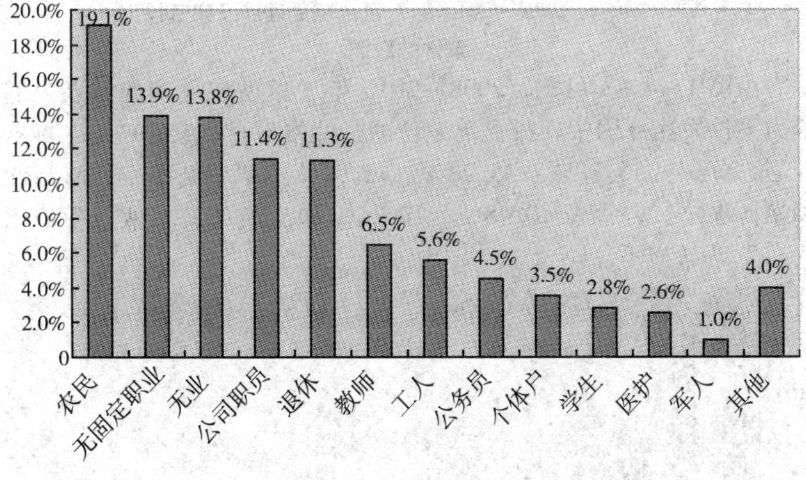

图 1-3-c　2008～2010 年四地区法院受理涉及家庭暴力案件受害者职业比例图

2008～2010 年四地区法院受理的涉及家庭暴力案件的受害者中，女性占绝大多数，占 89%（见图 1-3-a）；受害者的年龄则集中在 26～35 岁、36～49 岁两个年龄段，合计占 80%（见图 1-3-b）；受害者的职业各行业都有，如农民、工人、公司职员、个体户、教师、医护、军人、学生、无业等，其中比例较高排在前五位的是农民、无固定职业者、无业者、公司职员、退休人员，合计占69.5%（见图1-3-c）。

4. 涉及家庭暴力案件的发生原因

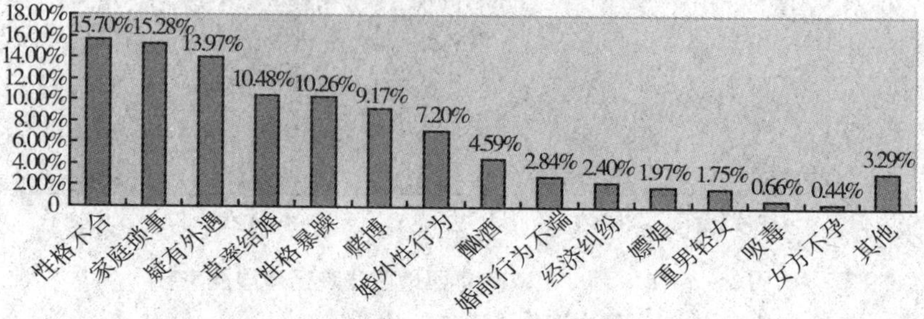

图1-4-a　2008~2010年A区法院受理涉及家庭暴力案件的原因

由图1-4-a可知，2008~2010年A区法院受理的涉及家庭暴力案件发生原因中，排在前三位的是性格不合、家庭琐事、疑有外遇，分别占15.70%、15.28%、13.97%。草率结婚、性格暴躁和赌博次之，分别占10.48%、10.26%和9.17%，其他各项原因均在7.20%以下。

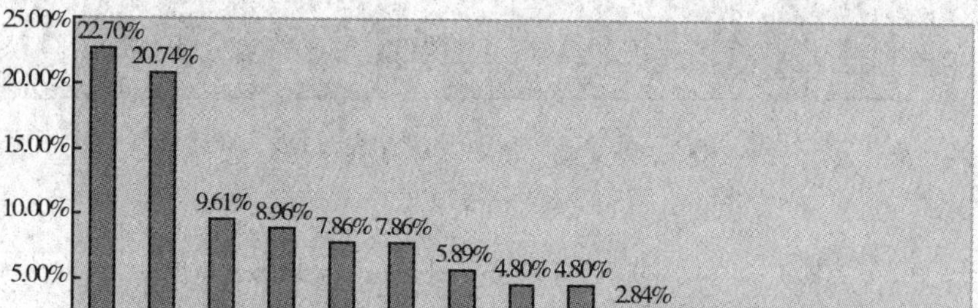

图1-4-b　2008~2010年B区法院受理涉及家庭暴力案件的原因

由图 1－4－b 可知，2008～2010 年 B 区法院受理的涉及家庭暴力案件发生原因中，排在前两位的是草率结婚、家庭琐事，分别占 22.70% 和 20.74%。经济纠纷、性格暴躁、疑有外遇和酗酒比例大体相同，分别占 9.61%、8.96%、7.86% 和 7.86%，婚外性行为、性格不合、子女教育、赌博、女方不孕、嫖娼、吸毒、重男轻女所占比例相对较小，均在 5.89% 以下。

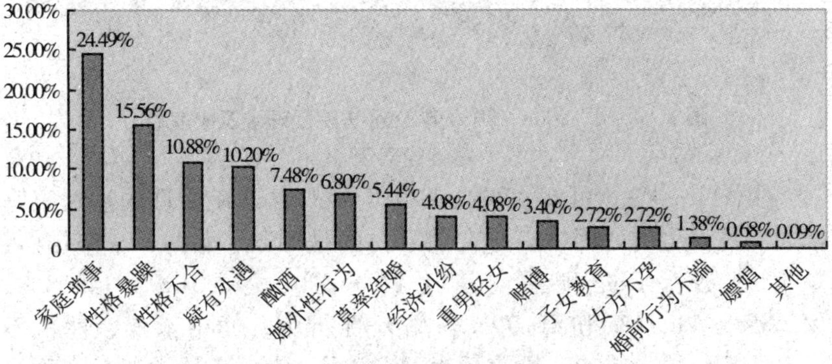

图 1－4－c　2008～2010 年 C 区法院受理涉及家庭暴力案件的原因

由图 1－4－c 可知，2008～2010 年 C 区法院受理的涉及家庭暴力案件发生原因中，家庭琐事所占比例最高，占 24.49%，其次为性格暴躁、性格不合、疑有外遇，其比例分别占 15.65%、10.88% 和 10.20%，酗酒、婚外性行为、草率结婚、经济纠纷、重男轻女、赌博、子女教育、女方不孕、婚前行为不端、嫖娼比例相对较小，均在 7.48% 以下。

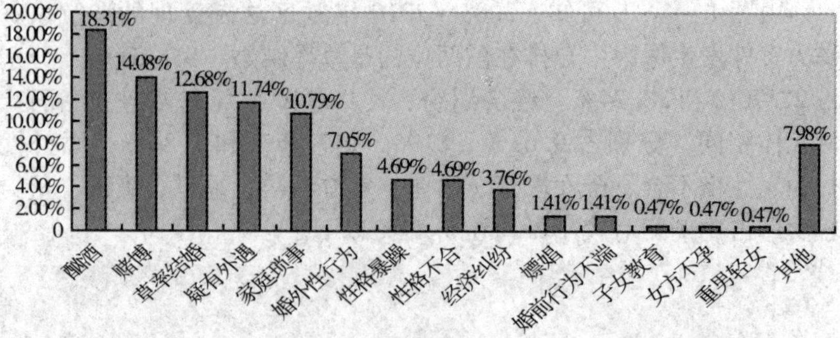

图 1－4－d　2008～2010 年 D 区法院受理涉及家庭暴力案件的原因

由图 1－4－d 可知，2008～2010 年 D 区法院受理的涉及家庭暴力案件发生的原因中，排在前五位的是酗酒、赌博、草率结婚、疑有外遇、家庭琐事，其比例分别占 18.31%、14.08%、12.68%、11.74% 和 10.79%。婚外性行为、性格暴躁、性格不合、经济纠纷、嫖娼、婚前行为不端、子女教育、女方不孕、重男轻女比例均在 7.05% 以下。

综上可知，四地区法院受理涉及家庭暴力案件发生原因中，排在前五位的主要有：性格不合、家庭琐事、草率结婚、性格暴躁、疑有外遇、酗酒、赌博。其中，性格不合在 A 区居第一位，在 C 区居第三位；家庭琐事在 C 区居于首位，在 A 区和 B 区均居于第二位，在 D 区居第五位；草率结婚在 B 区居第一位，在 D 区居第三位，在 A 区居第四位；性格暴躁在 C 区居第二位，在 B 区居第四位，在 A 区居第五位；疑有外遇在 A 区居第三位，在 C 区、D 区均居第四位，在 B 区居第五位；酗酒、赌博在 D 区法院分别居第一和第二位，酗酒在 C 区居第五位。

5. 涉及家庭暴力案件的侵害类型

关于涉及家庭暴力案件的侵害类型，在四地区法院受理的涉及家庭暴力案件中，丈夫侵害妻子占据绝大多数。2008～2010 年审理的共计 1276 件涉及家庭暴力案件中，丈夫侵害妻子占 86%，而其他类型的侵害对象所占比例均不足6%：妻子侵害丈夫占5.5%，父母侵害未成年子女占4.5%，成年子女侵害父母占0.8%，儿媳侵害公婆占1.4%，女婿侵害岳父母占1.8%（见图1－5）。在侵害方式上，身体虐待、性虐待、心理虐待、财产虐待以及其他形式的虐待中，身体和心理虐待所占比例最高。实际上，施暴者采用的暴力方式并非单一，大多是综合各种暴力方式，如身体与心理同时侵害或者身体与财产同时侵害等。

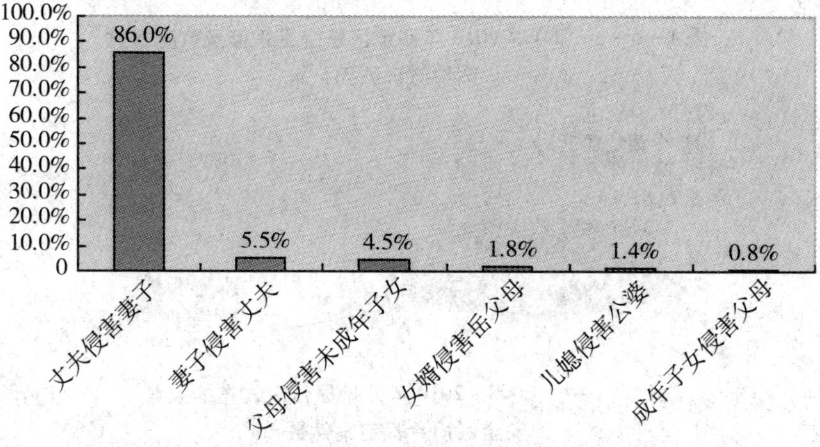

图1－5　2008～2010年四地区法院受理涉及家庭暴力案件侵害对象

6. 涉及家庭暴力案件的审理结果

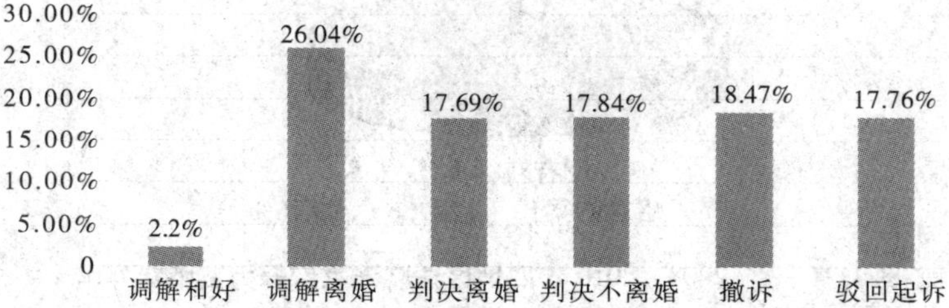

图1－6－a　2008～2010年四地区法院受理涉及家庭暴力案件的审理结果

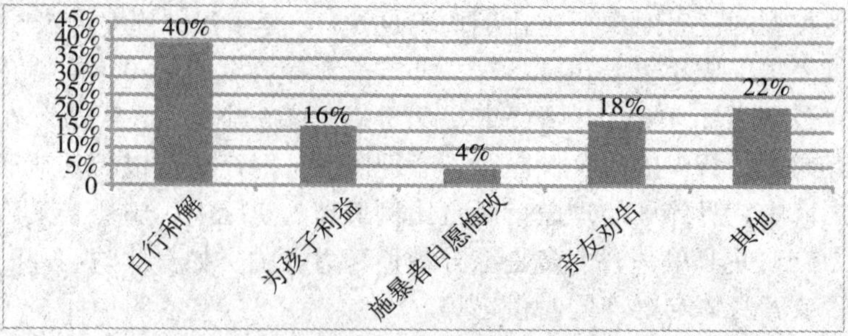

图 1-6-b　2008~2010 年四地区法院受理涉及家庭暴力案件撤诉原因

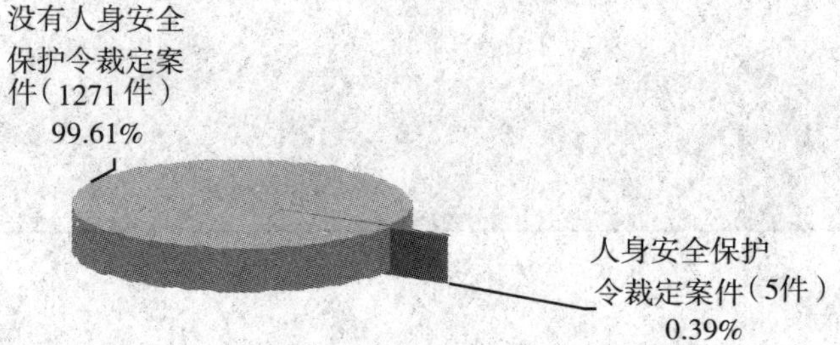

图 1-6-c　2008~2010 年四地区法院发布的人身安全保护令裁定案件数

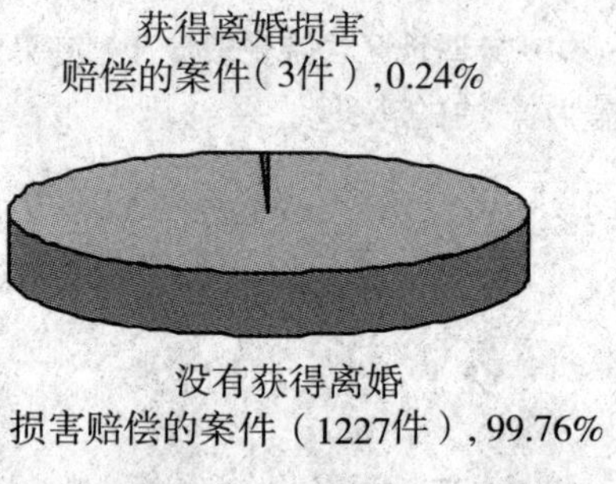

图 1-6-d　2008~2010 年四地区法院涉家庭暴力离婚案件中获得离婚赔偿的案件数

在 2008~2010 年四地区法院受理的涉及家庭暴力案件的审结结果中，调解和好的占 2.2%，调解离婚的占 26.04%，判决离婚的占17.69%，判决不离婚的占17.84%，撤诉的占18.47%，驳回起诉的占17.76%（见图1-6-a）。其中，在撤诉案件中，因自行和解的占40%；当事人为了孩子利益而撤诉的占16%；因施暴者自愿悔改受害者撤诉的占4%；因亲友劝告而撤诉的占18%；其他原因撤诉的占22%（见图1-6-b）。

由上可见，前述四地区法院受理的涉及家庭暴力案件中，撤诉和驳回起诉所占比例几乎相同，合计占36.23%，而调解离婚和判决离婚的，合计占43.73%（见图1-6-a）。并且在当事人撤诉的案件中，自行和解的比例较高，占40%（见图1-6-b）。

在这里有以下四点值得注意：第一，从法院采信证据看，在被驳回起诉的涉及家庭暴力案件中因证据不足的高达61%。可见，举证问题仍然是法院审理中确认家庭暴力案件最大的难题。在法院受理的涉及家庭暴力案件中，关于证据认定形式大致可分为四类：一是当事人陈述，二是证人证言，三是物证，四是书证。我们在统计调查数据中发现，当事人提供的证据中本人的陈述和证人证言作为证据的概率较高，而提供确切的物证或书证的概率较低，这表明受害者收集证据的意识依然较为缺乏。第二，从法院审理涉及家庭暴力案件依据的法律看，四地区法院95%的涉及家庭暴力案件审理均依照现行《婚姻法》，鲜有依照其他法律法规或司法解释的。第三，2008~2010年，四地区法院审理的涉及家庭暴力的1276件案件中发布人身安全保护令裁定的只有5件，占0.39%（见图1-6-c），其中A区法院3件，D区法院2件。第四，在该三年期间四地区法院涉及家庭暴力案件的离婚案件1230件的审理结果中，获得离婚损害赔偿的只有A区法院有3件（占0.24%），其他三个区法院均没有（见图1-6-d）。

（二）妇联处理的涉及家庭暴力纠纷情况的统计[①]

1. 涉及家庭暴力纠纷的数量和类型

表1－4　2009～2010年四地区妇联处理涉及家庭暴力投诉纠纷总表

四区各量 类型			A区		B区		C区		D区	
			件	百分比	件	百分比	件	百分比	件	百分比
家事纠纷	总计	1749	302	100.00%	1123	100.00%	253	100.00%	71	100.00%
涉及家庭暴力纠纷	合计	368	80	26.50%	171	15.23%	67	26.48%	50	70.42%
涉及家庭暴力纠纷类型	离婚		68	85.00%	39	22.81%	48	71.64%	38	76.00%
	继承		0	0	16	9.36%	0	0	0	0
	赡养		0	0	5	2.92%	0	0	1	2.00%
	抚养费		0	0	10	5.85%	0	0	0	0
	抚养权		0	0	3	1.75%	4	5.97%	1	2.00%
	离婚后财产纠纷		0	0	55	32.16%	6	8.96%	0	0
	其他		12	15.00%	43	25.15%	9	13.43%	10	20.00%

① 由于受资料收集的限制，此次对四地区妇联处理投诉的家庭暴力纠纷的调查数据仅统计到2009年、2010年两年期间的。

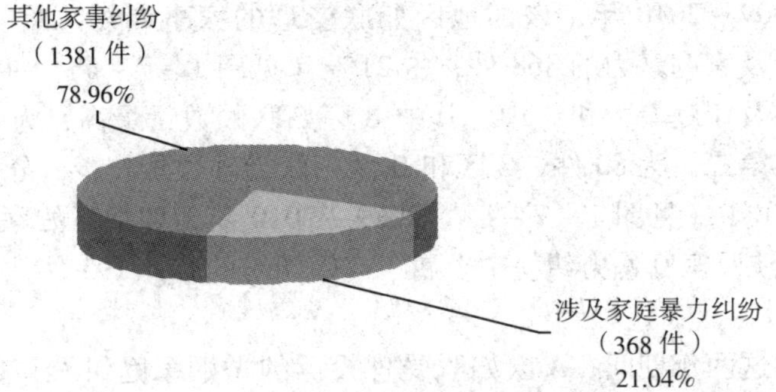

图 1-7-a 2009~2010 年四地区妇联处理涉及家庭暴力纠纷与其他家事纠纷的数量比例图

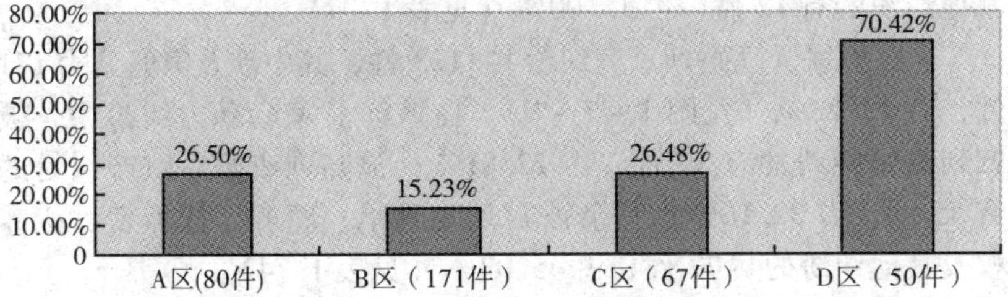

图 1-7-b 2009~2010 年四地区妇联处理涉及家庭暴力纠纷占该地区妇联家事纠纷数量比例图

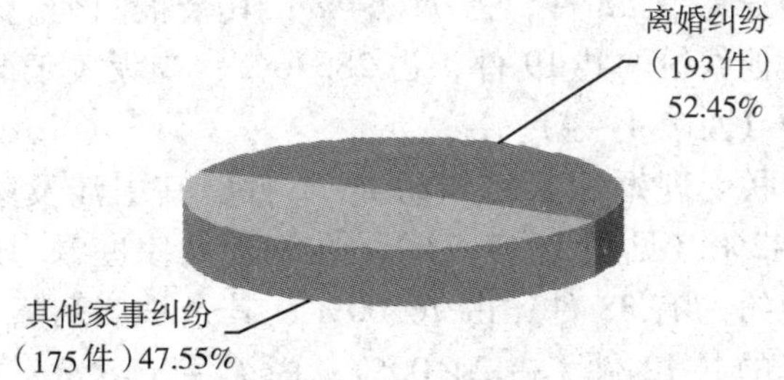

图 1-7-c 2009~2010 年四地区妇联处理涉及家庭暴力纠纷中离婚纠纷的数量比例图

2009～2010年，该四地区妇联受理的家事纠纷总量1749件中，涉及家庭暴力的368件，占21%（见图1－7－a）。在四地区受理涉及家庭暴力纠纷中，其中B区妇联的数量最高，为171；A区排在第二，为80件，C区和D区妇联受理数量较少，分别是67件和50件（见图1－7－b）。2009～2010年，四地区妇联受理的368件涉及家庭暴力纠纷中，属于离婚纠纷的合计193件，占52%（见图1－7－c）。

在这两年期间，A区妇联受理投诉的婚姻家庭纠纷共302件，其中涉及家庭暴力的有80件，占26.50%（见图1－7－b）。涉及家庭暴力纠纷中，被归列离婚纠纷的有68件，占85.00%；列为其他纠纷的有12件，占15.00%（见表1－4）。

B区妇联受理婚姻家庭纠纷共1123件，其中涉及家庭暴力171件，占15.23%（见图1－7－b）。在该涉及家庭暴力纠纷中，被归列离婚纠纷的有39件，占22.81%；被归列离婚后财产纠纷的有55件，占32.16%；其余被归列为继承、赡养、抚养费、抚养权及其他纠纷的共77件，占45.03%（见表1－4）。

C区妇联受理婚姻家庭纠纷共253件，其中涉及家庭暴力67件，占26.48%（见图1－7－b）。在该涉及家庭暴力纠纷中，被归列离婚纠纷的有48件，占71.64%；其余被归列抚养权、离婚后财产及其他纠纷的共19件，占28.36%；尚无关于继承、赡养、抚养费纠纷（见表1－4）。

D区妇联受理婚姻家庭纠纷共71件，其中涉及家庭暴力50件，占70.42%（见图1－7－b）。在该涉及家庭暴力纠纷中，被归列离婚纠纷的有38件，占76.00%；其余被归列赡养、抚养权及其他纠纷的共12件，占24.00%；尚无关于继承、抚养费以及离婚后财产纠纷（见表1－4）。

由上统计可见，在该四地区妇联处理涉及家庭暴力投诉时，并未将家庭暴力作为独立种类，而是将其分别归入到婚姻家庭类的离婚、继承、赡养、抚养费、抚养权以及离婚后财产等纠纷中。该各区的调查资料统计显示，从涉及家庭暴力的纠纷比例看，D 区所占比例最高，约占 70.42%，其他三地区则在 15.23% ~26.50%。从四地区涉及家庭暴力纠纷的类型看，被归属于离婚纠纷的，除 B 区占较低比例外，A 区、C 区和 D 区占较高比例，在 71.64% ~85.00%（见表 1-4）。也就是说，夫妻暴力仍然是家庭暴力最主要的形式。

2. 涉及家庭暴力纠纷施暴者个人基本情况

表 1-5　2009 ~2010 年四地区妇联处理涉及家庭暴力纠纷施暴者的数量（单位：人）

项目＼四区		A 区	B 区	C 区	D 区
性别	男性	93	89	87	90
	女性	3	2	2	2
	总量	96	91	89	92
四地区妇联总量		368			

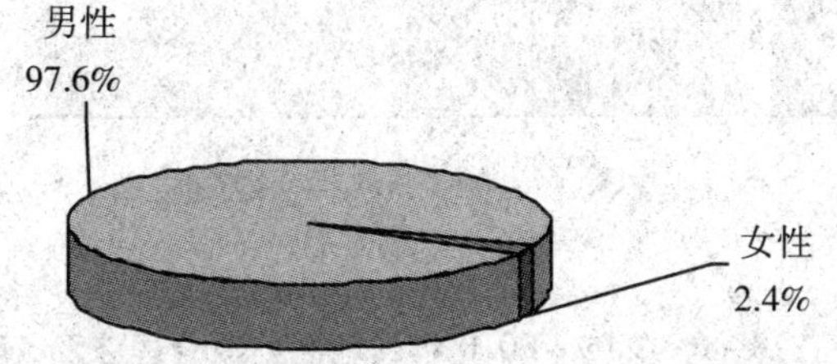

图 1-8-a　2009 ~2010 年四地区妇联处理涉及家庭暴力纠纷施暴者性别比例图

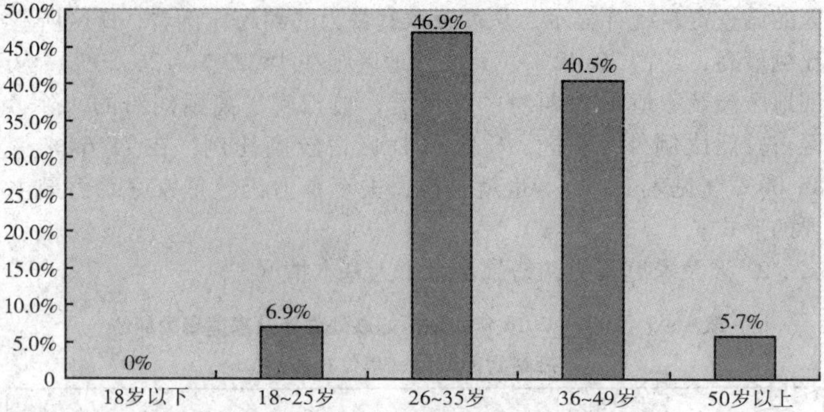

图 1-8-b　2009~2010 年四地区妇联处理涉及家庭暴力纠纷施暴者年龄比例图

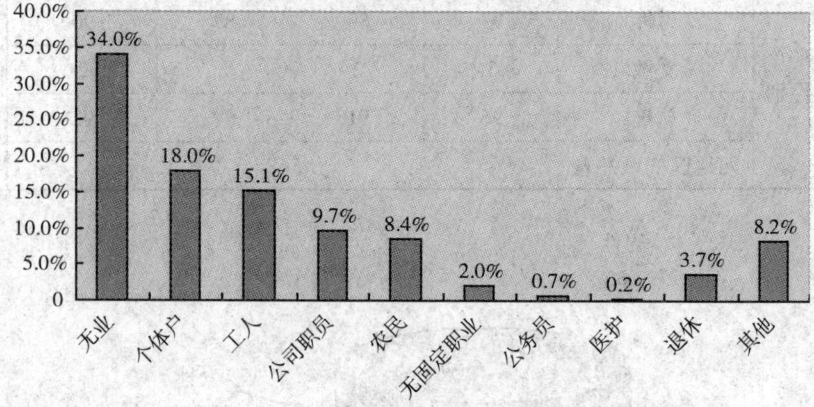

图 1-8-c　2009~2010 年四地区妇联处理涉及家庭暴力纠纷施暴者职业比例图

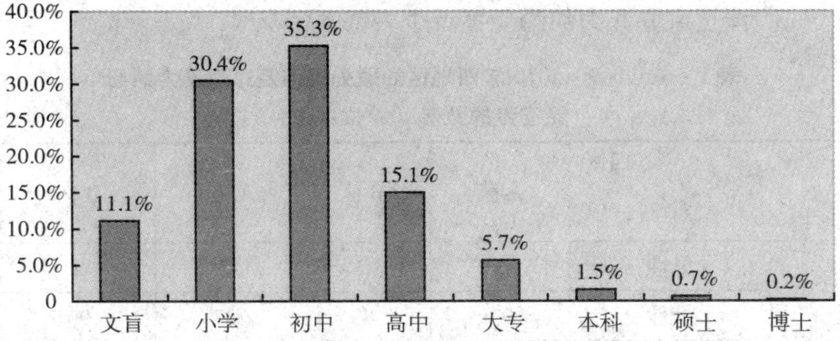

图 1-8-d　2008～2010 年四地区妇联处理涉及家庭暴力纠纷施暴者文化程度比例图

2009～2010 年，该四地区妇联处理涉及家庭暴力纠纷的施暴者中，绝大多数是男性，占 97.6%（见图 1-8-a）。施暴者的年龄以 26～35 岁、36～49 岁两个年龄段的居多，两者合计占 87.4%（见图 1-8-b）。

施暴者职业分布在无业、个体户、工人、公司职员、农民、无固定职业、公务员、医护等职业中，其中排在前五位的是无业者、个体户、工人、公司职员、农民，分别占 34.0%、18.0%、15.1%、9.7%、8.4%，前三者合计占 67.1%（见图 1-8-c）。

施暴者的文化程度大多较低，属于文盲、小学和初中文化水平的三者合计占 76.8%，大专、本科及以上学历的施暴者仅是少数，合计占 8.1%（见图 1-8-d）。

3. 涉及家庭暴力纠纷受害者个人基本情况

表 1－6　2009～2010 年四地区妇联处理涉及家庭暴力纠纷受害者的数量（单位：人）

项目 \ 四区		A 区	B 区	C 区	D 区
性别	男性	3	2	2	2
	女性	93	89	87	90
	总量	96	91	89	92
四地区妇联总量		368			

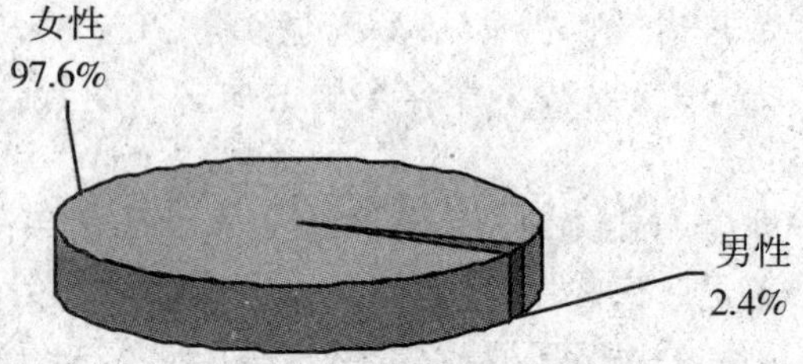

图 1－9－a　2009～2010 年四地区妇联处理涉及家庭暴力纠纷受害者性别比例图

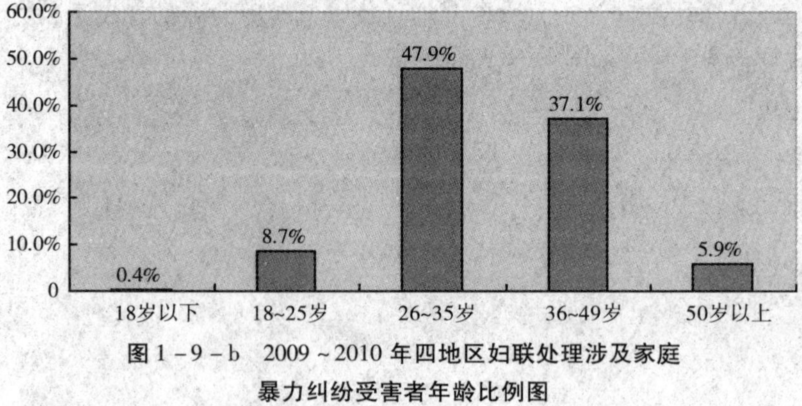

图 1－9－b　2009～2010 年四地区妇联处理涉及家庭暴力纠纷受害者年龄比例图

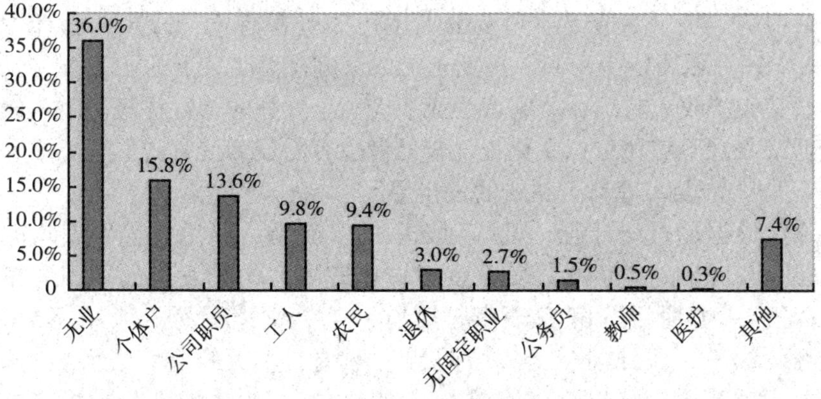

图 1－9－c　2009～2010 年四地区妇联处理涉及家庭暴力纠纷受害者职业比例图

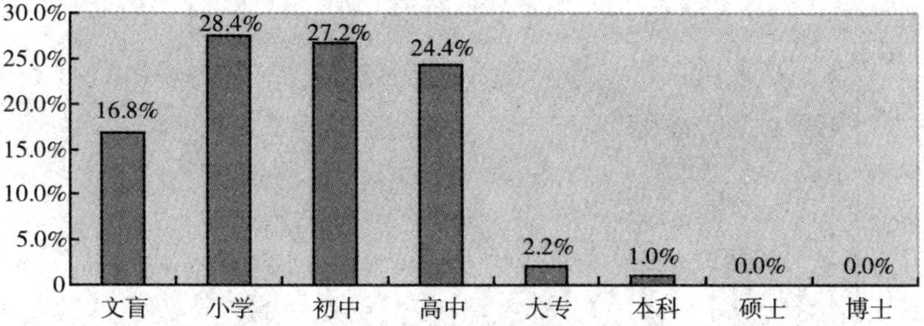

图 1－9－d　2009～2010 年四地区妇联处理涉及家庭暴力纠纷受害者文化程度比例图

2009～2010 年，四地区妇联处理涉及家庭暴力纠纷的受害者中，绝大多数是女性，比例高达 97.6%（见图 1－9－a）；受害者年龄大多集中于 26～35 岁、36～49 岁两个年龄段之间，合计占 85%（见图 1－9－b）；受害者的职业有农民、工人、公司职员、个体户、公务员、教师、医护、无业、退休、无固定职业等，其中排在前五位的以无业者所占比例最高，占 36.0%。其次为个体户、公司职业、工人、农民，分别占 15.8%、13.6%、9.8%、9.4%（见图 1－9－c）。受害者的文化程度大多较低，文盲到初中阶段合计占 72.4%，大专、本科及以上学历的受害者比例较少，合计占 3.2%（见图 1－9－d）。由此可见，家庭暴力受害者的职业往往反映其经济收入状况，受害者为无业者、个体户等，往往经济收入较低或收入不够稳定；文化程度较低者也容易成为受害者。

4. 涉及家庭暴力纠纷的发生原因

根据调查统计看，投诉到妇联的家庭暴力纠纷发生原因均非单一。我们对该四地区妇联受理的家庭暴力纠纷发生的原因，按以下 14 个项目（家庭琐事、疑有外遇、性格暴躁、性格不合、经济纠纷、婚外性行为、婚前行为不端、重男轻女、子女教育、酗酒、赌博、嫖娼、草率结婚、其他）分别将其归类，并将酗酒、赌博、嫖娼合称为不良嗜好或不法行为，以便后面进行对策研究。

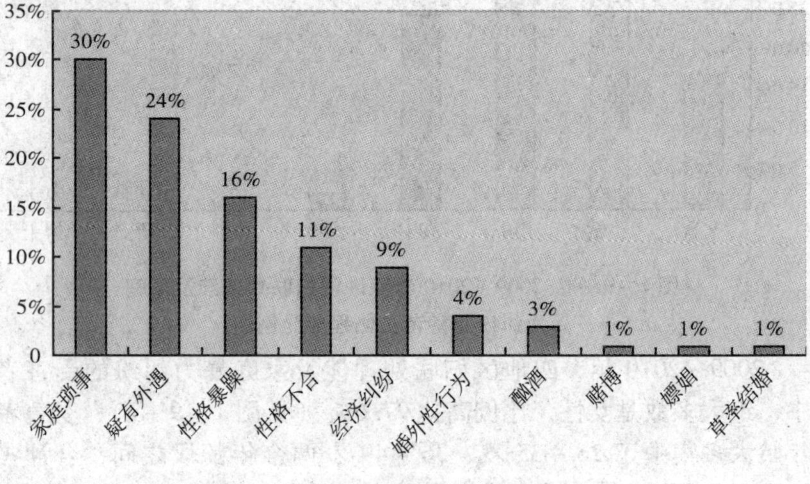

图 1－10－a　2009～2010 年 A 区妇联处理涉及家庭暴力纠纷原因

2009～2010 年 A 区妇联处理的涉及家庭暴力纠纷中，其原因排在前三位的分别是家庭琐事（30%）、疑有外遇（24%）、性格暴躁（16%），其中家庭琐事的比例最高，占三成。另外，婚外性行为（4%）及有酗酒、赌博、嫖娼等不良嗜好和不法行为（合计占5%）以及草率结婚（1%）也占有一定比例（见图1－10－a）。

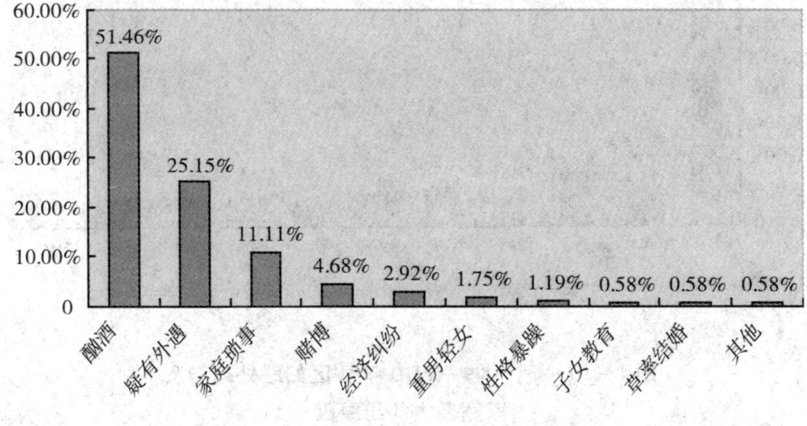

图1－10－b　2009～2010年B区妇联处理涉及家庭暴力纠纷原因

2009～2010年B区妇联受理的家庭暴力纠纷中，其原因排在前三位的分别是酗酒（51.46%）、疑有外遇（25.15%）、家庭琐事（11.11%），其中酗酒的比例高达一半以上。另外，赌博（4.68%）、经济纠纷（2.92%）、重男轻女（1.75%）、性格暴躁（1.19%）、子女教育（0.58%）、草率结婚（0.58%）、其他（0.58%）引发的家庭暴力纠纷也占有一定比例（见图1－10－b）。

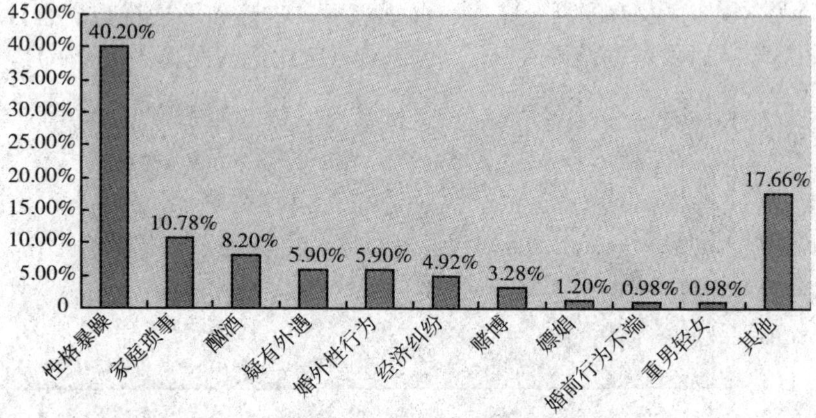

图 1－10－c　2009～2010 年 C 区妇联处理涉及家庭暴力纠纷原因

2009～2010 年 C 区妇联受理的家庭暴力纠纷中，其原因排在前三位的分别是性格暴躁（40.20%）、其他（17.66%）、家庭琐事（10.78%）其中性格暴躁的比例最高，占四成。另外，酗酒（8.20%）、疑有外遇（5.90%）、婚外性行为（5.90%）、经济纠纷（4.92%）、赌博（3.28%）、嫖娼（1.20%）、婚前行为不端（0.98%）、重男轻女（0.98%）等引发的家庭暴力纠纷也占有一定比例（见图 1－10－c）。

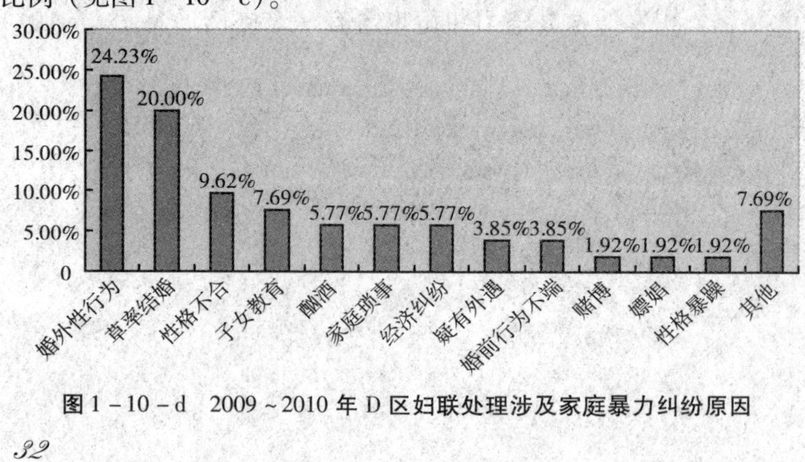

图 1－10－d　2009～2010 年 D 区妇联处理涉及家庭暴力纠纷原因

2009～2010年D区妇联受理的家庭暴力纠纷中，其原因排在前三位的分别是婚外性行为占24.23%，草率结婚占20.00%，性格不合占9.62%，其中婚外性行为的比例最高，占近三成。另外，子女教育（7.69%）、其他（7.69%）、酗酒（5.77%）、家庭琐事（5.77%）、经济纠纷（5.77%）、疑有外遇（3.85%）、婚前行为不端（3.85%）、赌博（1.92%）、嫖娼（1.92%）、性格暴躁（1.92%）等引发的家庭暴力纠纷也占一定比例（见图1－10－d）。

综上可知，四地区妇联处理涉及家庭暴力纠纷原因统计中，归纳起来，排在前三位的包括家庭琐事、疑有外遇、性格暴躁、不良嗜好或不法行为、婚外性行为、草率结婚、性格不合。

5. 涉及家庭暴力纠纷的处理结果

在此次调查中，由于部分资料收集不到的原因，对于妇联处理涉及家庭暴力纠纷投诉结果仅采集到A区妇联和D区妇联的数据。

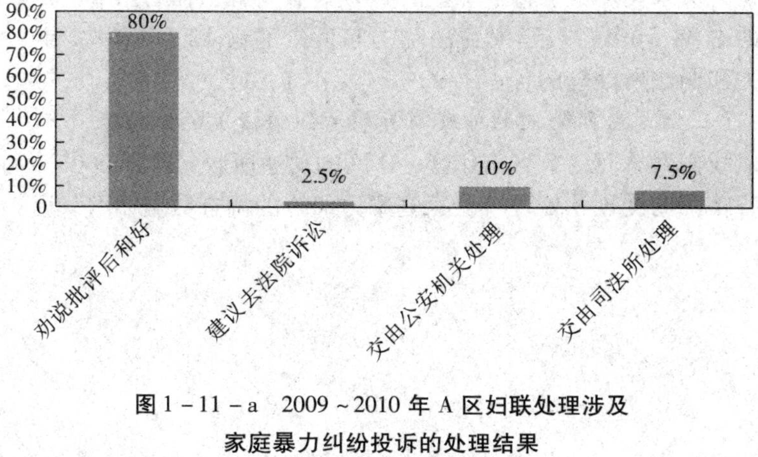

图1－11－a　2009～2010年A区妇联处理涉及家庭暴力纠纷投诉的处理结果

2009～2010年A区妇联受理的家庭暴力投诉纠纷中，经妇联工作人员采用劝解、批评、教育等方式做调解工作后当事人双方和好的占80%；交由公安机关处理施暴者的有10%；交由司法所处理的占7.5%；被建议到法院提起诉讼的占2.5%（见图1－11－a）。

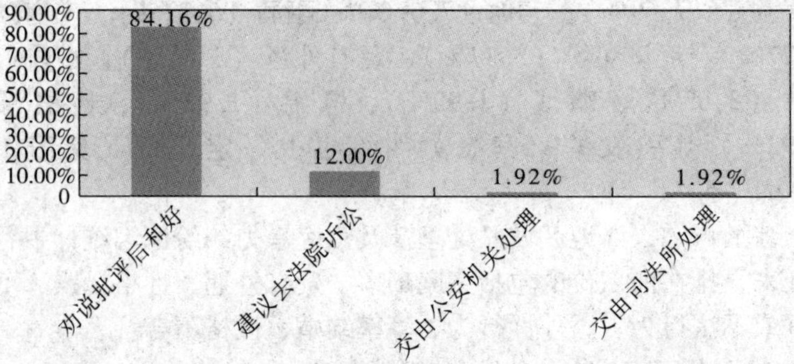

图1－11－b　2009～2010年D区妇联处理涉及家庭暴力纠纷投诉的处理结果

2009～2010年D区妇联受理的家庭暴力投诉纠纷中，经妇联工作人员采用劝解、批评、教育等方式做调解工作后当事人双方和好的占84.16%；被建议到法院提起诉讼的占12.00%，交由公安机关和司法所处理的各占1.92%（见图1－11－b）。

（三）司法所处理的涉及家庭暴力纠纷情况的统计

我们对A区、B区、C区、D区的司法所收集统计2008～2010年各辖区内受理和处理涉及家庭暴力纠纷的调查数据如下。

1. 涉及家庭暴力纠纷的数量和类型

表1－7 2008～2010年四地区司法所处理涉及家庭暴力纠纷情况统计总表

类型 \ 四区各量			A区		B区		C区		D区	
			件	百分比	件	百分比	件	百分比	件	百分比
家事纠纷	总计	529	70	100.00%	25	100.00%	117	100.00%	317	100.00%
涉及家庭暴力纠纷	合计	125	15	21.43%	4	16.00%	67	57.26%	39	12.30%
涉及家庭暴力纠纷类型	离婚		4	26.67%	1	25.00%	21	31.34%	13	33.33%
	继承		0	0	0	0	9	13.43%	2	5.13%
	赡养		4	26.67%	1	25.00%	10	14.93%	7	17.95%
	抚养费		0	0	0	0	5	7.46%	5	12.82%
	抚养权		0	0	0	0	0	0	8	20.51%
	离婚后财产纠纷		0	0	0	0	3	4.48%	0	0
	其他		7	46.67%	2	50.00%	19	28.36%	4	10.26%

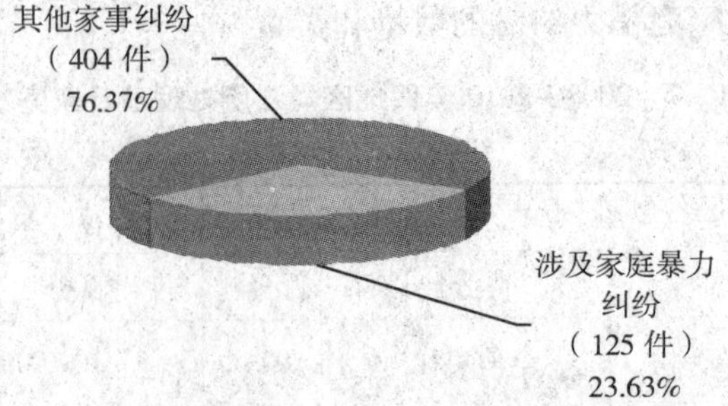

图 1－12－a　2008～2010 年四地区司法所处理涉及家庭暴力纠纷与其他家事纠纷数量比例图

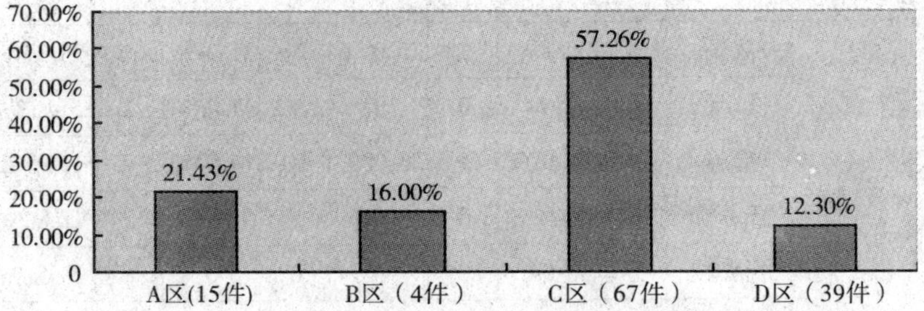

图 1－12－b　2008～2010 年四地区司法所各处理涉及家庭暴力纠纷占该地区司法所家事纠纷比例图

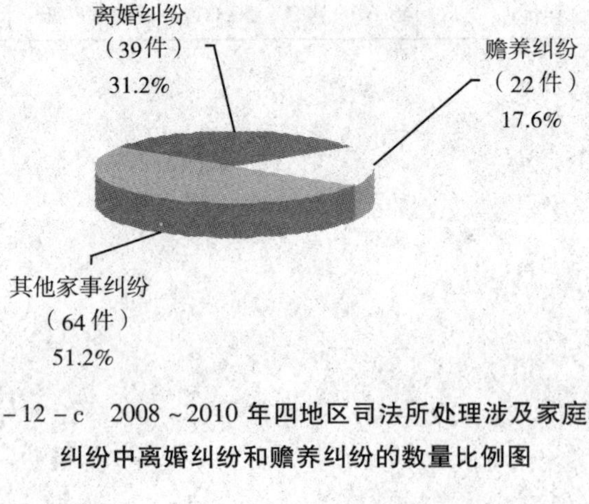

图 1－12－c　2008～2010 年四地区司法所处理涉及家庭暴力纠纷中离婚纠纷和赡养纠纷的数量比例图

2008~2010年，四地区司法所共受理涉及家庭暴力纠纷125件，占家事纠纷总数的23.63%（见图1-12-a）。

2008~2010年，A区司法所处理的涉及家庭暴力纠纷共15件，占家事纠纷总量（70件）的21.43%（见图1-12-b）。在涉及家庭暴力纠纷中，离婚纠纷和赡养纠纷各4件，各均占26.67%，其他纠纷7件，占46.67%（见表1-7）。

2008~2010年，B区司法所处理的涉及家庭暴力纠纷共4件，占家事纠纷总量（25件）的16.00%（见图1-12-b）。在涉及家庭暴力纠纷中，离婚纠纷和赡养纠纷各1件，各均占25.00%，其他纠纷2件，占50.00%（见表1-7）。

2008~2010年，C区司法所处理的涉及家庭暴力纠纷共67件，占家事纠纷总量（117件）的57.26%（见图1-12-b）。在涉及家庭暴力纠纷中，离婚纠纷排第一位为21件，占31.34%，第二位为赡养纠纷10件，占14.93%，其余的继承、抚养费、离婚后财产等及其他纠纷共36件，占53.73%（见表1-7）。

2008~2010年，D区司法所处理的涉及家庭暴力纠纷共39件，占家事纠纷总量（317件）的12.30%（见图1-12-b）。在涉及家庭暴力纠纷中，第一位的为离婚纠纷13件，占33.33%，第二位的为抚养权纠纷8件，占20.51%，其余的继承、抚养费、赡养等及其他纠纷共18件，占46.15%（见表1-7）。

可见，在这三年期间，C区司法所处理涉及家庭暴力纠纷数量最多，比例最高，达57.26%。A区、B区、D区比例分别占21.43%、16.00%、12.30%。综观四地区司法所处理涉及家庭暴力纠纷总计125件的类型之平均比例，离婚纠纷有39件，其所占比例最高，为31.20%，其次是赡养纠纷，有22件，平均比例为17.60%（见图1-12-c）。

2. 涉及家庭暴力纠纷施暴者个人基本情况

表1－8　2008～2010年四地区司法所处理涉及家庭暴力纠纷施暴者的数量（单位：人）

项目＼四区		A区	B区	C区	D区
性别	男性	26	25	24	27
	女性	7	6	4	6
	总量	33	31	28	33
四地区司法所总量		125			

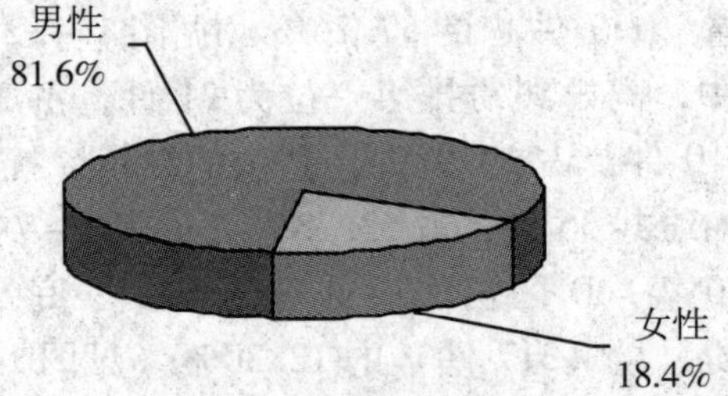

图1－13－a　2008～2010年四地区司法所处理涉及家庭暴力纠纷施暴者性别比例图

图1－13－b　2008～2010年四地区司法所处理涉及家庭暴力纠纷施暴者年龄比例图

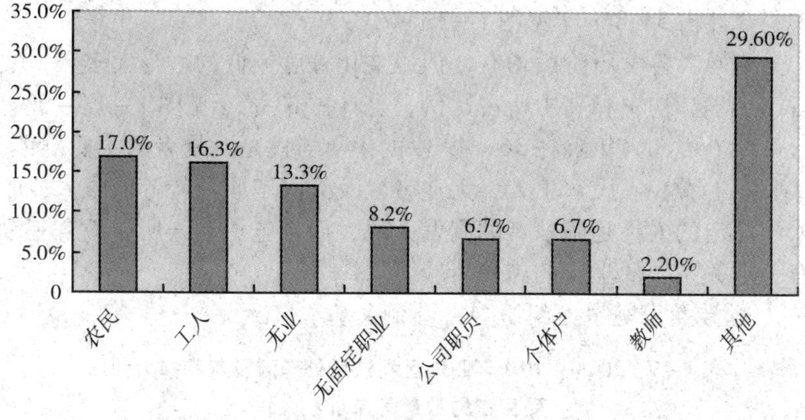

图 1 - 13 - c　2008 ~ 2010 年四地区司法所处理涉及家庭暴力纠纷施暴者职业比例图

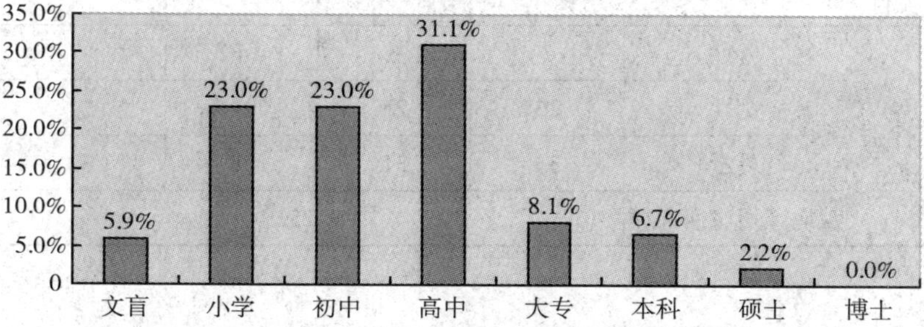

图 1 - 13 - d　2008 ~ 2010 年四地区司法所处理涉及家庭暴力纠纷施暴者文化程度比例图

2008 ~ 2010 年，四地区司法所处理涉及家庭暴力纠纷的施暴者中，男性占绝大多数，占 81.6%（见图 1 - 13 - a）。

施暴者年龄在 26 ~ 50 岁及 50 岁以上的老、中、青年都有，其中以36 ~ 49 岁的最多，占 51.9%，且以 36 ~ 50 岁及 50 岁以上为高发群体，两者合计占 79.3%（见图 1 - 13 - b）。

施暴者职业为农民、工人、公司职员、个体户、教师、医护等行业以及无业者等均有，其中，除其他职业占 29.60% 外，排在前四位的是农民、工人、无业者、无固定职业者是施暴者的高发群体，合计占54.8%（见图1-13-c）。

施暴者各学历阶段均有，但以文化程度较低的占绝大多数，文盲、小学、初中和高中所占比例，合计占83%（见图1-13-d）。

综上可知，年龄在36~49岁的中年男性是施暴者的主要群体，从职业上看，农民、工人、无业者以及无固定职业者等低收入或收入不稳定的人员是施暴者的高发人群，而且施暴者与所受教育程度有一定关系，低学历的施暴者较多。

3. 涉及家庭暴力纠纷受害者个人基本情况

表1-9　2008~2010年四地区司法所处理涉及家庭暴力纠纷受害者的数量（单位：人）

项目＼四区		A区	B区	C区	D区
性别	男性	7	6	4	6
	女性	26	25	24	27
	总量	33	31	28	33
四地区司法所总量		125			

图1-14-a　2008~2010年四地区司法所处理涉及家庭暴力纠纷受害者性别比例图

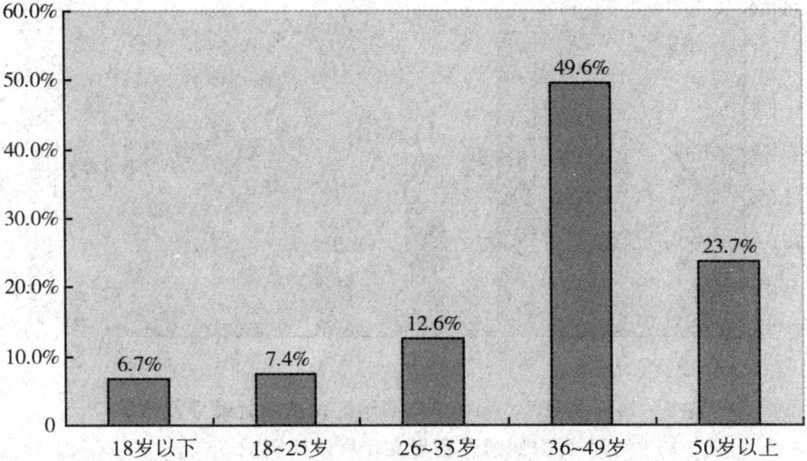

图 1-14-b 2008~2010 年四地区司法所处理涉及家庭暴力纠纷受害者年龄比例图

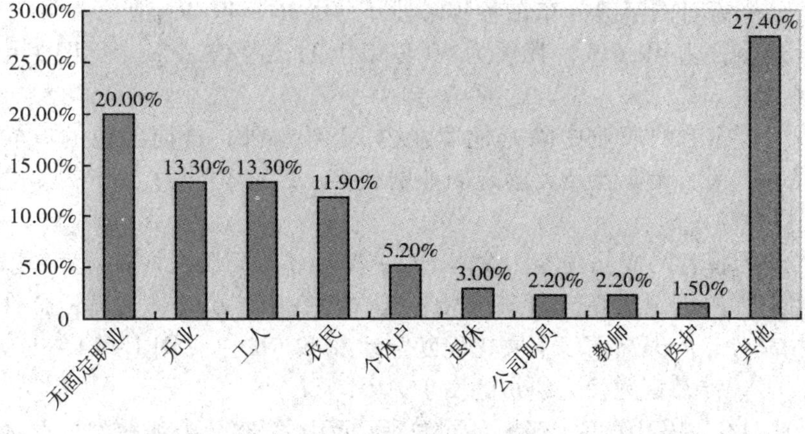

图 1-14-c 2008~2010 年四地区司法所处理涉及家庭暴力纠纷受害者职业比例图

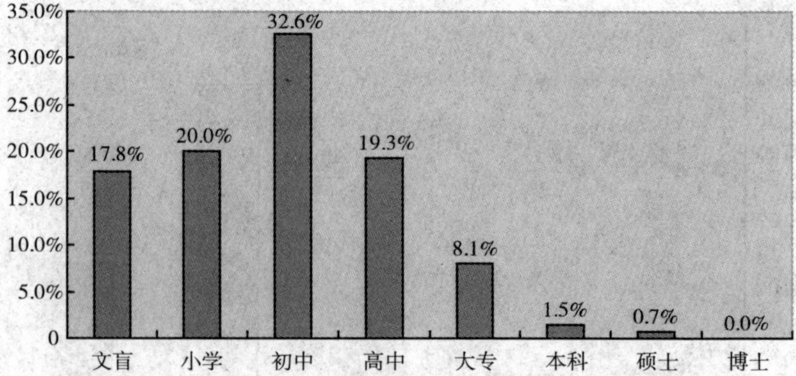

图 1－14－d　2008～2010 年四地区司法所处理涉及家庭暴力纠纷受害者文化程度比例图

2008～2010 年，四地区司法所处理涉及家庭暴力纠纷的受害者中，女性为绝大多数，所占比例高达 81.6%（见图 1－14－a）。

受害者的年龄分布在各年龄段不等，36～49 岁年龄段的中年人最多，占 49.6%，其次为 50 岁以上的，占 23.7%（见图 1－14－b）。

受害者的职业中除其他职业占 27.40% 外，排前四位的有农民、工人、无业者及无固定职业的较多，四者合计占 58.5%（见图 1－14－c）。

受害者的文化程度，除博士外，其他各学历阶段均有，其中以初中所占比例最高，占 32.6%，其次为高中、小学、文盲，合计占 57.1%。即高中以下文化程度合计占 89.7%（见图 1－14－d）。

4. 涉及家庭暴力纠纷的发生原因

2008～2010 年，四地区司法所受理的家庭暴力纠纷发生原因如下。

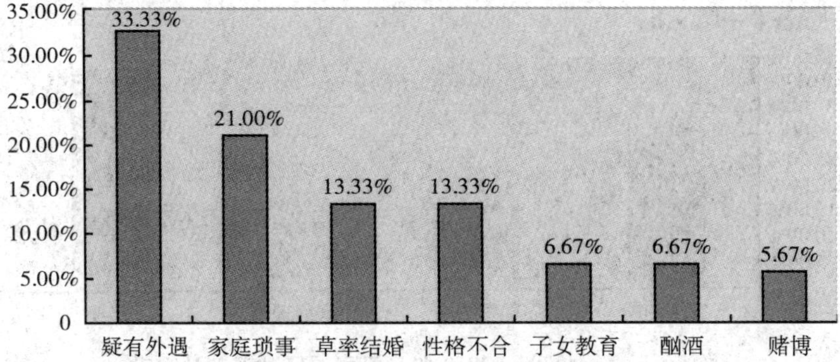

图 1－15－a 2008～2010 年 A 区司法所处理涉及家庭暴力纠纷发生原因

A 区司法所受理的家庭暴力纠纷原因中，排在前四位的是疑有外遇（占 33.33%）、家庭琐事（占 21.00%）、性格不合与草率结婚（均占 13.33%），子女教育、酗酒所占比例相同，均分别为 6.67%，赌博占 5.67%。此外，尚未有因婚外行为、性格暴躁、女方不孕、经济纠纷、重男轻女引起的家庭暴力纠纷（见图 1－15－a）。

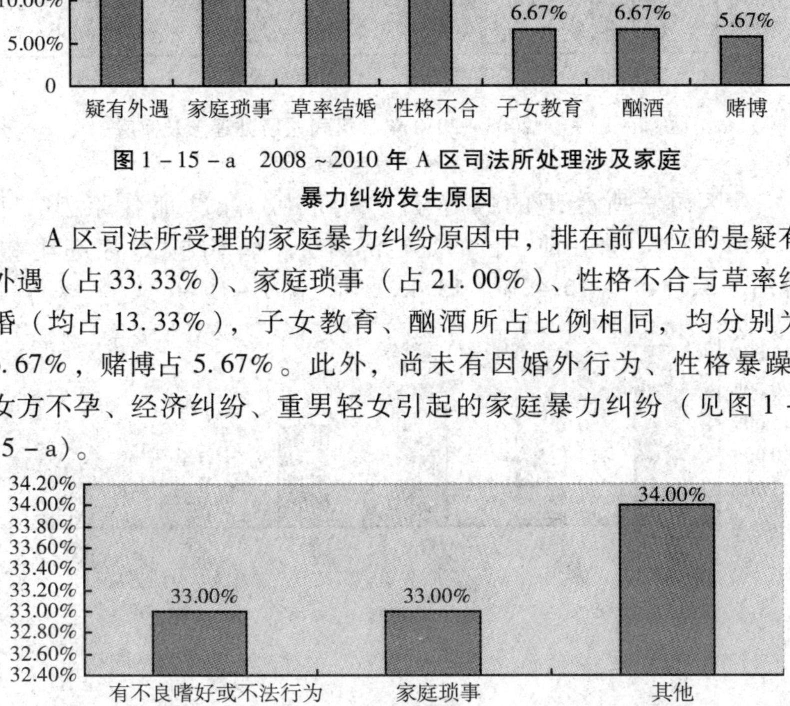

图 1－15－b 2008～2010 年 B 区司法所处理涉及家庭暴力纠纷发生原因

B 区司法所受理的家庭暴力纠纷中，除其他（占 34.00%）外，排在前两位的是家庭琐事、有不良嗜好或不法行为，均占 33%。此外，性格不合、草率结婚、子女教育、婚外行为、性格暴躁、女方不孕、经济纠纷、重男轻女引起的家庭暴力纠纷均无

(见图 1－15－b)。

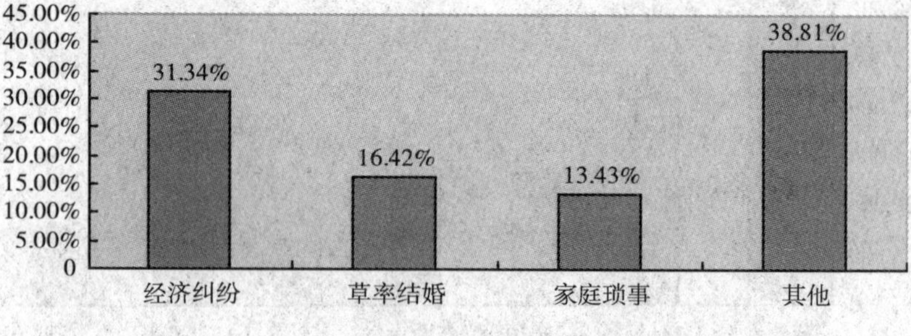

图 1－15－c　2008～2010 年 C 区司法所处理涉及家庭暴力纠纷发生原因

C 区司法所受理的家庭暴力纠纷中，除其他各原因（占 38.81%）外，排在前三位的是经济纠纷、草率结婚、家庭琐事，分别占 31.34%、16.42%、13.43%（见图 1－15－c）。

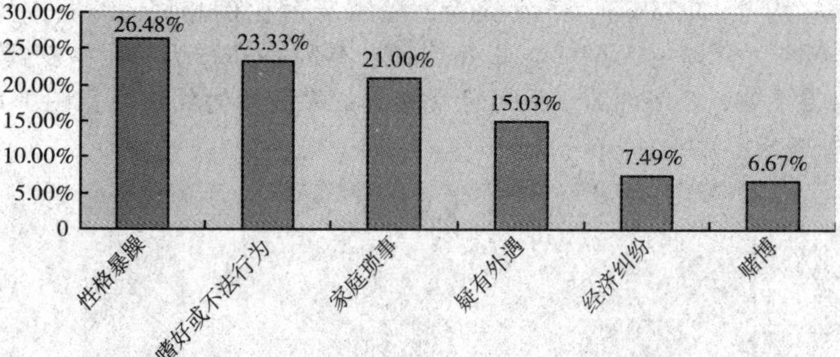

图 1－15－d　2008～2010 年 D 区司法所处理涉及家庭暴力纠纷发生原因

D 区司法所受理的家庭暴力纠纷中，排在前三位的是性格暴躁、有不良嗜好或不法行为、家庭琐事，均为 20% 以上，疑有外遇、经济纠纷、赌博所占比例相对较低，分别为 15.03%、7.49%、6.67%。此外，涉及性格不合、女方不孕、子女教育、婚外性行为、重男轻女等类型的纠纷尚无（见图 1－15－d）。

综合以上，四地区司法所处理涉及家庭暴力纠纷发生原因中，排在前三位的包括疑有外遇、家庭琐事、不良嗜好或不法行为、性格不合、草率结婚、经济纠纷。

5. 涉及家庭暴力纠纷的处理结果

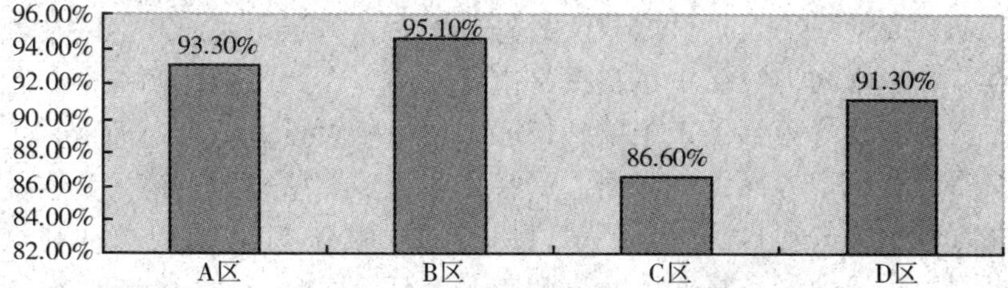

图 1－16　2008～2010 年四地区各司法所处理涉及家庭暴力纠纷调解和好比例

2008～2010 年四地区司法所处理涉及家庭暴力纠纷结果中，绝大部分纠纷的当事人均被调解和好，四地区司法所涉及家庭暴力纠纷调解和好的比例平均达到 90% 以上。其中，A 区司法所高达 93.3%，仅有 6.7% 的起诉到法院；B 区司法所高达 95.1%，仅有 4.9% 的起诉至法院；C 区司法所高达 86.6%，仅有 13.4% 的起诉至法院；D 区司法所高达 91.3%，仅有 8.7% 的起诉至法院（见图 1－16）。

（四）法院、妇联、司法所实证调查统计情况的分析

以下我们对法院、妇联、司法所实证调查的统计情况进行分析。

1. 涉及家庭暴力案件和纠纷的数量和类型

第一，从受理涉及家庭暴力案件和纠纷的数量看。2008～2010 年，被调查四地区法院、妇联和司法所的三机构受理的家事案件和纠纷总量分别为 7968 件、1749 件、529 件（见表 1－1、表 1－4、表 1－7），其中涉及家庭暴力的案件和纠纷分别为 1276 件、368 件、125 件，所占比重分别为 16.01%、21.04% 和 23.63%（见图

1－1－b、图1－7－a、图1－12－a)。可见，从三机构受理的涉及家庭暴力案件和纠纷数量看，法院最多。但从处理纠纷的百分比来看，四地区司法所处理的涉及家庭暴力纠纷的百分比为31.2%，即高出法院近一半，高出妇联近1/3，并且受理涉及家庭暴力纠纷的比例排在前两位的是司法所和妇联。这是因为基层司法所更贴近群众，方便受害人投诉之故。另外也表明，基层司法所和妇联在处理涉及家庭暴力纠纷中也发挥着重要作用。在此次抽样调查中，我们发现家庭暴力当事人主要到妇联和司法所去投诉请求处理，其主要原因有两个方面：一方面，受害方多受传统思想的束缚，大多数女方表示丈夫对自己施暴是难以启齿的"家务事"，其忍让往往纵容着家庭暴力的反复发生，直到其忍无可忍之时，才会投诉。而女性受害者更愿意到妇联投诉，因为妇联组织出面维护妇女权益更受到女性受害者的信赖。另一方面，从司法所与当事人的密切联系看，群众也往往愿意选择到居住地基层司法所求助，以便及时解决纠纷，故也有较多的受害者到基层司法所投诉。至于法院只是寻求国家公权力解决家庭暴力的最后途径。除非因家庭暴力导致夫妻关系无法维系，婚姻当事人必须离婚的才到法院提出离婚诉讼。因此，法院受理的涉及家庭暴力案件的比例少于妇联和司法所处理的涉及家庭暴力纠纷之比例。

第二，从受理涉及家庭暴力案件和纠纷的类型看。2008～2010年，被调查四地区法院、妇联和司法所的三机构在受理的涉及家庭暴力案件和纠纷中，被归列于离婚案件和纠纷的最多，分别为1230件、193件、39件，所占比重分别为96.39%、52.45%、31.20%（见图1－1－c、图1－7－c、图1－12－c)。可见，在受理的涉及家庭暴力案件和纠纷中，被归列于离婚案件和纠纷的，法院的数量和比例最高，其次为妇联和司法所。这些都表明，家庭暴力主要发生在夫妻之间，

2. 涉及家庭暴力案件和纠纷施暴者和受害者的特征

通过调查统计得知，三机构受理的涉及家庭暴力案件和纠纷中

的施暴者和受害者表现出以下特征：

第一，从家庭暴力的施暴者与受害者的性别分析看，施暴者绝大多数是男性，受害者绝大多数是女性。在法院、妇联、司法所处理的涉及家庭暴力的案件和纠纷中，家庭暴力的施暴者绝大多数是男性，受害者则绝大多数是女性，家庭暴力主要是男性针对女性的暴力。在四地区法院 2008 ~ 2010 年受理的涉及家庭暴力案件中，施暴者绝大多数是男性，比例占 89%，女性的比例只占 11%（见图 1 - 2 - a）；受害者绝大多数为女性，比例高达 89%（见图 1 - 3 - a）。在四地区妇联 2009 ~ 2010 年受理的涉及家庭暴力的投诉纠纷中，施暴者绝大多数是男性，占 97.6%（见图 1 - 8 - a）；受害者绝大多数为女性，比例高达 97.6%（见图 1 - 9 - a）。在四地区司法所 2008 ~ 2010 年受理的涉及家庭暴力的投诉纠纷中，施暴者绝大多数为男性，比例占 81.6%（见图 1 - 13 - a）；受害者绝大对数为女性，比例占 81.6%（见图 1 - 14 - a）。可见，家庭暴力的受害者绝大多数是女性。

以上统计数据表明，家庭暴力主要是男性针对女性的暴力，家庭中女性是受害人的居多，而且结合上述家庭暴力的类型可知，家庭暴力主要是发生在夫妻之间的丈夫对妻子的暴力。其主要原因是：（1）家庭内部性别与权力结构的不平等。从表面上看，男性往往是利用体力上的优势控制妻子。但从更深的层面看，更重要的原因是家庭内部性别与权力结构的不平等。首先，我国历史上的传统文化是男性本位文化，女性的身份与角色被定位成为男性的附属品。近现代社会以来，封建的男权本位虽然已有被废除，男女地位逐渐趋向于平等，但仍未彻底消除其残余影响。男权本位的传统家庭文化是产生家庭暴力的重要原因。其次，家庭中两性的经济地位的失衡也是不可忽视的因素。在历史上以体力劳动为主的我国小农经济社会里，男性的体力优势使其更有机会获得物质财富与生存机会，女性也因体力差异与担负生育功能的缘故，其角色逐渐被固定在家庭之内，主要承担生育与家务劳动的责任。“男主外，女主内”的性别角色分工与家庭夫妻的收入状况使女性在经济上与男性形成一种依附关系，经济地位的失衡抬高了男性在家庭生活中的地位。[①] 在进入近现代社会来，近代工业革命、现代技术革命推动了社会经济的发展，大批妇女进入社会生产领域，为其在经济上独立创造了条件。尤其是1949年中华人民共和国成立以来大力贯彻男女平等原则，妇女获得解放，女性参加了各行各业的工作，其收入成为家庭经济的重要来源。但由于目前夫妻之间在承担家务劳动上的差异仍存在，生育与家务劳动一直是限制女性参与社会生产劳动的最主要因素。女性在现代职场上仍然无法获得与男性同等的就业机会与经济报酬。[②] 在家庭中，家务劳动的价值与贡献在实践中仍然被人们所忽视，补偿途径有限。[③] 这些均成为夫妻在家庭中地位失衡的重要原因，女性往往是家庭中的弱势者。（2）有的当事人受传统封建思想的残余影响。家庭暴力之所以屡禁不止，封建传统思想的消极影响是一个重要原因，其主要表现在：其一，封建夫权思想在少数男性心中依然存在。长期以来，他们奉行“男尊女

① 参见罗杰著：《防治家庭暴力立法与实践研究》，群众出版社2013年版，第52页。

② 根据2010年“第三期中国妇女社会地位抽样调查”的统计结果，由女性为主承担家务劳动的格局仍未改变。有87%以上的家庭做饭、洗碗、洗衣、打扫卫生等日常家务劳动主要由妻子承担。女性平均每天用于家务劳动的时间达4.15小时，比男性多3.2小时。这表明，“男人以社会为主，女人以家庭为主”的传统性别分工模式仍然在实际生活中存在。载百度文库，http://wenku.baidu.com/view/10249bd03186bceb19e8bbe2.html，访问日期：2012年12月20日。此外，根据中国妇联、国家统计局2011年10月21日举行的“第三期中国妇女社会地位调查”新闻发布会上公布的信息，72.7%的已婚者认为，与丈夫相比，妻子承担的家务劳动更多。被访者目前3岁以下孩子基本由家庭承担照顾责任，其中，母亲承担日间主要照顾责任的比例为63.2%。城镇25~34岁有6岁以下孩子的母亲在业率为72%。载人民网，http://live.people.com.cn/note.php?id=828111019145347_ctdzb_001，访问日期：2011年11月21日。

③ 参见陈苇、曹贤信：《论婚内夫妻一方家务劳动的价值及职业机会利益损失的补偿之道——与学历文凭及职业资格证书之“无形财产分割说”商榷》，载《甘肃社会科学》2010年第4期。

卑”、“男主女从”的传统思想，大男子主义十分严重。从四地区司法所受理的夫妻家庭暴力事件中可以看到，男性施暴者往往因受夫权思想的影响，普遍认为自己在家中居于主导地位，妻子应当服从自己，然而，当女性受害者不甘忍受压迫而起来抗争时，丈夫对妻子的家庭暴力随即发生。其二，据有的人民调解员反映，尚有部分女性深受“夫为妻纲”、“三从四德”等封建妇道观念的影响，对丈夫一味迁就。当调解员主动上门进行劝阻时，她们认为这是自己家的事，“家丑不可外扬”，不愿意别人管。这也是部分丈夫作为男性加害人有恃无恐、多次对妻子施行家庭暴力的原因。

第二，从施暴者和受害者的年龄看，其主要是集中在 26～49 岁阶段的中青年人。法院和妇联受理的案件和纠纷的施暴者和受害者的年龄段主要集中在 26～35 岁、36～49 岁两个年龄段间（见图 1－2－b、图 1－3－b、图 1－8－b、图 1－9－b）。而司法所受理的纠纷的施暴者和受害者的年龄段主要集中在 36～49 岁、50 岁以上两个年龄阶段（见图 1－13－b、图 1－14－b）。在法院、妇联和司法所受理的案件和纠纷中，年龄在 26～49 岁的中青年人成为施暴者的主要群体，究其原因，在很大程度上与其所处社会经济地位和家庭中承担的职责有密切关系。青年人正处于成家立业的初期，经济收入往往不高，并且处理婚姻家庭矛盾欠缺经验，有些青年人会因家庭琐事轻易动拳脚而发生家庭暴力行为。中年人正处于当家之年，是家庭经济的支柱。而家庭中“上有老，下有小”的境况，家庭外的就业竞争上岗机制，加上近几年国际金融危机影响下的我国社会经济变化等带来的职场压力、经济收入压力与物价上涨因素，使这类人群同时承受到内外双重压力。部分中年人长期累积下来形成的精神压力往往导致性格暴躁、易怒，某些焦虑情绪有时无法通过合适的途径释放。因此，家庭生活中的琐碎矛盾往往成为这部分中年人消解压力，诱发家庭暴力的导火索。

值得注意的是，与法院和妇联不同的是，司法所受理的纠纷中施暴者有一部分是 50 岁以上者，究其原因，一是因为基层司法所更贴近老年人的居住地，更方便受害者投诉，就近反映家庭暴力情况；二是我们通过个案访谈了解到，部分年龄在50岁以上的退休人员中家庭暴力发生率也比较高。此类退休人群，其实施家庭暴力的原因比较复杂，一方面，因为其中部分人群从职场回归家庭之后，赋闲在家，精神上的需求逐渐增加，而原来的生活社交圈被减少了一部分，在相当一段时间难以适应退休后的生活，与家庭成员间的摩擦逐渐增加；另一方面，部分丧偶退休人员在重新组织家庭之后或与新伴侣在非婚同居期间，双方因性格不合、感情难以融洽，发生家庭暴力的概率也较大。

第三，从施暴者和受害者的职业看，农民、无固定职业者、无业者等低收入阶层或无稳定收入人员是施暴者和受害者的主要群体。由统计的数据可知，在四地区法院2008～2010年受理的涉及家庭暴力的案件中，农民、公司职员、无业者、无固定职业者是施暴者的集中群体，其比例合计占64.5%（见图1－2－c）；受害者以农民、公司职员、退休人员、无业者、无固定职业者占的比重较高，合计占69.5%（见图1－3－c）。在四地区妇联2009～2010年受理的涉及家庭暴力的纠纷中，施暴者职业中无业者、个体户、工人排在前三位，合计占67.1%（见图1－8－c）；受害者的职业中无业者所占比例最高，占36%，其次为个体户、公司职员、工人、农民，合计占48.6%（见图1－9－c）。在四地区司法所2008～2010年受理的涉及家庭暴力的纠纷中，农民、工人、无业者及无固定职业者是施暴者的高发群体，合计占54.8%（见图1－13－c）；受害者的职业以农民、工人、无业者及无固定职业的较多，合计占58.5%（见图1－14－c）。由此可见，农民、无业者、无固定职业者是家庭暴力施暴者和受害者的主要群体，其经济收入较低或不稳定，往往影响正常的家庭生活，容易引发家庭暴力行为。例如，2010年重庆市某街道司法所调解处理的一起家庭暴力案件便是这样的典型。主要案情是这样：朱某和梁某婚后经营一家门面，经济上还算过得去，小两口感情非常好，邻居们都十分羡慕。后来，小店的生意渐渐不景气，收入也大为减少，小两口也开始为琐事争吵，闹起矛盾。最后，小店因经营不善关闭，夫妇俩丧失了经济来源，一时又找不到合适的工作，生活日渐拮据，双方看谁都不顺眼，经常因一些小事吵架，有时甚至拳脚相加。家庭暴力成了家常便饭，最终双方感情破裂，闹起了离婚而投诉到街道司法所请求调解。①

第四，从施暴者和受害者的文化程度看，其文化程度通常较低，多数为高中及以下文化程度。从四地区妇联 2009～2010 年受理的涉及家庭暴力的纠纷看，施暴者的文化程度属于文盲、小学和初中文化水平的三者合计占 76.8%（见图 1－8－d）；受害者的文化程度大多较低，文盲到初中阶段合计占 72.4%（见图 1－9－d）。从四地司法所 2008～2010 年受理的涉及家庭暴力的纠纷看，施暴者文化程度较低的占绝大多数，文盲、小学、初中和高中所占比例，合计占 83.0%，其中小学文化程度所占比例最高，占 23.0%（见图 1－13－d）；受害者的文化程度，主要集中在文盲、小学、初中、高中阶段，合计占 89.7%，其中初中所占比例最高，占 32.6%（见图 1－14－d）。由此可见，文化程度较低者容易成为家庭暴力的施暴者和受害者。

3. 涉及家庭暴力案件和纠纷的发生原因及行为方式

第一，家庭暴力的原因分析。三机构受理的涉及家庭暴力案件和纠纷的诱发因素具有多样性，并具有相同性。如前所述，四地区法院 2008～2010 年审理的涉及家庭暴力案件的发生原因中，排在前三位的包括性格不合、家庭琐事、草率结婚、性格暴躁、疑有外遇、有不良嗜好或不法行为（见图 1－4－a、1－4－b、1－4－c、1－4－d）。四地区妇联 2009～2010 年受理涉及家庭暴力纠纷原因统计中，排在前三位的包括家庭琐事、疑有外遇、性格暴躁、有不

① 参见陈苇、姜大伟、石婷：《防治家庭暴力情况调查报告——以重庆市某区某街道社区为调查对象》，载《海峡法学》2011 年第 3 期。

良嗜好或不法行为、婚外性行为、草率结婚、性格不合（见图1－10－a、1－10－b、1－10－c、1－10－d）。四地区司法所2008～2010年受理家庭暴力纠纷发生原因中，排在前三位的包含疑有外遇、家庭琐事、有不良嗜好或不法行为、性格不合、草率结婚、经济纠纷（见图1－15－a、1－15－b、1－15－c、1－15－d）。这表明，在三机构受理的涉及家庭暴力的案件和纠纷中，引发家庭暴力的原因大致相同，主要有家庭琐事、草率结婚、性格不合、性格暴躁、疑有外遇、有不良嗜好或不法行为等。因此，预防和制止家庭暴力，必须针对不同的发生原因，采取不同的措施，从根源上解决问题，才能收到较好的效果。

第二，家庭暴力的行为方式以人身侵害为主。根据调查统计得知，在三机构受理的涉及家庭暴力案件和纠纷中，家庭暴力的行为方式主要是人身侵害。以A区法院为例，2008～2010年A区法院受理的涉及家庭暴力的422起案件中，人身侵害是家庭暴力最主要的行为方式，占92.14%。人身伤害的行为直接侵害被害人的身体，造成肉体上的伤害与痛苦，甚至有可能直接造成其死亡。此外，有17起案件中有性侵害，占3.71%；有147起案件中有精神伤害，占32.10%，此种类型的家庭暴力大都发生在文化层次相对较高的家庭中；有9起案件中有财产侵害的方式，占1.97%，有5起案件中有经济控制的家庭暴力行为方式，占1.10%。必须说明，在前述422起案件中，家庭暴力的行为方式并非单一，有相当部分家庭暴力案件，同时存在两种以上的形式，属于复合型的家庭暴力。其中仅存有人身侵害一种暴力方式的案件296件，占被调查家庭暴力案件的64.63%；但同时伴随有其他一种或两种形式的家庭暴力的案件有126件，占27.51%。在同时伴有一种或两种形式的家庭暴力案件中，除性侵害仅存有一种暴力方式的案件2件（占0.44%）外；同时伴随有其他形式的家庭暴力案件15件，占3.28%；除财产侵权仅存有一种暴力方式的案件1件（占0.22%）外，同时伴随有其他形式的家庭暴力案件8件，占1.75%；除经济控制仅存有一种暴力方式的案件1件（占0.22%）外，同时伴随有其他形式的家庭暴力案件4件，占0.87%。

4. 涉及家庭暴力案件和纠纷的处理情况

从涉及家庭暴力案件和纠纷处理情况看，妇联、司法所调解和好的比例占80%~95%，法院调解和好的只占2.2%。从家庭暴力的处理情况看，妇联、司法所对于前来投诉的涉及家庭暴力纠纷，一般是对当事人进行法制宣传、批评教育和调解。例如，2009~2010年A区妇联处理的家庭暴力投诉纠纷中，经妇联工作人员采用劝解、批评、教育等方式做调解工作后当事人双方和好的占80%（见图1-11-a）；2009~2010年D区妇联处理涉及家庭暴力纠纷中，经妇联工作人员采用劝解、批评、教育等方式做调解工作后当事人双方和好的占84.16%（见图1-11-b）。又如，2008~2010年四地区司法所处理的家庭暴力纠纷中，绝大部分纠纷的当事人均被调解和好。其中，调解和好的比例，A区司法所高达93.30%，B区司法所高达95.10%，C区司法所高达86.60%，D区司法所高达91.30%（见图1-16）。此外，在四地区法院2008~2010年受理的涉及家庭暴力案件中，调解和好的占2.20%，调解离婚的占26.04%，判决离婚的占17.69%，判决不离婚的占17.84%，撤诉的占18.47%，驳回起诉的占17.76%（见图1-6-a）。这表明，我国现实生活中的涉及家庭暴力纠纷，绝大部分属于家庭内部矛盾，妇联和司法所的工作人员运用调解的方法，通过开展法制宣传教育、心理疏导的工作，使施暴者认识其行为的违法性和危害性而表示愿意改正错误，在获得受害者谅解的基础上，促使大部分当事人双方归于和好。这对及时处理涉及家庭暴力纠纷发挥了第一道防线的主要作用。值得注意的是，根据我国学者在2001年4月至2002年12月开展的对我国《婚姻法》执行情况的调查，法院对于婚姻家庭案件的审理，调解结案的比例一般在20%～30%。[①] 时隔9年之后，我们于2011年进行的2008年1月至2010年12月被抽样调查四地区法院审理涉及家庭暴力案件的处理结果，调解结案的比例（包括调解和好与调解离婚的）比例仍然没有超过30%。这说明，当事人起诉到法院的涉及家庭暴力案件，一般情况都比较严重，导致夫妻感情确已破裂，故法院能够调解和好的比较少，而调解离婚的比较多。我国有学者指出：在家庭暴力的摧残中，妇女们提出离婚是一种反抗的方式，这使她们最终能够脱离暴力，是自救的有效结果。[②]

5. 家庭暴力的危害

根据对四地区三机构受理的涉及家庭暴力案件和纠纷的统计情况，我们考察分析家庭暴力的危害，主要有以下四个方面：

第一，侵犯妇女的基本人权，损害受害妇女的生命权、健康权等人身权利。妇女作为与男子平等的“人”，与男子享有平等的权利和自由。[③] 通过对家庭暴力方式的调查统计看，妇女遭受男性身体暴力的居多。在身体暴力中，施暴者通过打耳光、拳打脚踢、器具伤害等方式，轻则使妇女鼻青脸肿，重则致伤、致残或死亡，严重地侵害妇女的身体权、生命权等基本人权。同时，家庭暴力也给受害者带来的极大的精神痛苦。据四地区街道司法所的负责同志介绍，曾有一名不堪忍受家庭暴力的女性受害者前来司法所诉说其遭遇。主要案情如下：受害人的丈夫性格偏执，脾气暴躁，喜欢喝酒打牌，在家中经常稍不如意，就拿妻子出气。每一次事后，丈夫都祈求妻子谅解，保证不再犯，然而好景不长，其依然如故不时对妻

① 参见巫昌祯主编：《婚姻法执行状况调查》，中央文献出版社2004年版，第25页。

② 参见宋美娅、薛宁兰主编：《妇女受暴口述实录》，中国社会科学出版社2003年版，第19页。

③ 参见秦志远著：《基于性别的家庭暴力之民法规制——中国法与美国法之比较》，群众出版社2012年版，第40页。

子大打出手。由于饱受家庭暴力的折磨，受害人现在经常出现失眠、头晕等症状，一想起挨打的悲惨情形，心中就不寒而栗，充满着恐惧。

第二，破坏婚姻家庭的和睦与稳定。如前所述，四地区三机构的受理的家庭暴力案件和纠纷绝大多数发生在夫妻之间，少部分发生在成年子女与老年父母之间，而且夫妻之间发生家庭暴力的主要原因包括性格不合、家庭琐事、疑有外遇等。这表明，夫妻婚前缺乏了解，草率结婚，婚后又尚未建立感情，感情基础薄弱，如果双方都缺乏对彼此的宽容以及维护婚姻所必需的信任，男方为控制女方往往因性格不合、生活琐事或疑有外遇而发生家庭暴力行为。在成年子女与老年父母之间发生的家庭暴力案件，大多是因赡养纠纷引起的，主要表现为成年子女拒绝赡养父母，对其经常实施辱骂、殴打等暴力行为。父母为子女的成长教育耗费了毕生精力与心血，其在年老时应当受到尊重和关爱。然而，成年子女却对其实施暴力，这不仅使父母身心受到伤害，而且还会因父母子女关系紧张而引起家庭不睦。以上情况均不利于家庭成员幸福指数的提升和婚姻家庭的稳定。

第三，不利于未成年子女的健康成长。家庭暴力对生活于家庭暴力家庭中的未成年人有严重的不良影响。因为一方面，在家庭暴力环境下成长的孩子，由于缺乏父母的关爱，心灵易受伤害，易造成发育障碍，形成孤独、自卑、过激的性格，严重影响学习和生活。另一方面，由于经常接触家庭暴力，久而久之，耳濡目染，容易造成其对婚姻和家庭的恐惧感和不信任感，极有可能会成为新一代的家庭暴力实施者。有学者的研究资料表明，家庭暴力往往会在心理健康、学习和行为三个方面，给未成年子女的健康成长造成极大的障碍。在家庭暴力中长大的孩子性格往往会消极、孤僻、忧郁，缺乏爱心。这样的儿童有可能没有机会学习适当的解决冲突的技能。[1] 尤其是家庭暴力行为的发生，与加害人的原生家庭、社会和文化环境紧密相关，家庭暴力通过这种侵害行为的习得，在代与代之间进行传递。在有未成年人的家庭中，家庭暴力当事人的后代在今后的家庭中发生家庭暴力的概率往往较高。

第四，危害社区安宁、和谐的生活环境。家庭暴力的发生，不仅使家庭不睦，而且也破坏了社区安宁稳定的生活环境。一方面，由于大家都是街坊邻居，家庭暴力发生时，吵架打闹的嘈杂声，既影响社区其他居民的正常生活，也破坏社区的安宁环境。另一方面，经常发生暴力的家庭易成为反面教材，可能会成为社区内其他有家庭暴力倾向的居民效仿的对象，无形中传播了不良的社区文化，对“平安社区”的建设增加了不稳定因素。

三、重庆市防治家庭暴力工作的成效和经验

（一）法院预防和制止家庭暴力工作的成效和经验

四地区法院在婚姻家庭案件审理过程中，一直注重总结“涉家庭暴力案件”的审判经验。特别是自 2010 年 6 月起我国最高人民法院在全国部分法院开展“涉及家庭暴力婚姻案件审理”试点工作以来，重庆市高级人民法院确定部分区法院作为开展“涉及家庭暴力婚姻案件审理”试点单位，这些试点法院与其他地区法院积极探索家庭暴力案件处理办法，取得了良好的成效并积累了一些有益经验。

法院受理涉及家庭暴力案件的成效和经验，主要有以下五个方面：

第一，加强法官业务培训，树立社会性别平等观念和提高审理涉家庭暴力案件法律知识水平及审理技能。我们的调查发现，审理涉及家庭暴力案件的法官们对于家庭暴力相关问题的认识都比较明

① 参见欧伟贞、赵雪军：《家庭暴力对青少年的伤害及对策研究》，载《新疆社科论坛》2009 年第 3 期。

确，没有认识上的误区与迷思，在审理此类案件时能够及时依法进行处理。这主要得益于法院经常组织法官参加业务培训，使法官树立社会性别平等观念和提高审理涉家庭暴力案件的法律知识水平。例如，以A区法院为例，该院的部分法官曾参加过最高人民法院、西南政法大学外国家庭法与妇女理论研究中心组织的“性别平等与家庭暴力”、“反家庭暴力法官培训国际项目”等相关知识的学习培训，因此这些法官在处理家庭暴力问题时，具有社会性别平等意识。此外，法院还组织法官们学习与审理家庭暴力案件相关的文件，并组织法官们相互之间对审理涉及家庭暴力案件的经验进行交流，这样提高了法官对家庭暴力案件的认识水平及审理技能。[①] 法官在审理涉及家庭暴力的案件中，首先注意查明是否存在家庭暴力的事实。如果确实存在家庭暴力的事实，法官不再是询问受害人“他为什么要打你?”，而是对施暴者进行法制宣传和批评教育，如“殴打家庭成员是法律禁止的违法行为，如果情节严重或造成一定伤害后果的，就要受到法律的制裁，要承担相应的法律责任”。这对于施暴者认识其行为的违法性、防止家庭暴力行为的再发生都具有较好效果。

第二，家庭暴力行为的认定依据，主要根据《婚姻法解释（一）》和参考《审理指南》。对于家庭暴力行为的认定依据，法官主要根据《婚姻法解释（一）》第1条的规定和参考《审理指南》的规定，[②] 着重考察暴力行为的方式及发生了一定的伤害后果，将家庭暴力与家庭成员间的一般性家庭纠纷引起抓扯与轻度打骂区分开来。我们在调查中发现，有大量的当事人向法官诉说有家庭暴力

---

① 参见陈苇、段伟伟：《法院在防治家庭暴力中的作用实证研究——以重庆市某区人民法院审理涉及家庭暴力案件情况为对象》，载《河北法学》2012年第8期。

② 2001年《婚姻法解释（一）》第1条规定：“婚姻法第三条、第三十二条、第四十三条、第四十五条、第四十六条所称的‘家庭暴力’，是指行为人以殴打、捆绑、残害、强行限制人身自由或者其他手段，给其家庭成员的身体、精神等方面造成一定伤害后果的行为。持续性、经常性的家庭暴力，构成虐待。”

发生，但并没有给其造成一定的人身伤害，且其发生原因也有受害一方的因素，属于偶发性的家庭纠纷。原告在诉讼过程中动机复杂，对家庭暴力的诉求反反复复，有些原告甚至在法官即将作出判决时替被告向法官求情，主动撤诉。因此，对于家庭暴力的认定，法官们均持一种相对严格与谨慎的态度，注重考察这种暴力行为的方式与伤害后果的具体情况。对于家庭暴力的类型，目前法官只认定人身侵害、性暴力、经济控制这三种类型，并没有将“冷暴力”① 纳入家庭暴力行为的范围，其主要原因有：一是对“冷暴力”造成的侵害后果没有明确的认定标准。二是对“冷暴力”没有合适的方法处理。而对于人身侵害、性暴力、经济控制类型的家庭暴力，法官参考《审理指南》的规定，可以签发人身安全保护裁定，禁止实施某种行为，如被申请人违反裁定的规定，人民法院将视其情节轻重，依现行《民事诉讼法》等法律规定对施暴者予以警告、罚款、拘留等强制措施。人身安全保护裁定则主要针对身体暴力行为，可以禁止加害方再继续施暴。

第三，举证责任的分配规则，酌情采用优势证据规则。法院在审理涉家庭暴力的案件时，对家庭暴力事实的认定，在举证责任的分配上酌情采用对受害人有利的优势证据规则。② 如前所述，在涉及家庭暴力案件中，大部分受害者受到伤害起诉到法院后，却面临一个最大的问题——很难提供有力的证据。这主要是因家庭关系的特殊性，有些受害人不愿将这种“家庭丑事”公开出去，只希望施暴者改正后能继续共同生活，也害怕再次遭到施暴者的报复性殴打。还有些受害人不知道这种发生在家庭成员之间的暴力行为是违

---

① “冷暴力”，是指夫妻之间不作为的冷落、轻视等情感虐待行为。参见陈苇著：《中国婚姻家庭法立法研究》（第二版），群众出版社 2010 年版，第 585 页。

② 根据我国 2002 年《最高人民法院关于民事诉讼证据的若干规定》的规定，优势证据制度，就是指在民事诉讼中实行优势证据证明标准，即如果全案证据显示某一待证事实存在的可能性明显大于其不存在的可能性，使法官有理由相信它很可能存在，尽管还不能完全排除有相反的可能性，也应当允许法官根据优势证据认定这一事实。

法的，可以寻求法律救济。此外，有些知情的家庭成员与亲友因各种原因也不愿意作证，反而希望能将双方调解和好。鉴于此，法官对举证责任采取酌情分配的方式，只要受害者能提供一些“家庭暴力”的基础性证据（包括伤情照片、身体伤痕、证人证言、被告书写的不再施暴的保证书、报警记录、社会团体的相关记录或医院伤情证明、病历、录音录像等，当事人家属提供的言词证明也是重点考察的范围）证明当事人之间可能存在家庭暴力即可。在受害者提供了这些基础性的证据后，如果被告人没有否认或没有证据推翻原告的主张，法官即推定家庭暴力事实存在。

第四，人身安全保护裁定的执行，已形成多机构共同监督执行的联动机制。从试点法院来看，法官在作出人身安全保护裁定之后，将在48小时内送达申请人与被申请人，并且在绝大多数情况下将裁定同时抄送至该辖区的公安机关、妇联以及被申请人所在的单位、村（居）委会组织等，形成社会监督执行机制。从人身安全保护裁定被监督执行的情况看，人身安全保护裁定被送达前述相关机构后，往往给被申请人造成巨大的心理压力，其压力不仅来源于法院的强制力，也来自公安机关、妇联、所在的单位、村（居）委会组织的监督，同时还有来自周围社会舆论的谴责。实践中有被申请者特别担心法院将裁定抄送至其单位后，会影响其个人的事业发展前景，故其向法院与受害者再三求情保证不再施暴。这种送达方式形成了一个比较完整的事后干预监督网络体系。这使被申请人既认识到其施暴行为的违法性，也知道其违反禁令的不利后果，对于预防家庭暴力的再次发生起到良好的效果。① 此外，值得注意的是，据统计，截至2012年年底，全国试点人民法院已经发出200多份人身安全保护裁定，自动履行率达98%以上。②

---

① 参见陈苇、段伟伟：《法院在防治家庭暴力中的作用实证研究——以重庆市某区人民法院审理涉及家庭暴力案件情况为对象》，载《河北法学》2012年第8期。

② 陈敏著：《涉家庭暴力案件审理技能》，人民法院出版社2013年版，第74页。

第五，坚持“教育为主、惩罚为辅”的原则，对涉及家庭暴力案件的不同情况确定不同的调解方向。四地区法院的法官们在涉及家庭暴力案件的审理过程中，在依据法律和司法解释规定进行调解时，参考最高人民法院中国应用法学研究所2008年编写的《审理指南》，坚持“教育为主、惩罚为辅”的原则，针对具体不同的涉家庭暴力案件之性质与特点，确定不同的调解方向，可以调解和好或者调解离婚。首先，在调解中，注意对家庭暴力行为的违法性进行确认，对施暴者进行训诫，而不是仅限于解决双方当事人之间的家庭纠纷。这样能使双方当事人在调解中深刻认识到，家庭暴力已不再是家庭的私人事务，对家庭成员的施暴行为是违法行为，情节和后果严重的将受到法律的制裁。其次，根据“教育为主、惩罚为辅”的原则，对不同的案件采取不同的调解方向策略。对于家庭暴力情节不太严重、施暴者有懊悔与改正意愿、受害者也有谅解意愿的、偶发性的涉家庭暴力案件，法官在了解双方的意愿与实际情况之后，在对施暴者进行严肃批评、教育的基础上，尽量进行劝说，化解双方的矛盾，争取调解和好。而对于那些家庭暴力情节严重、发生频率较高、施暴者不知悔改、受害者强烈要求离婚、双方感情破裂和解无望的案件，法官在综合考虑各种相关因素与受害者的意愿后，则进行调解离婚或调解无效后判决离婚。再次，在调解中注重发现与分析家庭暴力产生的原因。家庭成员之间的矛盾有隐秘性与复杂性的特点，因而家庭暴力的发生也存在多种直接与间接的原因，要较为彻底地解决纠纷，让施暴者放弃非和平处理问题手段，必须对这种暴力行为背后的促发因素有深入的了解。因此，法官在调解的过程中，通过当事人与亲友及证人的陈述、提供的证据，尽可能地获取信息，必要时进行实地调查走访，了解家庭暴力发生的原因，进行分析总结，针对当事人之间发生家庭暴力原因的不同而采取不同的调解方式。最后，法官注重对弱者的适当倾斜与平衡。调解开始时，首先进行分开调解，避免矛盾进一步激化，在面对面调解时，法官则对调解中双方的陈述次序、内容、时间进行适当地控制，尽量让双方的意愿得以表达，特别是弱势一方的发言权与主张应受到尊重与保护。

（二）妇联预防和制止家庭暴力工作的成效和经验

关于基层妇联防治家庭暴力的成效和经验，四地区妇联每年接访的投诉纠纷有八成以上属于家事纠纷，其中有1/4左右纠纷涉及家庭暴力。为更好地服务于基层群众，尤其是为妇女群众做好维权工作，四地区妇联在防治家庭暴力的工作中取得了以下四个方面的成效和经验。

第一，重视防治家庭暴力的法律宣传，营造预防和制止家庭暴力的社会舆论氛围。预防家庭暴力是家庭暴力防治工作的重要第一步。在诸多预防措施中，预防和制止家庭暴力宣传是较为有利的工具。例如，在A区妇联的预防和制止家庭暴力实践中，针对家庭暴力进行的普法宣传一直是工作重点。在宣传方式上，注重多媒介宣传，综合运用广播、电视、报纸、展台等宣传媒介；在宣传内容上，以普法宣传为主，兼顾典型案例报道等；在宣传时间上，多以“三八妇女维权周”、“法律宣传咨询服务日”为契机，培养民众的男女平等观念和反对家庭暴力的法律意识，营造预防和制止家庭暴力的社会舆论氛围。

第二，充分利用妇联的职能和机构组织优势形成内部联动工作机制。基层妇联组织承担着针对妇女群众的法治宣传教育，受理有关妇女权益的投诉，建立妇女法律援助机构，直接为妇女群众提供法律服务等职能。多年的妇女维权工作以及成效使基层妇联组织在群众中，尤其是妇女群众中得到较高程度的认可。目前，重庆市妇联已经形成了以区妇联、街道妇联和镇妇联为体系的健全的妇女组织网络。例如，A区妇联在处理接访的家庭暴力投诉纠纷时，上级妇联注重联系协调下级妇联（街道妇联、镇妇联），互动配合共同处理涉及家庭暴力纠纷，联合做好预防和制止家庭暴力的工作。又如，B区妇联也对前来投诉的请求帮助的当事人采取与各镇妇联、街道妇联等组织共同帮助受害人排忧解难的方式。区妇联在接到家庭暴力纠纷的投诉后，根据其实际情况将其转交给镇妇联或街道妇联处理。镇妇联和街道妇联在处理涉及家庭暴力纠纷过程中遇到困难也会及时向区妇联反映，并且在对其处理完毕后，将处理结果反馈给区妇联。

第三，注重与社会多部门协调配合形成外部联动工作机制。家庭暴力防治工作覆盖面广，涉及的部门多，只有兼顾协调各方，才能收到良好效果。对于作为一项系统工程的预防和制止家庭暴力工作，A 区妇联、B 区妇联等一直保持与公安、司法、民政等部门的联系、协调。通过已经在公安、司法部门建立的家庭暴力举报、投诉机构和妇女法律援助中心、站（点）等，多方位、多层次地为家庭暴力受害者提供投诉受理、法律咨询等多种救助服务；通过组建妇联干部特邀人民陪审员队伍，与法院配合建立了“妇女儿童合议庭”和“婚姻家庭合议庭”，配合法院受理涉及家庭暴力的案件，维护受害妇女的合法权益。

第四，注重对家庭暴力纠纷进行调解，严肃教育施暴者，及时援助受害者。妇联在处理家庭暴力纠纷的过程中，注重做调解工作，如 2009～2010 年 A 区妇联和 D 区妇联受理的家庭暴力投诉纠纷中，经妇联工作人员采用劝解、批评、教育等方式做调解工作后当事人双方和好的占有较高的比例，分别占 80.00% 和 84.16%（见图 1－11－a、图 1－11－b）。妇联工作人员通过对家庭暴力纠纷当事人进行调解和心理疏导，对受害者及时给予相应的法律援助，以及通过法制教育，严肃批评施暴者，使之认识到家庭暴力行为的违法性和危害性，从而愿意改正，争取受害人谅解，起到预防和减少家庭暴力发生的作用。[1]

（三）司法所预防和制止家庭暴力工作的成效和经验

关于基层司法所预防和制止家庭暴力工作的成效和经验，在调

① 参见陈苇、唐国秀、石雷、罗琼：《妇联在防治家庭暴力中的作用研究——重庆市某区妇联防治家庭暴力情况调查报告》，载《中华女子学院学报》2012 年第 4 期。

查过程中，我们了解到，近年来四地区街道司法所均高度重视防治家庭暴力工作，在实践中逐渐形成了以下四个方面行之有效的做法。

第一，干部主动上门，及时化解家庭纠纷。在A区某街道社区，我们了解到，居委会干部经常深入社区了解社情民意，主动与群众沟通交谈，在交谈中如果知道哪家有矛盾有纠纷，就会主动上门，及时耐心地做调解工作，将矛盾消灭在萌芽状态。例如，在2009年3月的一天，社区干部在知道居民王某经常殴打妻子张某时，主动上门了解情况，通过宣传法律知识，讲事实摆道理，最终王某主动承认错误，保证不再实施暴力。虽然，这对夫妻最终因感情破裂而离婚，但在离婚之前，王某没有再对妻子实施家庭暴力，而是好合好散，以和平的方式结束了不幸婚姻。可见，社区干部的主动上门调解发挥了作用。如今，这样的工作方法，业已形成一种日常工作机制。群众反映良好，认为居委会的干部热心为群众排忧解难，大家有什么事情都愿意到居委会去与干部们说说心里话。如前所述，从2008～2010年四地区司法所处理涉及家庭暴力纠纷结果看，绝大部分纠纷的当事人均被调解和好，被调解和好的比例平均达90%以上。这表明四地区司法所防治家庭暴力的第一线工作卓有成效。

第二，利用节假日与法律专业大学生共同开展法制宣传活动，增强群众防治家庭暴力的法律意识。我们了解到，近年来一些街道社区利用与西南政法大学紧邻的便利条件，充分利用法律专业学生具有法律基础知识的优势，在每年的“12·4”法制宣传日都与大学生们一起开展“送法到社区”等法制宣传活动。通过发放宣传单、现场法律咨询等活动，宣传法律知识，增强群众依法维权的意识，提高社区居民的法制观念。据该社区负责同志介绍，近年在“平安社区”建设活动中，该社区防治家庭暴力工作成绩突出，没有出现过家庭暴力现象。

第三，邀请律师到社区办公，为群众开展法律咨询服务等活动。在调查走访过程中，据某社区的负责同志介绍，在处理涉及家庭暴力纠纷方面，他们除加强进行法制宣传和调解工作外，还主动与律师事务所合作，邀请律师到社区办公，现场为社区群众提供免费法律咨询服务，并为困难群众提供法律援助服务。通过律师对现行法律法规的分析讲解，使社区群众了解到法律知识，增强了法律意识，知道在人身、财产等合法权益遭到侵害时，应当拿起法律武器开展维权行动，而不是以暴力方式解决。

第四，开展防治家庭暴力的知识培训，提高人民调解员的法律知识水平。据四地区街道司法所的负责同志介绍，由于大部分人民调解员都是由社区居委会负责人兼任，他们的法律专业知识相对不足。针对此情况，四地区街道的司法所定期对人民调解员开展法律知识培训，提高人民调解员的法律知识水平。为规范人民调解工作，要求调解员在进行涉及家庭暴力纠纷的调解工作时，必须制作调解笔录、调解协议书以及调解回访记录等，最后将这些书面材料整理成卷宗，上报司法所备案，以此推动调解员调解业务能力的提升，积极发挥他们在防治家庭暴力工作中的作用。

四、重庆市防治家庭暴力工作存在的不足与困难

（一）法院预防和制止家庭暴力工作的不足和困难

关于法院受理涉及家庭暴力案件的不足与困难，主要有以下三个方面：

第一，我国防治家庭暴力的立法不够全面系统、适用性不强。目前，我国法院审理涉家庭暴力案件的主要法律依据，包括现行的《民法通则》、《婚姻法》、《民事诉讼法》、《婚姻法解释（一）》、《婚姻法解释（三）》、《全国妇联、中央宣传部、最高人民检察院、公安部、民政部、卫生部印发〈关于预防和制止家庭暴力的若干意见〉的通知》以及防治家庭暴力的地方性条例和规定等。正在试点的《审理指南》规定的“人身安全保护裁定”，其主要依据是《民法通则》第134条、《最高人民法院执行〈民法通则〉（试

行)》第162条、现行《民事诉讼法》第140条第1款第11项的规定。[①] 目前，防治家庭暴力的全国性专门法律还没有出台，现有法律法规的规定都比较原则，存在某些立法空白，可操作性不强；而且现有的部门规章和地方性法规之法律位阶较低，对于法律程序、举证责任、救助措施等基本法层面的现有法律规定难以有实质性的突破。正如我国有些学者指出的那样，现有规范侧重于“事后惩治”，对正在实施的家庭暴力和持续发生的暴力行为欠缺及时、有效的事先干预和防范。[②] 这些问题的存在，使法院的法官在审理涉家庭暴力案件时感到立法不够具体，难以适用，对家庭暴力问题不能予以有效规制。从调查中我们也了解到，法官们对我国现行《婚姻法》有关家庭暴力的内容较为熟悉，但对其他较为分散的相关法律、法规、规章及规范性文件的了解度较为欠缺，在审判中几乎没有直接适用现行《妇女权益保障法》、《未成年人保护法》、《老年人权益保障法》等法律的。此外，有些法官表示，就算在审理涉及家庭暴力案件中查阅了相关的法律法规和其他地方性法规，但因其规定的内容较分散、系统性不强、具体性缺乏、可操作性弱等缺点，加之部分规章和地方性法规位阶较低，他们在审理

① 2009年8月27日修正的《民法通则》第134条规定：“承担民事责任的方式主要有：（一）停止侵害；（二）排除妨碍；（三）消除危险；（四）返还财产；（五）恢复原状；（六）修理、重作、更换；（七）赔偿损失；（八）支付违约金；（九）消除影响、恢复名誉；（十）赔礼道歉。以上承担民事责任的方式，可以单独适用，也可以合并适用。人民法院审理民事案件，除适用上述规定外，还可以予以训诫、责令具结悔过、收缴进行非法活动的财物和非法所得，并可以依照法律规定处以罚款、拘留。”《最高人民法院关于贯彻执行〈中华人民共和国民法通则〉若干问题的意见（试行）通知》第162条规定：“在诉讼中遇有需要停止侵害、排除妨碍、消除危险的情况时，人民法院可以根据当事人的申请或者依职权先行作出裁定。当事人在诉讼中用赔礼道歉方式承担了民事责任的，应当在判决中叙明。”现行《民事诉讼法》154条第1款第11项规定：“其他需要裁定解决的事项。”

② 参见陈丽平：《制定家庭暴力防治法已箭在弦上——访中国政法大学教授夏吟兰》，载法制网，http://www.legaldaily.com.cn/index_article/content/2012-05/02/content_3537963.htm? node=5955，访问日期：2013年7月19日。

涉及家庭暴力的离婚案件中主要依据的还是现行《婚姻法》第33条、第34条的内容。还有些法官表示，虽然重庆市在2006年7月施行了《重庆市预防和制止家庭暴力条例》，[①] 但是该条例规定的内容仍有原则性较强、缺乏具体内容等缺点，其在实践中的可操作性较弱。

第二，部分司法工作人员对家庭暴力的认识有偏差。某些司法人员在认识上对家庭暴力仍存误区。由于家庭暴力的内涵一直存有争议，因此有部分司法人员对家庭暴力的认定仍然存有一定偏差。例如，有些法官认为构成家庭暴力的必须具有“一定的伤害后果”。但正如我国学者指出的那样，目前我国《婚姻法解释（一）》并没有明确“一定的伤害后果”的界定标准。[②] 因此，在司法实践中出现家庭暴力“认定难”。此外，某些司法人员过分“崇尚”调解，认为对施暴者处罚后会对家庭和谐带来负面影响，担心施暴者被处罚后会变本加厉实施侵害，而忽视了法律的教育惩戒作用，这在一定程度上纵容了施暴者的违法犯罪行为。如前所述，在2008～2010年四地区法院审理的涉及家庭暴力案件中，获得离婚损害赔偿的只有3件，仅占0.24%（见图1－6－d）。

第三，人身安全保护裁定适用的局限性。从调查的情况来看，重庆市试点法院执行《审理指南》，发布的人身安全保护裁定的执行效果都比较良好，但也存有局限性。其一，从申请人看，有些当事人基于各种各样的考虑而不愿意申请人身安全保护裁定，或害怕

---

① 2006年7月施行的《重庆市预防和制止家庭暴力条例》，其共计15条，主要内容包括立法依据、家庭暴力的界定、预防和制止家庭暴力的主要方针、确定预防和制止家庭暴力是各机构和个人的职责、规定防治家庭暴力的宣传教育和救助服务、有关单位或者组织防治家庭暴力的职责和义务以及不履行职责的法律后果等。该条例对各机构开展防治家庭暴力工作具有指导意义，但是该条例的内容在实践中的可操作性仍不强，如仍没有将防治家庭暴力的责任落实到各机构具体部门。

② 参见陈明侠、黄列主编：《性别与法律研究概论》，中国社会科学出版社2009年版，第217页。

报复，或担心婚姻解体，或担忧舆论影响等，申请者不多。其二，从适用范围看，人身安全保护裁定的适用范围很窄，只能被适用于离婚案件，其他类型的案件不能被适用。其三，从性质看，人身安全保护裁定属于临时救济措施，主要目的在于防止施暴者继续施暴，为受害者提供暂时保护，保障诉讼程序的顺利进行。其四，从签发时间看，人身安全保护裁定从申请到签发需要一段时间，在签发之前缺少临时性的救济措施，对某些受害者并不能提供全程保护。其五，从实施条件看，人身安全保护裁定的有些内容因客观条件所限并不能实行，如“禁止被申请人搬出双方共同的住处、禁止被申请人在距离申请人的住处等场所一定范围内活动”，如果被申请者与申请人仅有一共同住处，而没有其他的住处，就不可能执行。因此，如前所述，在 2008 ~ 2010 年四地区法院审理的涉及家庭暴力的案件中，发布人身安全保护令裁定的只有 5 件，仅占 0.4%（见图 1 - 6 - c）。

（二）妇联预防和制止家庭暴力工作的不足和困难

如前所述，四地区妇联在开展预防和制止家庭暴力工作中已经取得了较大的成效，但在实际工作中仍然存在以下四个方面的不足与困难。

第一，部分妇联工作人员防治家庭暴力的相关知识不足。现实中家庭暴力受害者常常身体与心理都受到严重打击，法律救助限于身体损害，而心理创伤得不到救治。我国心理咨询师、婚姻指导师等专业心理辅导职业尚处于起步阶段，收费标准、服务对象等因素都限制了受害者在社会上寻求到适当的心理辅导与干预。因此，妇联工作人员在处理涉及家庭暴力纠纷时，除了要具备相关的法律素质外，还经常要临时代替婚姻指导师和心理咨询师的角色。但目前多数妇联工作人员的婚姻指导和心理咨询等知识相对欠缺。

第二，妇联工作受经费与人员编制较少的限制。一方面，由于缺少经费来源使妇联在救助受害者时往往无法对受害者进行较为及时、必要的经济援助与支持；另一方面，由于妇联人员编制较少，在处理涉及家庭暴力纠纷中，需要出访当事人以及提供多种咨询与法律援助服务时，无法协调正常办公工作的需要。

第三，部分家庭暴力受害者的依法维权意识欠缺。在调查过程中，我们通过 A 区妇联工作人员了解到，不少受害者对家庭暴力的相关法律法规了解不多，她们来到妇联多为哭诉、倾诉自己的遭遇，并且她们在遭受家庭暴力后通常不会主动寻求法律的救济。

第四，家庭暴力纠纷投诉处理的回访制度缺失。在调查中，我们了解到因基层妇联工作人员少、信访工作量大等原因，使得基层妇联在家庭暴力纠纷投诉处理后并没有对来访人员进行回访。我们认为，对家庭暴力纠纷处理效果进行回访反馈是非常重要的，一方面可以了解妇联处理涉及家庭暴力纠纷的效果，另一方面可以总结和改进调解的技巧。① 目前，四地区妇联对来访案件的具体处理效果的了解，多为被动地等待。如果投诉人没有继续回到妇联再投诉，那就间接证明了上次对来访事件的处理较有效果。

（三）司法所预防和制止家庭暴力工作的不足和困难

关于预防和制止家庭暴力工作，四地区街道司法所的工作主要存在以下五个方面的不足与困难：

第一，防治家庭暴力的法制宣传没有形成长效机制。目前，法制宣传活动的开展，主要集中在某些具有纪念意义的日子举行，如“三八妇女节”、“11·25”国际预防和制止家庭暴力日、“12·4”法制宣传日等，然而在平时的其他大部分时间，很少开展法制宣传活动，这是大部分社区普遍存在的现象。我们认为，尽管选择特定的具有纪念意义的日子开展法制宣传，在一定程度上能够起到营造防治家庭暴力社会氛围的作用。然而，从长远看，要想使每位公民都知法、守法，“家庭暴力是侵犯家庭成员人身权益的违法犯罪行为”的观念深入人心才是根本，应当在平时采取多种形式进行防

① 参见陈苇、唐国秀、石雷、罗琼：《妇联在防治家庭暴力中的作用研究——重庆市某区妇联防治家庭暴力情况调查报告》，载《中华女子学院学报》2012 年第 4 期。

治家庭暴力法制的宣传工作，并建立定期举行的长效机制。

第二，部分工作人员防治家庭暴力的法律知识欠缺。例如，有的调解人员把家庭暴力与家庭纠纷混为一谈，在接受家庭暴力受害者的投诉时，仅做劝和的工作，没有对施暴者进行法制宣传、批评教育；尚未配备调解经验丰富的专人处理涉及家庭暴力纠纷，导致有时处理涉及家庭暴力纠纷的效果不佳，等等。此外，我们了解到，有个别调解员对我国现行《婚姻法》有关禁止家庭暴力的规定不熟悉，更谈不上对现行《妇女权益保障法》、《未成年人保护法》、《老年人权益保障法》等法律的相关内容的知晓。这不利于其对于家庭暴力纠纷的依法处理。

第三，防治家庭暴力的工作经费不足。在走访过程中，绝大部分人民调解员反映，防治家庭暴力工作的经费不足。由于人民调解委员会是群众自治组织，办公经费有限，所以用在防治家庭暴力工作上的经费较少。主要表现在：一是宣传经费紧张。每次开展法制宣传活动时，用在印制宣传单、法制小手册等宣传用品上的费用就不是一笔小数目，有时还需要从其他办公经费中节省出来。二是每次外出做调解工作时，有时办公经费还得由调解员自己垫付。三是有时受害人来人民调解委员会反映情况，他们身无分文，又饥又渴，也没有多余经费帮助他们解决困难。

第四，部分当事人对人民调解工作不理解不支持。据有的人民调解员反映，至今仍有少数人认为，家庭暴力是家务事，应由当事人自己解决，外人不应管，也管不了。有时候调解员主动上门劝阻时，不明事理的当事人还以为是来看热闹的，很不配合。有的当事人蛮横不讲理，一句话“少管闲事”就把人拒之门外。这时候，人民调解员进退两难，十分尴尬。还有一个问题就是，由于调解协议只对当事人双方有约束力，其在未经双方当事人共同申请司法确认以前，并不具有强制执行力。[①] 所以有的当事人事后对调解协议反悔，拒绝执行协议的内容。人民调解员也只能感到遗憾。

第五，家庭暴力受害人的生活难以保障。在走访过程中，有的社区负责同志表达了这样的忧虑：如果加害人因其实施暴力行为而受刑事处罚，这当然大快人心。然而，不可忽视的是，受害人的生活将难以保障。在现实生活中，有一些受害人没有生活来源，平时依靠加害人扶养，在加害人服刑期间，由于失去经济来源，受害人的生活将何以为继？他们指出，这也是防治家庭暴力工作需要考虑并亟待解决的难题。正如我国学者所指出的那样，目前“我国解决家庭暴力缺乏完善的社会支持系统。”[②]

五、推进防治家庭暴力工作的对策建议

通过此次在重庆市四地区法院、妇联、司法所的实证调查，基于统计数据，我们考察研究了涉及家庭暴力案件和纠纷的数量和类型、当事人的基本情况（包括性别、年龄、职业、文化程度）、家庭暴力的发生原因、家庭暴力案件和纠纷的处理结果，总结了三机构防治家庭暴力工作取得的成效和经验，也分析了预防和制止家庭暴力存在的不足和困难。以下我们对防治家庭暴力工作的继续推进，提出相关对策建议。

---

① 2002年11月1日起施行的《最高人民法院关于审理涉及人民调解协议的民事案件的若干规定》第1条规定：“经人民调解委员会调解达成的、有民事权利义务内容，并由双方当事人签字或者盖章的调解协议，具有民事合同性质。当事人应当按照约定履行自己的义务，不得擅自变更或者解除调解协议。”2011年1月1日起施行的《人民调解法》第31条第1款规定：“经人民调解委员会调解达成的调解协议，具有法律约束力，当事人应当按照约定履行。”第33条规定：“经人民调解委员会调解达成调解协议后，双方当事人认为有必要的，可以自调解协议生效之日起三十日内共同向人民法院申请司法确认，人民法院应当及时对调解协议进行审查，依法确认调解协议的效力。人民法院依法确认调解协议有效，一方当事人拒绝履行或者未全部履行的，对方当事人可以向人民法院申请强制执行。”

② 李慧英主编：《社会性别与公共政策》，当代中国出版社2002年版，第259页。

(一) 加强法制宣传、营造预防和制止家庭暴力的社会舆论氛围

预防和制止家庭暴力，必须贯彻“预防为主、惩罚为辅”的方针，把好防治家庭暴力的第一关。为了纠正部分群众认为家庭暴力是家务事，“家丑不可外扬”、“清官难断家务事”的错误观念，必须加强防治家庭暴力的法制宣传教育，培养民众的法律意识，营造预防和制止家庭暴力的社会氛围。为此，我们建议必须加强宣传教育，丰富宣传方式，增加宣传时间。首先，在宣传形式上，除了利用海报、宣传单、小手册等传统形式外，还可以充分发挥宣传媒体的作用，利用广播、电视、网络等群众喜闻乐见的信息平台来宣传防治家庭暴力的法律知识。并且，居（村）委会可以组织群众开展“防治家庭暴力知识竞赛”活动，一方面丰富群众的业余生活，另一方面也可以达到普及防治家庭暴力法律知识的目的。其次，在宣传时间上，除了继续坚持在具有特定纪念意义的日子开展法制宣传外，还可以充分利用周末、节假日、农闲等时间进行宣传，大部分群众没有生产、工作上的压力，心情相对放松，也较易接受宣传。最后，应当把防治家庭暴力法律知识列为“婚前教育”的内容。[①] 婚姻登记员在办理结婚登记前，除应当向当事人宣传《婚姻法》有关夫妻和父母子女在法律上的权利义务之规定外，还应当宣传我国《宪法》规定的男女平等基本国策、《婚姻法》有关夫妻地位平等和禁止家庭暴力以及相关救助措施和法律责任的规定，在新婚夫妻中培养反对家庭暴力的法律意识。

(二) 尽快制定全国性防治家庭暴力的专门法律

我国学者指出，国际社会近30多年来干预家庭暴力的法律改革战略，就是“刑事、民事、行政法律改革与制定单项家庭暴力

---

① 参见北京大学法学院法律研究与服务中心编（郭建梅主编）：《家庭暴力与法律援助——问题·思考·对策》，中国社会科学出版社2003年版，第81页。

法并举”。[①] 我们认为，目前我国防治家庭暴力的立法已经有较好的地方实践的基础。我国大部分省市都已有防治家庭暴力的地方性立法。但在全国性专门立法层面，尚呈空白；对家庭暴力概念的界定虽有司法解释，但部分警察、检察官、法官对家庭暴力行为的认定在实践中尚存在分歧；相关的防治家庭暴力立法规定比较分散，原则性强，对家庭暴力只有制裁施暴者的功能，在预防家庭暴力和救济家庭暴力受害人方面可操作性不强。[②] 因此，建议尽快制定一部全国性的家庭暴力防治法，综合既有法律法规，内含兼具民事、刑事、行政相关内容，包含释义、引述、重申等形式的立法条款，力求做到法官在适用个案时能够有法可依、有法可援。

我们建议，借鉴“中华人民共和国家庭暴力防治法（专家建议稿）”[③] 的主要内容，构建由总则、行政干预、社会干预、民事干预、刑事干预、证据、法律责任、附则等内容组成的全国性家庭暴力防治法。

在总则部分，明确立法目的和立法原则，为防治家庭暴力立法指明方向和提供依据；界定家庭暴力的定义，以概括和例举相结合的方式明确家庭暴力的概念和范围，为司法干预和法律责任的承担主体提供确定的对象。

在行政干预部分规定，防治家庭暴力委员会的设置及其工作职责，明确将防治家庭暴力的知识纳入学校教育内容中，确定普法宣传与司法培训，对公安机关、检察机关、审判机关和司法行政机关实行各负其责，明确公安机关接受报案、“110”接警、派出所出警的职责，民政部门的职责包括为家庭暴力受害人设立庇护场所和

① 参见薛宁兰著：《社会性别与妇女权利》，中国社会科学出版社 2007 年版，第 279 页。

② 参见陈苇、石雷：《防治家庭暴力的地方实践研究——以重庆市某区 2009～2010 年防治家庭暴力情况为对象》，载《甘肃社会科学》2013 年第 3 期。

③ 《中华人民共和国家庭暴力防治法》（专家建议稿），参见夏吟兰主编：《家庭暴力防治法制度性构建研究》，中国社会科学出版社 2011 年版，第 12～33 页。

专项救助资金，对家庭暴力施暴者在强制矫治所采取强制矫治措施，同时规定强制矫治期限和费用等内容。

在社会干预部分规定，各机构社会预防的责任，包括居民委员会、村民委员会、当事人所在单位的职责，工会、共青团、妇联、残联等组织的职责，各级信访部门、教育机构、医疗机构、新闻媒体的职责，法律援助机构和法律服务机构的职责，民间组织的作用等内容。

在民事干预部分规定，包含民事保护令和民事诉讼的特别规定两部分的内容。在民事明确保护令部分，明确民事保护令的含义，规定民事保护令申请人的范围、管辖的法院、申请的形式、申请书的内容、申请的条件、申请的费用，以及申请临时保护令与通常保护令的关系，确定法院审判组织的形式、审理的时间、审理的原则、审理的方式，规定核发通常保护令、核发临时保护令的内容，以及明确保护令的送达，通常保护令的效力，通常保护令的撤销、变更或者延长，临时保护令的效力等内容，同时规定受害人同意与迁出令、远离令的效力，对保护令不服的救济，保护令的执行，不服执行行为的救济，违反保护令的强制措施，外国法院核发保护令的承认和执行等内容；在民事诉讼的特别规定部分，规定起诉、管辖、代理人、审判组织、审理原则、安全义务、告知义务、移送执行、对受害人的司法救助等内容。

在刑事干预部分规定，先行拘留，取保候审和监视居住，法院管辖权，不起诉和有罪免罚，法律文书的送达，被告人与被害人的接触，缓刑、假释期间的行为规范，防治机构对被宣告缓刑、假释的犯罪分子的监督责任等内容。

在证据部分规定，证据的可采性、未成年子女证言的可采性、品格证据的可采性、证明标准、举证责任的分配和转移、表见证明、事实认定的原则、有完全证明力的证据、刑事判决预决的事实、刑事证据的认定、受虐妇女综合征、受虐妇女综合征的认定、施暴人不服的救济等内容。

在法律责任部分规定，包含行政责任及法官、检察官的责任、民事责任以及刑事责任三部分的内容。在行政责任及法官、检察官的责任部分中，规定施暴人的行政责任，政府工作人员的行政责任，人民警察的责任，法官、检察官的责任，具有防治家庭暴力职责的其他人员的行政责任，具有防治家庭暴力职责的单位的法律责任。在民事责任部分中，规定侵害身体、健康与生命的民事责任，侵害性自主的民事责任，侵害名誉、隐私等人格尊严的民事责任，侵害财产的民事责任，非法强迫受害人堕毙胎儿的责任，滥用监护权的民事责任，共有财产人的赔偿责任的承担，免责或者减轻责任，法律的适用等内容。在刑事责任部分，明确家庭暴力犯罪，规定家庭暴力防治人员的刑事责任，从轻、减轻或者免除处罚事由等内容。

在附则部分规定，家庭暴力防治法的适用原则、实施细则、抵触条款等内容。

（三）完善防治家庭暴力的多部门联动工作机制

防治家庭暴力是一项长期、艰巨的任务，正如学者所指的，防治家庭暴力“必须综合治理”，[①] 也就是说，需要建立防治家庭暴力知识的教育、法律宣传、配套的援助措施以及完善立法等制度体系，予以综合治理，并且切实将相关措施落实到位，才能较好地实现国家公权力干预效果。防治家庭暴力必须将法院、检察院、公安机关、司法行政部门、社会福利机构、妇联、村（居）委会、社区、医院、科研机构等相关部门的力量整合起来统一行动。各部门之间要分工明确、相互配合与协作，做到“发生之前预防，发生之后处理”，为受害者提供多渠道的支持与保护。

第一，基层司法所及社区、村（居）委会要做好对家庭暴力纠纷的劝阻、制止及调解纠纷工作。这些组织非常熟悉当事人的基

---

① 参见陈苇、秦志远：《我国台湾地区防治家庭暴力立法与司法之研究及其启示》，载陈苇主编：《家事法研究》（2006 年卷），群众出版社 2007 年版，第 37～38 页。

本情况，了解绝大多数家庭暴力纠纷发生的原因，根据本课题调查小组在部分社区的调查统计结果来看，90%以上的涉家庭暴力纠纷在基层社区、村（居）民委会调解进行处理有效。而且如前所述，四地区基层司法所调解和好占86%－95%（见图1－16）。通过基层司法所调解，可以处理好绝大部分处于萌芽阶段的涉及家庭暴力的纠纷。

第二，妇联作为家庭暴力的受理投诉与援助机构，要记录好受害者的投诉信息，固定相关证据，为受害者提供必要的法律、心理等咨询服务及其他援助。

第三，社会福利机构要应家庭暴力受害者的申请提供庇护所与生活必需品。

第四，司法行政部门应当为受害者提供法律咨询与法律援助，积极开展预防和制止家庭暴力的法制宣传活动。

第五，医院在接诊疑似家庭暴力受害者时，应当将相关的诊治信息进行记录并将相关信息及时通报给公安机关。

第六，公安机关对家庭暴力纠纷投诉“110”机构的，应及时出警。其承担接警与处理、收集证据、提供相关案件信息、协助执行人身安全保护裁定等职能，尤其注意做好接警与记录固定证据的工作。

第七，法院负责受理涉及家庭暴力案件的审理工作。法院应当选派审判经验丰富的法官与妇联的人民陪审员组成“妇女儿童审判庭”或“家事审判合议庭”，[①] 专门审理涉及家庭暴力的案件，以利于依法查明事实，并且根据社会性别平等观念强化对受害人的保护，保障实现司法的公正与效率。法官在审理案件时，应当依法

---

① 我国有学者提出我国家事法院的设立具有特别重要的意义，可以具有更强的司法能力、更高的工作效率、更优的综合效果。2010年3月，广东省高级人民法院宣布在7个法院试点组建“家事审判合议庭”。参见陈爱武著：《家事法院制度研究》，北京大学出版社2010年版，第151页。

依职权收集证据，并应当事人的申请核发包含人身安全保护令在内的民事保护令裁定；情节严重构成犯罪的应当由检察机关提起公诉，依法追究刑事责任。

此外，妇联、社区基层人民调解委员会还可以联合社会其他相关组织，为家庭暴力受害者提供法律咨询、医疗救治、心理辅导、对施暴者行为矫正、就业培训和推荐就业等服务。同时还要有针对性地对经济有困难的妇女受害者进行技能培训或推荐就业，使之能够独立生活。

（四）加强法院、妇联及司法所的内部工作机制建设

第一，加强司法人员的培训。我国有些学者明确地指出，开展对司法工作人员的社会性别意识和反对家庭暴力的教育和培训，提高司法人员的素质工作是反对家庭暴力工作中的重要一环。[①] 将社会性别视角和分析方法纳入司法工作中是促进性别平等，实现司法公正的关键之一。[②] 以重庆市 A 区法院为例，我们在对该法院的调查中发现，法院审理涉家庭暴力案件的法官在对家庭暴力的认知上都比较清晰，没有存在认识误区与迷思，其主要与法官经常参加培训与学习有关。该院的审理法官参加过最高人民法院、西南政法大学外国家庭法与妇女理论研究中心分别组织的“性别平等与家庭暴力”、“防治家庭暴力法官培训国际项目”等培训，该院也经常组织各部门学习预防和制止家庭暴力的相关文件与法律知识，提高了法官对家庭暴力的认识水平及审理涉及家庭暴力案件的法律知识水平。因此，我们建议，加强对审理家事案件的法官进行审理涉及家庭暴力案件的业务培训，提高法官的预防和制止家庭暴力意识和

① 夏吟兰：《家庭暴力法律干预现状结果分析》（《司法干预状况问卷调查》分项目），载荣维毅、宋美娅主编：《反对针对妇女的家庭暴力——中国的理论与实践》，中国社会科学出版社 2002 年版，第 29 ~ 30 页。

② 陈明侠：《司法人员执法实践与社会性别》，载黄列主编：《性别平等与法律改革——性别平等与法律改革国际研讨会论文集》，中国社会科学出版社 2009 年版，第 161 页。

依法处理能力。同时还应开展法院系统内不同法院法官之间的经验交流，以期有利于提高法官的业务水平。

第二，妇联和司法所工作在防治家庭暴力的第一防线，建议加强内部机制建设，主要从四个方面入手：一是加强对妇联和司法所工作人员的家庭暴力相关知识培训，包括法律知识、社会性别平等观念、家庭纠纷处理技巧以及心理咨询方法等，以提高其处理家庭暴力纠纷、维护家庭暴力受害人权益的能力和水平。二是加强对家庭暴力受害者的援助机制。为此，应当设立专项工作经费和配备专门工作人员，以便及时援助家庭暴力的受害人。基层妇联和司法所要通过多渠道、多途径为受害者提供各类援助和保护，包括联系民政部门提供庇护所援助或给予一定经济援助。目前，经全国妇联的推广与建议，在全国有很多地方都设立了家庭暴力庇护中心与妇女儿童救助专项资金，为遭受家庭暴力侵害的妇女儿童提供临时的吃住服务、简单的医疗处置和心理损伤康复治疗，使受害者避免始终处于施暴者的威胁之下。然而，具体到场所选择与费用开销上，落实起来实有难度。我们建议，解决这个问题可以参考借鉴我国民政部门目前已有的流浪人员救助中心与救助基金的使用办法。三是要提供多种咨询服务与法律援助。由于较为完善的咨询服务与法律援助需要相关人员，但妇联和司法所的工作人员编制有限，建议组织建立具有相关知识背景的志愿者服务队伍，志愿者队伍的组建还可以召集大学生加入。四是建议设立妇联和司法所的家庭暴力纠纷投诉处理回访制度。由于家庭暴力具有长期性、持久性、反复性等特征，应当设置回访制度，可根据具体家庭暴力纠纷的不同情况，采用电话询问、上门访谈的回访方式，并且保留完善的回访记录，以便对施暴人的行为进行阶段性评估，该记录还可作为受害者在离婚诉讼中的证据。此外，在妇联、司法所等机构受理的投诉纠纷类型的记录中，建议在婚姻家庭类纠纷中独立设置家庭暴力类纠纷，其还包括诸如“分手暴力”、“约会暴力”等其他暴力类型，尽可能涵盖家庭暴力的各种类型，以便分析原因，有针对性地予以处理，从而使投诉者能够获得及时的救助。

（五）设立家庭暴力受害人专项救助基金

我们了解到，某些受害人没有经济来源，生活上依赖加害人。如果对加害人予以刑事处罚，受害人很可能将陷于生活无着落的境地，然而若不对加害人予以刑事处罚，则势必放纵加害人，法律的权威也将荡然无存。因此，建议各级政府设立家庭暴力受害人专项救助基金，用于资助生活困难的受害人。具体而言，在基金的来源上，各级政府可从财政上拨付一定专项资金到民政部门，用于家庭暴力受害人的救助工作，同时也积极鼓励企业组织和慈善爱心人士向该基金进行捐赠。在基金的管理上，在民政部门开设基金专项账户，统一管理，统一支付。在基金的使用上，应当专款专用，并且设立基金使用的监督机制。我们认为，加强对受害人的经济救助，使其解除生活后顾之忧，有助于有效地防治家庭暴力。

（六）培养家庭暴力当事人的证据收集意识和设立家庭暴力验伤中心

从前述的证据统计数据以及与法官、妇联、司法工作人员的交流访谈中，我们发现，当事人收集证据难是三机构认定家庭暴力的一大难题。同时，正如联合国专家组《反对针对妇女暴力的立法框架》中指出的那样，由于多种原因，在针对妇女的暴力案件中，缺乏应用的设备或缺乏接受过专业训练、能体谅原告（受害者）感受的人员收集相关证据。[①] 因此，我们建议，从以下两方面着手以解决这一难题。

第一，从当事人的角度看，家庭暴力当事人应加强收集证据的意识。受害者应当认识到家庭暴力不再是私事，而是可以寻求家庭、社会、公权力的求助，要将家庭暴力与家庭纠纷区分开来，其可以从以下途径去收集与保留家庭暴力的证据。一是当发生家庭暴

① 参见夏吟兰主编：《家庭暴力防治法制度性构建研究》，中国社会科学出版社2011年版，第591页。

力时，如能在双方之间进行协商解决，可要求施暴者写出书面悔过与保证，有条件的还可以进行录音录像。如当事人之间不能解决就要大胆地将它说出来，努力通过家庭内部成员（特别是共同居住与生活的家庭成员）、亲友、邻居或村（居）委会等进行调解，也可以向当地妇联求助。在今后的诉讼中，这些参与调解人的证言将成为认定家庭暴力事实的有效证据之一。二是如家庭暴力的情节比较严重、情势比较紧迫的情况下，受害者应当马上报警，“110”出警后公安人员应当依据相关法律与程序进行记录与调查处理。警方提供的报警记录与询问笔录以及其他材料是认定家庭暴力的重要证据之一。三是当遭受家庭暴力后，受害者可以去医疗机构进行诊断医治，也可以将伤情拍照保存，病历等相关医疗材料也是重要的证据。总之，受害者要在家庭暴力发生后注意证据的收集与保存。所有与家庭暴力发生有关的伤情照片、身体伤痕、医院伤情、证人证言、被告书写的不再施暴的保证书、报警记录、社会团体的相关记录或病历、证明、录音录像等材料均是诉讼中重要的证据。对此，应当在社会上加大对家庭暴力之证据获取与保存知识的宣传。

第二，建立“家庭暴力验伤中心”。针对家庭暴力举证难，应当为受害人的验伤及做伤情记录提供便利。对此，可借鉴长春市、沈阳市、哈尔滨市设立“家庭暴力验伤中心”的经验，[①] 在全国各省、市、县具备条件的地区因地制宜设立“家庭暴力验伤中心”。“家庭暴力验伤中心”可设在省、市、县级具备条件的人民医院或中心医院，由同级妇联、司法局和卫生局联合主管，并进行明确分工。卫生局负责具体管理，司法局负责对家庭暴力验伤中心进行工

---

① 《吉林省立法预防制止家庭暴力，成立家暴验伤中心》，载新文化报，http://news.sohu.com/20060927/n245560624.shtml，访问日期：2013 年 3 月 15 日；《沈阳建立家庭暴力验伤中心，从重处理家庭暴力事件》，载东北新闻网，http://www.nen.com.cn/77971867083735040/20040304/1352479.shtml，访问日期：2013 年 3 月 15 日；《哈尔滨市成立家庭暴力验伤中心和妇女维权法庭》，载东方律师行业资讯，http://www.lawyers.org.cn/info/6e1fe5ac4ca94e8bbb68d4c9bb18865a，访问日期：2013 年 3 月 15 日。

作指导，妇联负责对家庭暴力受害人投诉的接待工作，经其调查核实后根据需要，为受害人出具“家庭暴力验伤委托书”，指定其到“家庭暴力验伤中心”验伤，相应的妇联工作人员定期对因家庭暴力受害的妇女儿童情况进行统计和综合分析，提出解决问题的对策及建议。

（七）推广四地区法院、妇联、司法所防治家庭暴力工作的经验

如前所述，重庆市四地区法院、妇联、司法所在处理涉及家庭暴力案件和纠纷的过程中，积累的以下行之有效的主要工作经验，值得推广。

第一，法院的主要工作经验。一是加强法官的业务培训，培养法官的社会性别平等观念和提高审理涉家庭暴力案件的法律知识水平及审理技能；二是家庭暴力行为的认定依据，主要根据《婚姻法解释（一）》和参考《审理指南》；三是举证责任的分配规则，酌情采用优势证据规则；四是人身安全保护裁定的执行，已形成多机构共同监督执行的联动机制；五是坚持“教育为主、惩罚为辅”的原则，针对涉家庭暴力案件的不同情况确定不同的调解方向，可以调解和好或者调解离婚。

第二，妇联的主要工作经验。妇联在防治家庭暴力的工作中，已形成两个“联动”工作机制，一是妇联充分利用其职能优势与自身各级妇联机构组织完善的优势，形成上级妇联与下级妇联的内部联动工作机制；二是妇联干部作为人民陪审员参与法院审理涉及家庭暴力案件的外部联动工作机制。妇联通过这两个“联动”工作机制，内外相互配合，能够更有效地处理家庭暴力问题和预防家庭暴力的发生。

第三，司法所的主要工作经验。一是司法所的干部经常主动上门，耐心地做好家庭矛盾的调解工作，争取及时化解家庭纠纷，形成预防和减少家庭暴力的第一道防线。二是邀请律师到社区办公，开展法律咨询等活动，有助于社区群众了解法律知识、增强法律意

识，对预防和制止家庭暴力有着积极的作用。

第四，妇联和司法所的共同工作经验，就是重视防治家庭暴力的法律宣传工作，培养民众反对家庭暴力的法律意识，营造预防和制止家庭暴力的社会舆论氛围，从而预防和减少家庭暴力的发生。

第二章　吉林省防治家庭暴力情况实证调查研究*

一、吉林省防治家庭暴力情况实证调查概述①

在吉林省防治家庭暴力情况实证调查概述中，我们将简要介绍调查背景、调查对象和调查方法三个方面的内容。

（一）调查背景

家庭暴力是现代文明社会的一个消极因素，也是一种常见的社会现象。2001 年 4 月 28 日修正的《中华人民共和国婚姻法》（以下简称现行《婚姻法》）第 3 条明确规定：禁止家庭暴力。这表明家庭暴力不仅是社会所关注的现象，同时它也受到法律的明确禁止。为了解吉林省防治家庭暴力的工作情况，根据本项目的调研计划，我们成立了调查组，对长春市被抽样调查地区 2008 ~ 2010 年法院、妇联和司法所防治家庭暴力情况进行实地调查。

（二）调查对象

调查组选取了长春市所辖的 A 区、B 区、C 区、D 区四个地区

---

* 本章作者简介：李洪祥，男，吉林大学法学院教授、硕士导师、吉林大学妇女研究中心副主任、中国法学会婚姻家庭法学研究会常务理事；闫晓玲，女，吉林省妇联权益部部长、吉林省婚姻家庭法学研究会副会长；石婷，女，西南政法大学民商法博士生。

① 本章以吉林省长春市被抽样地区的法院、妇联、司法所三机构之防治家庭暴力工作情况为研究对象。

的人民法院（以下简称四地区法院）以及长春市 B 区、C 区、E 区所辖的多个街道司法所和省市区的多个妇联组织作为被抽样调研的对象。其中，A 区面积 200 多平方公里，总人口 40 余万人，到 2011 年年底，全区地区生产总值近 180 亿元，城镇居民人均收入 2 万余元，农民人均纯收入 0.7 万余元；[①] B 区面积 200 多平方公里，总人口近 70 万人，到 2011 年年底，全区生产总值 3000 多亿元，城镇居民人均纯收入 3 万余元，农民人均纯收入近 2 万元；[②] C 区面积 100 多平方公里，总人口近 40 万人，到 2011 年年底，全区地区生产总值近 150 亿元，农民人均纯收入近 0.9 万元；[③] D 区面积 200 多平方公里，2009 年全区工业总产值近 1800 亿元；[④] E 区总面积近 900 平方公里，总人口 60 余万人，2011 年全区地区生产总值近 180 亿元。[⑤]

（三）调查方法

本次调查主要采取查阅案件卷宗、发放调查问卷、个人访谈和座谈会等方法。在对上述单位进行案卷查阅过程中，由于各单位和组织受理的家事案件众多，且有的单位和组织有内部规定等无法一一提供，但是为了使调查数据具有科学性和准确性，调查组与走访的单位和组织协商，采取抽样调查方法：从走访的单位和组织受理的家事案件中抽取一部分案件作为被统计的案件，通过对这些案件进行分析，找出其中涉及家庭暴力的案件，并从此

① 资料来源：载长春市人民政府网，http://www.cc.jl.gov.cn/wcss/cczf/info/2011-12-28/2240/166288.html，访问日期：2012 年 5 月 8 日。

② 资料来源：载百度文库，http://wenku.baidu.com/view/a1e34419fad6195f312ba61f.html，访问日期：2012 年 5 月 8 日。

③ 资料来源：载长春市人民政府网，http://www.cc.jl.gov.cn/wcss/cczf/info/2012-04-27/2240/167513.html，访问日期：2012 年 5 月 8 日。

④ 资料来源：载长春高新开发区网，http://www.chida.gov.cn/，访问日期：2012 年 5 月 8 日。

⑤ 资料来源：http://www.ssfcn.com/detailed_gh.asp?id=31267，访问日期：2012 年 5 月 8 日。

类案件中提取相关信息填入调查表中。此外，调查员通过与上述单位和组织的工作人员进行座谈和个人访谈以及发放调查问卷等方式，获取调查所需的信息和数据。此外，调查组还对若干家庭暴力的受害者进行个人访谈，通过他们的讲述和心理感受对家庭暴力现象进行调查研究。

二、吉林省防治家庭暴力实证调查情况的统计分析

关于吉林省防治家庭暴力实证调查情况的统计分析，我们根据调查资料，主要从家庭暴力情况现状、施暴者的基本信息、受害者的基本信息、家庭暴力的侵害方式和原因、涉及家庭暴力纠纷和案件的处理结果、个人访谈和座谈会情况六个方面进行统计分析。

（一）家庭暴力情况现状

调查组在被调查的法院、妇联、司法所（以下简称三机构）受理的家事案件和纠纷（以下简称家事案件）中，对2008年的家事案件抽取的样本数量为423件，其中有111件涉及家庭暴力，占所抽取的样本数量的26.24%；对2009年的家事案件抽取的样本数量为409件，其中有115件涉及家庭暴力，占所抽取样本数量的28.12%；对2010年的家事案件抽取的样本数量为439件，其中有134件涉及家庭暴力，占所抽取的样本数量的30.52%。综合三年的情况，调查组从法院、妇联和司法所三机构共抽取了1271件家事案件，一共有360件涉及家庭暴力，占所调查案件数量的28.32%（见图2－1－a）。

表 2-1 2008~2010 年涉及家庭暴力案件的类型（件）

项目 / 百分比	涉及家庭暴力案件	离婚案件	继承案件	赡养案件	抚养费案件	抚养权案件	离婚后财产案件
2008 年	111	70	16	13	9	2	1
		63.06%	14.41%	11.71%	8.11%	1.80%	0.90%
2009 年	115	59	18	18	9	6	5
		51.30%	15.65%	15.65%	7.83%	5.22%	4.35%
2010 年	134	64	22	20	15	9	4
		47.76%	16.42%	14.93%	11.19%	6.72%	2.99%
2008~2010 年	360	193	56	51	33	17	10
		53.61%	15.56%	14.17%	9.17%	4.72%	2.78%

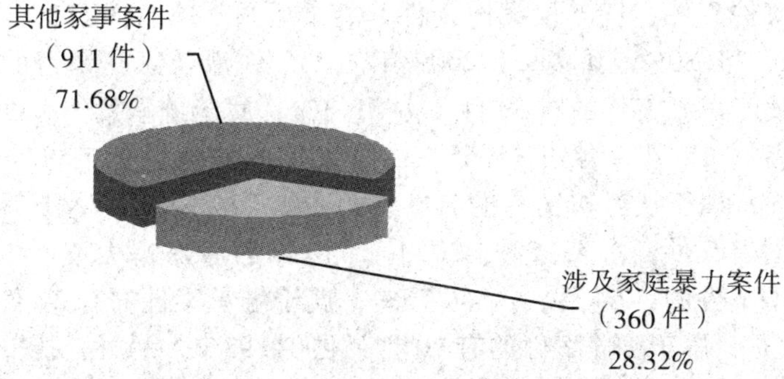

图 2-1-a 2008~2010 年涉及家庭暴力案件总量与其他家事案件的比例

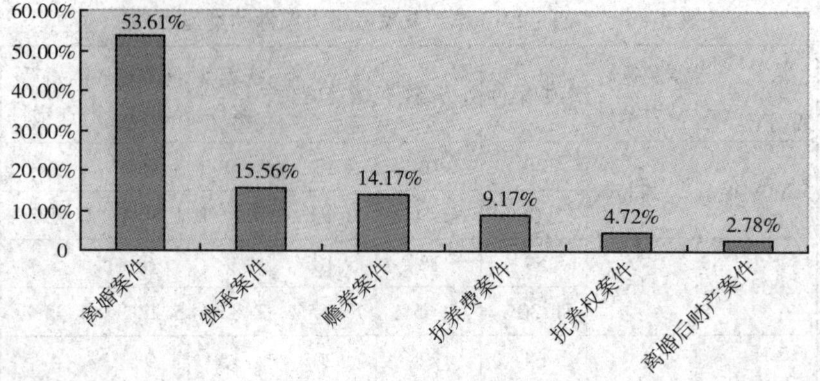

图 2-1-b　2008~2010 年涉及家庭暴力案件的类型

根据统计结果可知，2008 年的 111 件涉及家庭暴力的案件中，属于离婚案件的有 70 件，占 63.06%；属于继承案件的有 16 件，占 14.41%；属于赡养案件的有 13 件，占 11.71%。此外，还有抚养费案件 9 件、抚养权案件 2 件、离婚后财产案件 1 件，分别占 8.11%、1.80%、0.90%。2009 年的 115 件涉及家庭暴力的案件中，属于离婚案件的有 59 件，占 51.3%；属于继承案件和赡养案件的各有 18 件，各占 15.65%；属于抚养费案件的有 9 件，占 7.83%；属于抚养权案件的有 6 件，占 5.22%；属于离婚后财产案件的有 5 件，占 4.35%。2010 年的 134 件家庭暴力案件中，属于离婚案件的有 64 件，占 47.76%；属于继承案件的有 22 件，占 16.42%；属于赡养案件的有 20 件，占 14.93%。另外，抚养费案件、抚养权案件和离婚后财产案件各有 15 件、9 件和 4 件，分别占 11.19%、6.72%、2.99%。(见表 2-1)

综合 2008~2010 年的情况，在这 360 件涉及家庭暴力案件中，离婚案件占 53.61%；继承案件占 15.56%；赡养案件占 14.17%；抚养费案件占 9.17%。另外，抚养权案件和离婚后财产案件，分别占 4.72%、2.78%。(见图 2-1-a、图 2-1-b)

由以上数据可知，涉及家庭暴力案件在被抽样调查的家事案件中占28.32%（见图2-1-a），而且其中有一半以上属于离婚案件，占53.61%（见图2-1-b）。也就是说家庭暴力主要是夫妻间的暴力，占五成以上。另外，在其他家事案件中也存在一定比例的家庭暴力行为。

（二）施暴者的基本信息

1. 施暴者的性别和年龄

表2-2 2008~2010年施暴者性别和年龄信息

项目 / 数量百分比(%)	性别		年龄段（岁）			
	男	女	18~25岁	26~35岁	36~49岁	50岁以上
2008年	98	13	1	28	57	25
	88.29	11.71	0.90	25.23	51.35	22.52
2009年	102	13	6	27	53	29
	88.70	11.30	5.22	23.48	46.09	25.22
2010年	114	20	6	37	65	26
	85.07	14.93	4.48	27.61	48.51	19.40
2008~2010年	314	46	13	92	175	80
	87.22	12.78	3.61	25.56	48.61	22.22

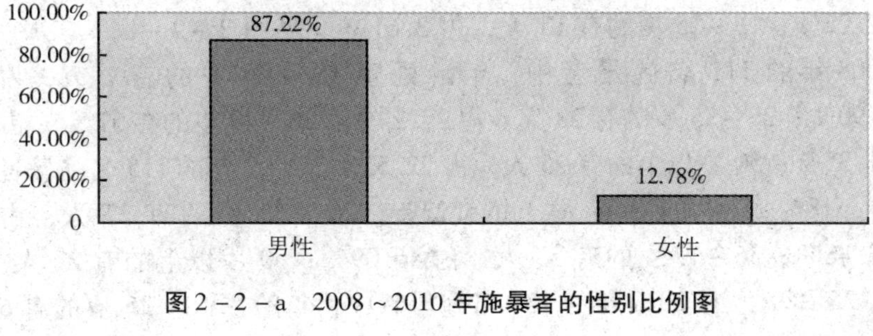

图2-2-a 2008~2010年施暴者的性别比例图

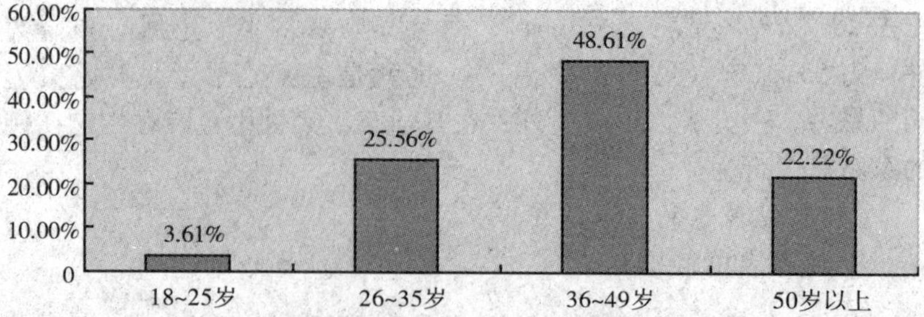

图 2-2-b　2008~2010 年施暴者的年龄比例图

统计结果显示，从家庭暴力施暴者的性别看，2008~2010 年的 360 件涉及家庭暴力案件中，施暴者是男性的有 314 人，占 87.22%，施暴者为女性的 46 人，占 12.78%（见图 2-2-a）。其中，在 2008 年所调查的 111 件家庭暴力案件中有男性 98 人，占 88.29%；有女性 13 人，占 11.71%。2009 年的 115 件家庭暴力案件中有男性 102 人，占 88.70%；有女性 13 人，占 11.30%。在 2010 年的 134 人施暴者中有男性 114 人，女性 20 人，分别占 85.07% 和 14.93%（见表 2-2）。由此可见，家庭暴力的施暴者有八成以上是男性。

对于施暴者的年龄段，根据对 2008~2010 年的前述 360 件案件的统计，施暴者的年龄主要集中 26~35 岁和 36~49 两个年龄段，两者合计 267 人，占 74.17%。其次为 50 岁以上的有 80 人，占 22.22%；18~25 岁的有 13 人，占 3.61%（见图 2-2-b）。其中，2008 年的 111 名施暴者中，年龄处于 18~25 岁的有 1 人，占 0.90%；26~35 岁的有 28 人，占 25.23%；36~49 岁的有 57 人，占 51.35%；50 岁以上的有 25 人，占 22.52%。2009 年的 115 名施暴者中，18~25 岁的有 6 人，占 5.22%；26~35 岁的有 27 人，占 23.48%；36~49 岁的有 53 人，占 46.09%；50 岁以上的有 29 人，占 25.22%。在 2010 年的 134 名施暴者中，年龄在 18~25 岁的有 6 人，占 4.48%；26~35 岁的有 37 人，占 27.61%；36~49 岁的有 65 人，占 48.51%；50 岁以上的有 26 人，占 19.40%（见表 2-2）。由

此可见，有约七成半的家庭暴力施暴者的年龄处于 26 ~ 49 岁。

2. 施暴者的职业

表 2 – 3　2008 ~ 2010 年施暴者的职业信息

项目 数量百分比（%）	职业												
	农民	工人	公司职员	个体户	公务员	教师	医护	无业	退休	无固定职业	军人	学生	其他
2008 年	45	24	5	11				16					10
	40. 54	21. 62	4. 50	9. 91				14. 41					9. 01
2009 年	52	25	1	7	1			22	1				6
	45. 22	21. 74	0. 87	6. 09	0. 87			19. 13	0. 87				5. 22
2010 年	39	32	5	24	1			25					8
	29. 10	23. 88	3. 73	17. 91	0. 75			18. 66					5. 97
2008 ~ 2010 年	136	81	11	42	2			63	1				24
	37. 78	22. 50	3. 06	11. 67	0. 56			17. 50	0. 28				6. 67

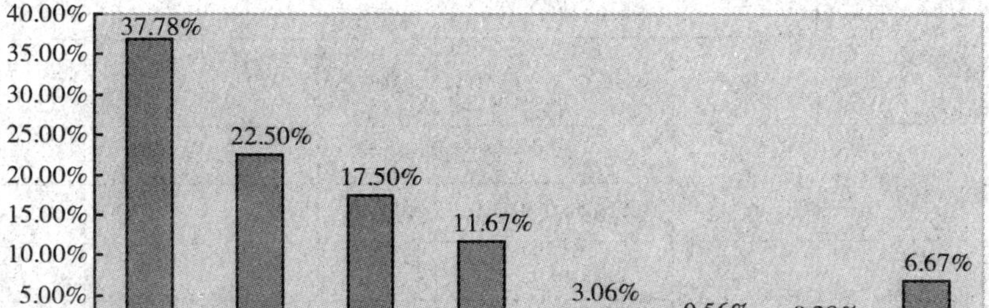

图 2 – 3　2008 ~ 2010 年施暴者的职业比例图

统计结果显示，从施暴者的职业看，在 2008 ~ 2010 年的 360 名施暴者中，排在前三位的分别是农民、工人、无业者，其中农民 136 人，占 37. 78%；工人 81 人，占 22. 50%；无业 63 人，占 17. 50%；三者合计占 77. 78%。其余的是公司职员 11 人，占 3. 06%；个体户

42 人，占11.67%；公务员2 人，占0.56%（见图2 –3）。

从各年度考察，在2008 年的111 名施暴者中，有农民45 人，占40.54%；有工人24 人，占21.62%；有公司职员5 人，占4.50%；有个体户11 人，占9.91%；有26 人是无业、无固定职业或者其他的，合计占23.42%。在2009 年的115 名施暴者中，有农民52 人，占45.22%；有工人25 人，占21.74%；有公司职员和公务员各1 人，各占0.87%；有个体户7 人，占6.09%；有29 人是无业或是退休或者是其他，合计占25.22%。在2010 年的134 名施暴者中，有农民39 人，占29.10%；有工人32 人，占23.88%；有公司职员5 人，占3.73%；有个体户24 人，占17.91%；有公务员1 人，占0.75%；有33 人是无业、无固定职业或者其他，合计占24.63%（见表2 –3）。

由上可知，家庭暴力的施暴者有近八成（77.78%）是农民、工人、无业人员，他们很大部分的收入相对较低。

3. 施暴者的文化程度

表2 –4　2008 ~2010 年施暴者的文化程度信息

项目 数量 百分比(%)	文化程度							
	文盲	小学	初中	高中	大专	本科	硕士	博士
2008 年	7	34	56	11		3		
	6.31	30.63	50.45	9.91		2.70		
2009 年	5	39	55	14		2		
	4.35	33.91	47.83	12.17		1.74		
2010 年	7	51	53	19	1	3		
	5.22	38.06	39.55	14.18	0.75	2.24		
2008 ~2010 年	19	124	164	44	1	8		
	5.28	34.44	45.56	12.22	0.28	2.22		

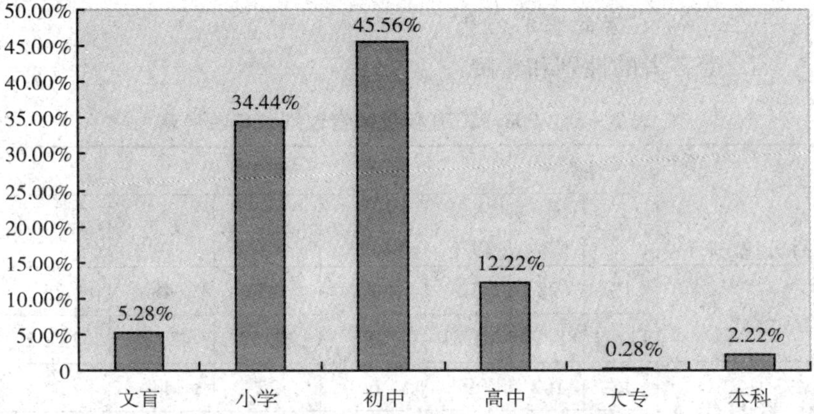

图 2-4　2008~2010 年施暴者的文化程度比例图

统计结果显示，从施暴者的文化程度上看，在 2008~2010 年的 360 名施暴者中，排在前两位的是初中文化者和小学文化者，其中初中文化的有 164 人，占 45.56%；小学文化的有 124 人，占 34.44%。其余的为文盲 19 人，占 5.28%，即初中及以下文化合计占 85.28%；高中及以上文化的 53 人，占 14.72%（见表 2-4）。

从各年度考察，在 2008 年的 111 名施暴者中，文盲有 7 人，占 6.31%；小学文化的有 34 人，占 30.63%；初中文化的有 56 人，占 50.45%；高中及以上文化的有 14 人，占 12.61%。在 2009 年的 115 名施暴者中，文盲有 5 人，占 4.35%；小学文化的有 39 人，占 33.91%；初中文化的有 55 人，占 47.83%；高中及以上文化的有 16 人，占 13.91%。在 2010 年的 134 名施暴者中，文盲有 7 人，占 5.22%；小学文化的有 51 人，占 38.06%；初中文化的有 53 人，占 39.55%；高中及以上文化的有 23 人，占 17.17%（见表 2-4）。

由上可见，在施暴者中，文化程度在初中及以下的合计占八成半以上（85.28%），高中及以上文化水平的施暴者所占比例较少。

（三）受害者的基本信息

1. 受害者的性别和年龄

表 2－5　2008～2010 年受害者性别和年龄信息

项目 数量 百分比(%)	性别		年龄段				
	男	女	18 岁以下	18～25 岁	26～35 岁	36～49 岁	50 岁以上
2008 年	13	98	12	1	25	48	25
	11.71	88.29	10.81	0.90	22.52	43.24	22.52
2009 年	13	102	9	6	22	44	34
	11.30	88.70	7.83	5.22	19.13	38.26	29.57
2010 年	20	114	16	10	27	52	29
	14.93	85.07	11.94	7.46	20.15	38.81	21.64
2008～2010 年	46	314	37	17	74	144	88
	12.78	87.22	10.28	4.72	20.56	40.00	24.44

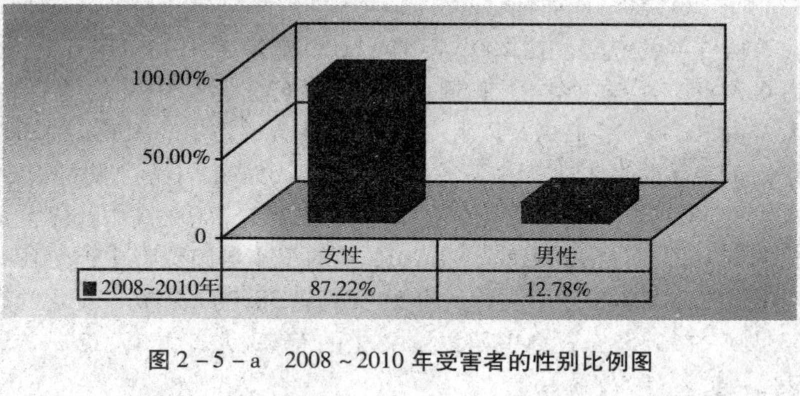

图 2－5－a　2008～2010 年受害者的性别比例图

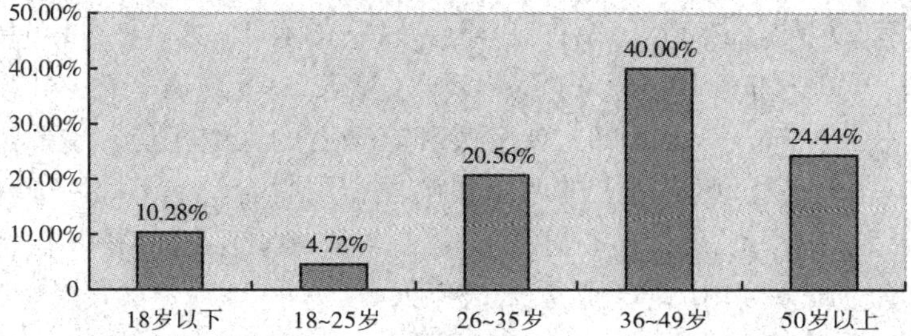

图 2-5-b　2008～2010 年受害者的年龄比例图

统计结果显示，从家庭暴力的受害者的性别看，2008～2010 年，女性占 87.22%，男性占 12.78%（见图 2-5-a）。其中女性受害人，2008 年占 88.29%，2009 年占 88.70%，2010 年占 85.07%（见表 2-5）。由此可知，女性是家庭暴力的主要受害群体。

从受害者年龄分布上看，各个年龄段上都有一定的比例。2008～2010 年，受害者的年龄主要集中在 36～49 岁和 50 岁以上两个年龄段，其中 36～49 岁的受害者有 144 人，占 40.00%；50 岁以上的受害者有 88 人，占 24.44%；两者合计占 64.44%。其余的为 18 岁以下的家庭暴力受害者 37 人，占 10.28%；18～25 岁的受害者 17 人，占 4.72%；26～35 岁的受害者 74 人，占 20.56%（见表 2-5、图 2-5-b）。

其中在 2008 年的 111 名受害者中，排在前两位的分别是：年龄在 36～49 岁的有 48 人，占 43.24%；26～35 岁的与 50 岁以上的各有 25 人，各占 22.52%。其余的为 18 岁以下的有 12 人，占 10.81%；处于 18～25 岁的有 1 人，占 0.90%。在 2009 年的 115 名受害者中，排在前两位的分别是：年龄在 36～49 岁的有 44 人，占 38.26%；50 岁以上的有 34 人，占 29.57%。其余的为年龄在 18 岁以下的有 9 人，占 7.83%；处于 18～25 岁的有 6 人，占 5.22%；处于 26～35 岁的有 22 人，占 19.13%。在 2010 年的 134 名受害者中，排在前两位的分别是：年龄在 36～49 岁的 52 人，占 38.81%；50 岁以上的 29 人，占 21.64%。其余的为年龄在 26～35

岁的有 27 人，占 20. 15%；在 18 岁以下的有 16 人，占 11. 94%；在 18 ~25 岁的有 10 人，占 7. 46%。(见表 2 –5)

由上可知，受害者的主要年龄和施暴者的大致相仿，主要集中在 36 ~49 岁及 50 岁以上的两个年龄段，两者合计占 64. 44%（见图 2 –5 –b）。但是，值得注意的是，与施暴者不同的是，在受害者中有一成多（10. 28%）是未成年人。

2. 受害者的职业

表 2 –6　2008 ~2010 年受害者职业信息

项目 数量百分比（%）	职业												
	农民	工人	公司职员	个体户	公务员	教师	医护	无业	退休	无固定职业	军人	学生	其他
2008 年	47	21	3	7				15				12	6
	42. 34	18. 92	2. 70	6. 31				13. 51				10. 81	5. 41
2009 年	48	19	4	5	1			26				9	3
	41. 74	16. 52	3. 48	4. 35	0. 87			22. 61				7. 83	2. 61
2010 年	39	31	2	10	1			30				12	9
	29. 10	23. 13	1. 49	7. 46	0. 75			22. 39				8. 96	6. 72
2008 ~2010 年	134	71	9	22	2			71				33	18
	37. 22	19. 72	2. 50	6. 11	0. 56			19. 72				9. 17	5. 00

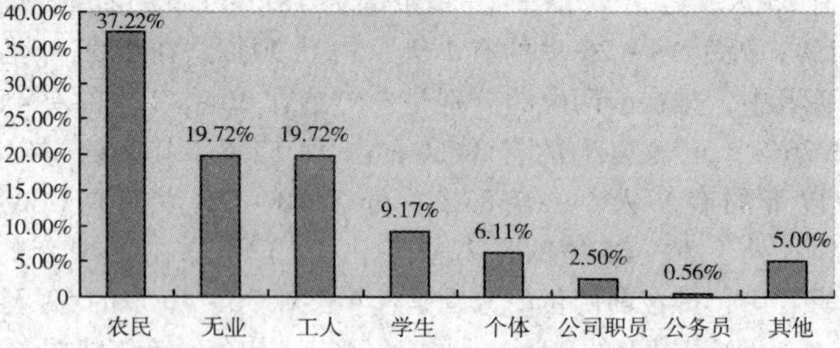

图 2 –6　2008 ~2010 年受害者的职业比例图

统计结果显示，从受害者的职业上看，受害人的职业多为农民、工人和无业者，在2008年农民、工人和无业者三类职业的受害者分别是47人、21人和15人，其比例分别占42.34%、18.92%和13.51%；在2009年这三类职业的受害者人数分别占48人、19人和26人，其比例分别占41.74%、16.52%和22.61%；在2010年这三类职业的受害者人数分别是39人、31人和30人，其比例分别占29.10%、23.13%和22.39%（见表2-6）。

2008~2010年，从受害人的职业看，排在前三位的是农民、工人、无业者，分别占37.22%、19.72%、19.72%，三者合计近八成（76.66%）（见图2-6）。

3. 受害者的文化程度

表2-7　2008~2010年受害者的文化程度信息

项目 / 数量 百分比(%)	文化程度							
	文盲	小学	初中	高中	大专	本科	硕士	博士
2008年	12	35	49	12		3		
	10.81	31.53	44.14	10.81		2.70		
2009年	7	41	54	11		2		
	6.09	35.65	46.96	9.57		1.74		
2010年	6	50	54	18	2	4		
	4.48	37.31	40.30	13.43	1.49	2.99		
2008~2010年	25	126	157	41	2	9		
	6.94	35.00	43.61	11.39	0.56	2.50		

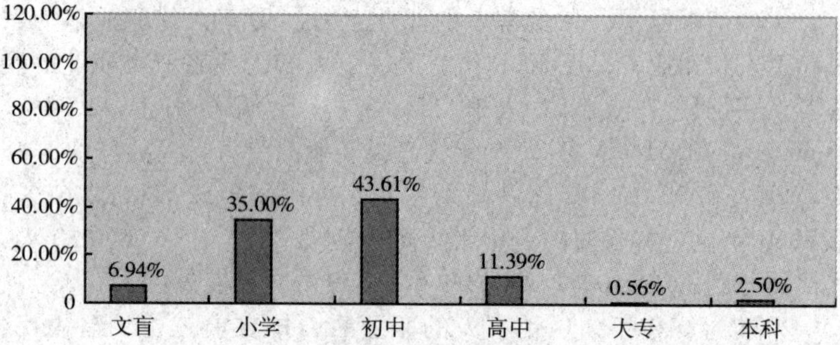

图2－7　2008～2010年受害者的文化程度比例图

统计结果显示，从受害者的文化程度看，在2008年，受害者的文化程度为文盲的12人，占10.81%；为小学的35人，占31.53%；为初中的49人，占44.14%；为高中的12人，占10.81%；为本科的3人，占2.70%。在2009年，受害者的文化程度为文盲的7人，占6.09%；为小学的41人，占35.65%；为初中的54人，占46.96%；为高中的11人，占9.57%；为本科的2人，占1.74%。在2010年，受害者的文化程度为文盲的6人，占4.48%；为小学的50人，占37.31%；为初中的54人，占40.30%；为高中的18人，占13.43%；为大专的2人，占1.49%；为本科的4人，占2.99%。（见表2－7）

2008～2010年，受害者的文化程度为文盲的占6.94%，为小学文化的占35%，为初中文化的占43.61%，高中及以上文化的占14.45%（见图2－7）。

由此可见，受害者的文化程度和施暴者的文化程度的构成相似，高中以上学历的受害者较少，受害者文化程度在初中及以下的占八成以上，合计占85.55%。

（四）家庭暴力的侵害方式和原因

1. 家庭暴力的侵害方式

如前所述，从家庭暴力的侵害对象上看，八成以上是男性侵害女性，也有一成以上家庭暴力案件涉及未成年人（见图2－5－a、

图2-5-b)。应当注意到，调查组所调查的家庭暴力的受害人是家庭暴力的主要受害人，实际上存在施暴者对除主要受害人之外的其他家庭成员或多或少的暴力行为或者暴力威胁行为，如不少丈夫侵害妻子的家庭暴力案件也会对未成年人产生影响。从家庭暴力侵害方式上看，身体虐待的案件远高于其他侵害方式，而涉及心理虐待和财产虐待以及性虐待的也都存在，而且施暴者往往采用多种侵害方式对受害者进行侵害。从案件调查情况看，可能是因为心理虐待等精神暴力主要是通过受害人的感官来感知，所以在案件中直接涉及的较少。另外，有关性虐待的侵害方式，可能由于中国的传统文化，性是一个难于启齿的话题，因此在案件中能够得到反映的并不多。

2. 家庭暴力的原因

表2-8　2008~2010年家庭暴力的原因

项目数量 百分比(%)	酗酒	赌博	吸毒	嫖娼	疑有外遇	草率结婚	家庭琐事	重男轻女	经济纠纷	性格暴躁	婚外性行为	性格不合
2008年	44	9	1	3	11	8	21	3	4	5		2
	39.64	8.11	0.90	2.70	9.91	7.21	18.92	2.70	3.60	4.50		1.80
2009年	36	10		1	9	10	25		13	11		
	31.30	8.70		0.87	7.83	8.70	21.74		11.30	9.57		
2010年	44	9		1	11	13	23	2	16	11	4	
	32.84	6.72		0.75	8.21	9.70	17.16	1.49	11.94	8.21	2.99	
2008~2010年	124	28	1	5	31	31	69	5	33	27	4	2
	34.44	7.78	0.28	1.39	8.61	8.61	19.17	1.39	9.17	7.50	1.11	0.56

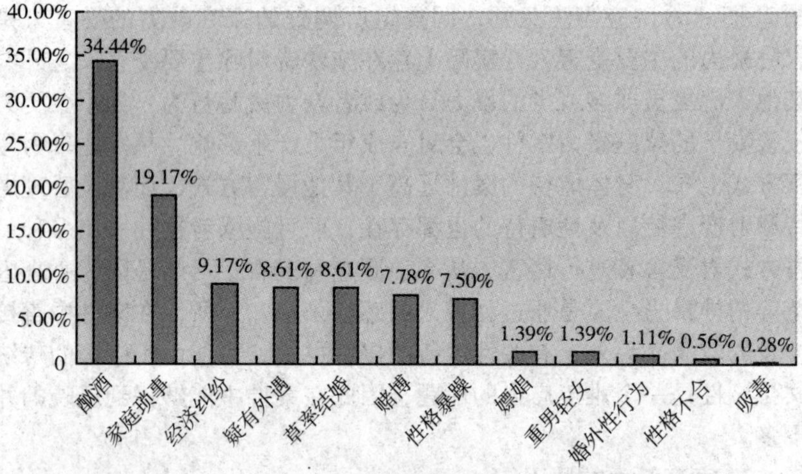

图2－8　2008～2010年家庭暴力的原因比例图

统计结果显示，家庭暴力发生的原因多样，有酗酒、赌博、吸毒、嫖娼等不良嗜好，还有疑有外遇、草率结婚、家庭琐事、重男轻女、经济纠纷、性格暴躁、婚外性行为、性格不合等都是导致家庭暴力发生的原因。2008～2010年，家庭暴力的原因中排在前五位的是，酗酒占34.44%、家庭琐事19.17%、经济纠纷占9.17%、疑有外遇和草率结婚并列均占8.61%。此外，赌博占7.78%，性格暴躁占7.50%（见图2－8）。

值得注意的是，在导致家庭暴力发生的原因中，以酗酒行为引发的家庭暴力比例最高，在2008年占39.64%，在2009年占31.30%，在2010年占32.84%（见表2－8）。

（五）涉及家庭暴力案件的处理结果[①]

统计结果显示，从被调查的妇联、司法所以及法院对涉及家庭暴力案件的处理看，2008～2010年，三机构的处理结果中，首先

① 注：该图表中调解和好、调解离婚包含法院、司法所和妇联三机构的情况。另外，判决离婚、判决不离婚、撤诉和驳回起诉为结案方式的统计结果，此是根据法院2008～2010年受理的涉及家庭暴力案件的结案方式统计获得。

排在第一位的是调解和好，占 42.57%；其次调解离婚的占 25.35%；再次法院判决离婚、判决不离婚、撤诉和驳回起诉的，分别占 18.00%、6.36%、4.45%、3.27%（见图 2-9）。

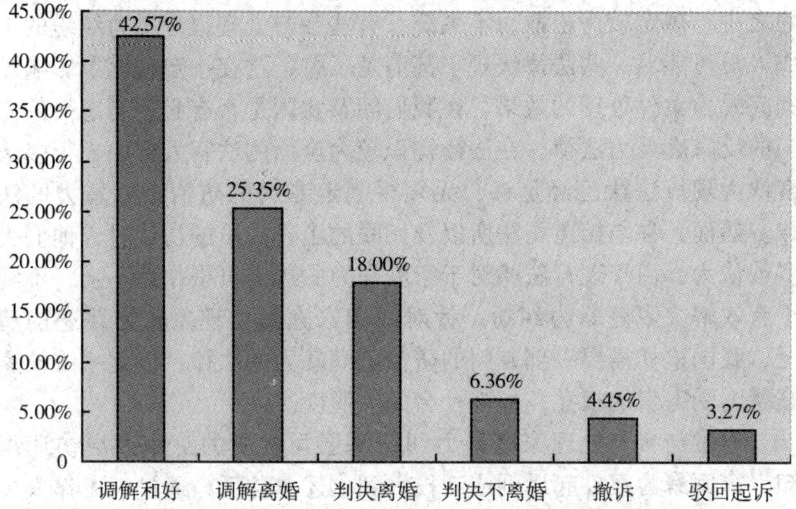

图 2-9　2008～2010 年涉及家庭暴力案件的处理结果比例图

在对 2008～2010 年法院处理的涉及家庭暴力案件统计中，未发现有离婚损害赔偿的案例。经有关法官介绍，案件的当事人起诉时往往追求离婚的诉讼结果，很多当事人担心提出了离婚损害赔偿反而达不到解除婚姻的目的，许多当事人起诉至法院的目的，就是希望解除婚姻关系使自己脱离苦海，因此放弃提出赔偿请求，当然也不排除可能有的法官忽视了告知义务。

（六）个人访谈和座谈会情况

除获取关于家庭暴力案件的数据和处理情况外，调查组还对法院、街道司法所以及妇联的有关工作人员进行了个人访谈和座谈。在被问及对于我国当前对家庭暴力的法律干预力度情况，几乎所有的受访者都认为当前法律对于家庭暴力的法律干预力度不够。他们普遍认为，现如今《婚姻法》、《民法通则》、《治安管理处罚法》、

《刑法》、《妇女权益保障法》、《老年人权益保障法》、《未成年人保护法》中均有一些防治和禁止家庭暴力的规定，在一定程度上确实能起到防治家庭暴力的作用，但是这些规定由于分布在多部法律之中，规定较为松散、不系统。有些参与处理家庭暴力纠纷的工作人员可能对一些法律法规不甚清楚了解，这在一定程度上影响了家庭暴力案件处理的效果。在我们问及我国是否有必要制定一部专门的反家庭暴力法律。在法律知识较为全面的法官人群中，很多法官认为现行法律已经足够，无须再制定专门的防治家庭暴力的法律。然而，在与街道司法所以及妇联的工作人员的访谈时，他们大多数认为，由于现行法律对于家庭暴力的规定可操作性不强，不利于有效解决家庭暴力纠纷，针对我国家庭暴力现象较为普遍的情况，我国迫切需要一部专门的防治家庭暴力的法律，以此来维护家庭暴力受害者的权益，提高社会的文明度。

通过与参与处理家庭暴力纠纷基层司法所的工作人员访谈得知，家庭暴力案件起诉到或者投诉到上述单位后，通过该工作人员的参与处理，家庭暴力案件一般都可以缓解或者有效解决。在他们大多数人看来，由于家庭是一个相对封闭的空间，家庭内部存在矛盾是难免的。对于家庭暴力的认定标准，在法律没有明确规定的情况下，就比较难以把握。他们认为目前家庭暴力行为产生了一定的后果才由法律介入，此时法律只发挥了“治”的作用，国家和社会应该在如何预防家庭暴力的发生上多下功夫。处于处理家事纠纷工作第一线的基层工作人员比较认同的是，家庭成员之间感情的沟通和交流是预防和解决家庭暴力最有效的手段。他们也经常通过为家庭矛盾双方创造沟通的机会和平台，借以解决家庭纠纷。很多工作人员认为，在出现家庭暴力行为时，应该以说服教育为主、法律处罚为辅。家庭暴力施暴者有屡教不改的情形的，就应该采用行政及法律处罚等手段惩处施暴者，以保护家庭暴力受害者的合法权益。

对于家庭暴力案件的处理，法院的很多工作人员认为，法院在处理家庭暴力案件上不是十分得力，主要原因是法官审判任务较重，无法集中精力和时间对于案件的当事人进行说服教育，他们较多的是通过证据的认定来得出是否存在家庭暴力的行为。然而，由于家庭暴力案件的证据普遍难以收集，因此常常出现违法难究。但是，街道司法所和妇联组织工作的工作人员普遍认为，他们在处理家庭暴力案件中比较得力，究其原因，他们除了运用法律进行批评教育外，更擅长用较多的时间以道德人情来说服劝告家庭暴力的施暴者，使他们能认识到自己的错误并加以改正。①

调查组还对部分家庭暴力的受害者进行了个人访谈。某些受害者表示，自己的丈夫经常在酗酒后受不了自己的劝阻或者因为家庭琐事意见不合而大打出手，从而引发家庭暴力。调查组发现2008～2010 年涉及家庭暴力的原因中，均以酗酒居第一位，2008 年占 39.64%，2009 年占 31.30%，2010 年占 32.84%，三年平均比例占 34.44%（见表 2－8、图 2－8）。这证实了受害人的说法。家庭暴力的形式多是先辱骂而后动手打人，在施暴工具的选择上，经常是周围有什么就用什么。有些受害人还表示，其在受到家庭暴力侵害后，或是出于“家丑不可外扬”的心理，或者是害怕施暴者变本加厉，或者是为了孩子着想等各种原因不曾寻求救助，只是在忍无可忍的情形下才向法院或街道司法所或妇联组织寻求救助。当受害人被问及是否清楚法律法规中关于禁止家庭暴力的规定时，他们均表示不是很清楚，也不知道救助机构可以运用什么法律法规。在他们印象中，很多救助机构的工作人员较多的是劝导施暴者，在相关机构介入家庭暴力纠纷后，施暴者往往可以安分不少，但也存在反反复复的情况。在问及受害人认为自己家庭出现家庭暴力最主要的原因时，他们均认为家庭收入比较低，社会生存的压力很大。多名受害者表示，施暴者的行为严重影响了家庭成员之间和睦的家庭

---

① 参见李洪祥、闫玲：《吉林省长春市 2008 至 2010 年预防和制止家庭暴力实践情况的调查报告》，载《当代法学》2012 年第 3 期。

氛围，给自己带来身体上和心灵上的创伤，在有未成年人的家庭里还给未成年人留下心理阴影，影响了他们的学习和身心的健康发展。

综上所述，通过调查所获取的数据可知，涉及家庭暴力的案件和纠纷在长春市家事案件中占有近30%的比例（见图2－1－a）。家庭是社会的细胞，家庭的安定幸福必然会促进社会的稳定发展，家庭的不稳定因素也必然会导致社会不稳定因素的增多，从而对社会的健康发展产生消极阻碍作用，对和谐社会的建设也是一大挑战。家庭暴力的施暴者对其他家庭成员采取各种暴力手段，这样的行为直接破坏了家庭成员之间人格的平等性，冲击和谐美满的家庭，家庭暴力行为不仅直接导致暴力的受害人遭受身体上和精神上的摧残，同样也给其他家庭成员造成心理上的压力和阴影。预防和制止家庭暴力不仅是家庭内部的事，同时也是整个社会的责任。我国社会各方面应该充分整合各种资源，利用各种机制对家庭暴力行为予以预防和制止。

三、吉林省防治家庭暴力工作的成效和经验

法院作为我国的司法机关，是保障公民权利的最后一道防线。街道司法所是司法行政机关最基层的组织机构，是司法行政系统参与基层综合治理工作的重要成员单位，处在化解人民内部矛盾、预防和减少家庭暴力纠纷的第一线。人民调解委员会是依法设立的调解民间纠纷的群众性组织，对于及时发现纠纷、解决纠纷起到重要的作用。妇联组织以代表和维护妇女利益，促进男女平等为己任。三机构的性质和职能都决定了它们对于防治家庭暴力负有法律和道义上的责任。实际上在我国目前，这三类机构是最为主要也最为有效的家庭暴力救助机构。

通过调查发现，近年来，被抽样调查地区的基层法院、街道司法所和妇联组织在防治家庭暴力的工作中取得了很大的成效并积累了一些经验。这主要表现在以下五个方面。

（一）依据现有法律和地方性法规及时解决家庭暴力

为了有效地预防和制止家庭暴力的发生，保护家庭成员的合法权益，维护和睦、平等的家庭关系，保障社会的和谐与稳定，法院、妇联和司法所依据现有的法律，如现行《婚姻法》以及2007年吉林省十届人大常委会审议通过的《吉林省预防和制止家庭暴力条例》（以下简称《条例》），在第一时间对受理的家庭暴力案件依据法律和《条例》处理。该《条例》是吉林省第一部针对家庭暴力并以条例形式出台的地方性法规，《条例》对家庭暴力的内涵、实施主体、预防和制止家庭暴力工作的原则、有关部门和组织在预防和制止家庭暴力工作中的职责、对家庭暴力受害人救助的途径等，都做了明确规定。例如，界定了家庭暴力，是指行为人以殴打、捆绑、残害、强行限制人身自由或者其他手段，给其家庭成员的身体、精神等方面造成伤害的行为。该《条例》的第9条和第10条还明确规定，妇联、工会、共青团、残联等群团组织应当维护特殊群体中家庭暴力受害人的合法权益，对发生家庭暴力的投诉，应当要求并协助有关部门或者单位处理，有关部门或者单位应当依法处理。公安派出所、司法所、乡镇（街道）综治委（办）、基层妇联、社区居民委员会、村民委员会、当事人所在单位应当密切配合，及时掌握和调解家庭纠纷，防止矛盾激化。对发生家庭暴力的投诉，第一受理单位应当及时受理，保存证据，需要移送的应当及时移送相关单位，任何单位不得拒绝、推诿。在调查过程中，我们了解到法院、司法所和妇联都能严格地依据该《条例》的第9条和第10条执行任务，及时地处理家庭暴力问题。

（二）设立家庭暴力验伤中心维护被害者合法权益

为了解决家庭暴力“取证难，难取证”的问题，长春市妇联、长春市司法局与长春市卫生局相互协调合作，在长春市中心医院成立了“长春市家庭暴力验伤中心”。该中心的各个部门分工明确：设有专门机构，专人负责，由长春市卫生局负责具体管理；长春市司法局负责对中心进行鉴定工作指导；长春市妇联具体负责对家庭暴力受害人投诉的接待工作，经调查核实后根据需要，为受害人出具“家庭暴力验伤委托书”，指定其到中心验伤，并定期对全市家庭暴力受害妇女儿童情况进行统计和综合分析，并提出解决问题的对策及建议。验伤中心将对家庭暴力受害人的伤情进行鉴别和判断，并提供鉴定意见。据该中心的工作人员介绍，该中心共有司法鉴定人员 24 人，全都是教授级别，既懂法律，又懂医学，如果遭受家庭暴力的妇女需要验伤，只需本人到长春市中心医院办公楼一楼的法医鉴定室进行，验伤结果一般不超过 5 天内出具。对于验伤后的结果，他们也会与妇联取得联系，并告诉受害人轻微伤怎么处理、轻伤害怎么处理、重伤怎么处理，同时还可以为受害人提供咨询法律和医学的途径。这将为遭受家庭暴力的妇女提供及时、准确的证据，解决长期以来家庭暴力“取证难，难取证”的问题，也为维护妇女人身权益开辟了一个新的法律工作领域。同时也是长春市妇女维权工作的重大突破，给遭受家暴的妇女一个实实在在的帮助。①

（三）注重调解及时制止家庭暴力

如前所述，法院、妇联、司法所在 2008～2010 年受理的有关家庭暴力的案件，其中被调解和好的占 42.57%（见表 2－9），三机构工作人员通过法制宣传和严肃的批评教育，使一大批施暴者认识到自己的错误并督促其改正。同时也为很多家庭暴力的受害者提供了切实的救济，使受害人认识到忍气吞声无法阻止家庭暴力的发生，相反还会助长施暴者的气焰，通过寻求救助，施暴者除了要受到道德的谴责外还应受到法律的制裁。因为基于家庭暴力案件因家庭成员之间的特殊情感纽带关系、隐蔽性等特点，许多当事人都不愿意将“家丑”外扬，因此通过调解方式解决的家庭暴力案件，在批评教育施暴者使其认识并愿意改正错误的基础上争取受害人的

① 《吉林省立法预防制止家庭暴力，成立家暴验伤中心》，载新文化报，http://news.sohu.com/20060927/n245560624.shtml，访问日期：2010 年 10 月 5 日。

原谅，不仅可以处理好当事人的情感关系和维系原有的家庭关系，还可以在保护当事人隐私的基础上顺利地解决家庭暴力问题。[①] 此外，在调解过程中，通过向家庭暴力当事人宣传和讲解我国法律关于禁止家庭暴力的规定，不仅对预防家庭暴力的发生和再次发生有一定作用，同时也取得了稳定家庭关系的良好社会效果。

（四）积极开展防治家庭暴力宣传预防和减少家庭暴力

在防治家庭暴力的宣传上，法院、街道司法所和妇联组织针对家庭暴力现象时有发生的情况，通过板报、发放宣传资料、开展幸福家庭竞赛评比等方式向社区居民宣传我国法律关于禁止家庭暴力的相关规定，倡导和谐美满的家庭氛围，提高了社区居民的法律意识和法制观念。在法制宣传过程中，大力宣传男女平等的基本国策，可以使广大群众接受男女平等的社会观念，使施暴者改变夫权为中心的传统家庭观念。因为防治家庭暴力的行动，需要解决的不仅是如何对肉体、精神和性等人格利益和财产利益遭受侵害的受暴妇女的救济问题，而且更为重要的是解决如何赋予女性和男性平等的权利，实现男女真正平等，消灭固有的不合理的性别差异。[②] 通过这些宣传教育活动，对于防治家庭暴力起到了良好的作用，减少了家庭暴力的发生。

（五）各机构相互配合预防和制止家庭暴力

在处理家庭暴力案件方面，法院、妇联、司法所改变了以往就事论事，单打独斗的工作局面，三机构互相配合，加强沟通协调。在处理家庭暴力案件时，三机构相互配合，除与家庭暴力案件的当事人双方进行沟通外，还广泛邀请当事人的亲友、单位领导和学校老师对家庭暴力进行干预和教育，这些举措对于防范和制止家庭暴

① 参见罗杰著：《防治家庭暴力立法与实践研究》，群众出版社 2013 年版，第 288 页。

② 参见秦志远著：《基于性别的家庭暴力之民法规制——中国法与美国法之比较》，群众出版社 2012 年版，第 244 页。

力起到了很好的作用。部分法院还专门设立了处理家事案件的法庭，如B区法院成立了“保护妇女儿童法庭”，C区法院抽调善于处理婚姻家庭案件的法官成立专门审理离婚案件的法庭，这样可以对家庭暴力案件迅速准确地作出认定，及时为家庭暴力的受害人提供各种救济措施。此外，为了维护妇女儿童合法权益，由长春市委政法委牵头，建立了妇女儿童咨询投诉网络，解决妇女儿童“咨询难”、“告状难”的问题。在B区和E区法院成立了“妇女维权法庭”，经妇联推荐并由人大常委会任命84名妇女干部为人民陪审员。长春市公安局各基层派出所全部建立了“妇女儿童维权投诉中心”，还成立了由女警官、女检察官、女法官、女律师、女法律学者组成的“巾帼司法顾问团”。

四、吉林省防治家庭暴力工作存在的不足和困难

尽管被抽样调查的基层法院、街道司法所和妇联组织针对家庭暴力的防治工作作出了巨大的努力，已经取得了很大成效，但家庭暴力现象，众所周知，作为社会问题并不是那么容易就能根除的，这也可以从调查数据上体现出来：2008～2010年，涉及家庭暴力的案件在家事案件中的比例并没有明显下降，每年大致都保持在同一水平。经过与基层法院的法官、基层司法所以及妇联的工作人员座谈，调查组发现基层法院、街道司法所和妇联组织在处理家庭暴力案件上也存在不足和面临某些难题，主要有以下六个方面：

（一）对家庭暴力的界定认识不一

关于什么是家庭暴力，哪些行为可以认作家庭暴力，由于法律没有明确的规定，各单位和组织的工作人员的认识并不一样。例如，在调查组准备进行调查而联系某些法院的法官时，他们认为自己所在的法院并不存在家庭暴力案件。在这部分法官看来，只有家庭成员之间的行为构成重伤害、遗弃、虐待而触犯刑事法律的才算存在家庭暴力，应由刑事审判庭负责审理此类案件。此类案件在该法院并未出现。这样的认识在某些街道司法所和妇联组织也存在。

还有一部分工作人员认为家庭暴力仅指动手打人，对于用语言辱骂、长期不理睬对方等行为不认为是家庭暴力。我国法律上有“家庭暴力”这一用语，但对于何为家庭暴力，家庭暴力有哪些表现，法律并没有清晰的规定，社会上许多公众包括一部分法院的法官和街道司法所、妇联组织的工作人员一般都是从社会的基本认识上去理解“暴力”，从而得出了只有动手打人或者导致了十分严重的后果才能算作家庭暴力的错误认识。显然，由于法律对家庭暴力没有明确界定，凭社会常识去认识暴力行为，这样的认识过于狭隘，其导致的后果可能是对家庭暴力行为的视而不见，不利于及时有效地为受害者提供救济，不利于及时制止家庭暴力行为及其再次发生。

（二）家庭暴力的认定取证困难

救助机构在认定家庭暴力上存在困难。这种困难主要在以下两个方面影响救助机构对家庭暴力的认定：其一，家庭暴力一般发生在家庭内部，家庭作为一个相对封闭的空间，外人很难知晓，因而在家庭暴力案件中证人极少，而发生在家庭内部的暴力行为，对于保留证据意识薄弱的受害者来说面临一个举证困难的难题，有很多家庭暴力的受害者在向法院起诉的时候无法提供证据，很多受害者仅有的就是自己的陈诉，这使法院很难认定是否存在家庭暴力。其二，救助机构在遇到家庭暴力案件的起诉或者告诉时面临的认定证据困难的问题，这一问题在街道司法所和妇联组织有的也并非是大问题，然而在“以事实为根据、以法律为准绳”为审判原则的法院，它的判决必须有充分的证据支持，因此在家庭暴力的认定上存在巨大的难题，到底应该有多少证据、有什么样的证据才可以证明家庭暴力的存在，这是法官们在审理家庭暴力案件时必须认真考虑的。调查组在走访调查的法院了解到，对于证据各法官要求也不一样，有的法官在受害人陈述后施暴者未予以否认，就认定家庭暴力存在，有的法官还要求有其他证据，如报警记录、医疗诊断书、居委会的证明等。

（三）传统思想的残余影响使救助困难

对于家庭暴力案件的处理几乎都面临着这样的难题。一方面，施暴者在“父权”、“夫权”和“大男子主义”等思想的影响下认为自己是家里的主心骨、顶梁柱，自己打人有理，持有这种思想的施暴者难于接受男女平等的思想，往往屡教屡犯；另一方面，作为家庭暴力的受害者，本来应该尽可能地寻求救济，但实际情况并非如此。很多受害人有“家丑不可外扬”的思想，表现出消极忍受的态度，寄希望于施暴者可以自己悔改而不寻求救助，甚至抵制救助机构的介入。有的女性受害者还认为自己要靠丈夫养活，害怕被抛弃而只好选择忍受。此外，有许多家庭暴力案件都是居委会、司法所或者妇联组织在其他居民的谈论中或者由其他居民告知后得知的，然后就主动联系有家庭暴力行为的家庭，并向受害者提供救助。

（四）司法实践中的部分行为对家庭暴力案件的处理产生消极影响

在调查组获取的家庭暴力数据中，法院系统中家庭暴力案件的比例少于司法所，一方面是由于家庭暴力的当事人倾向于选择不用缴纳诉讼费的居委会和妇联组织，另一方面是由于法院在认定家庭暴力证据方面较为严格，而一般的家庭暴力案件的证据提供普遍存在困难。另外，在司法实践中，由于法官们的审判任务较重，离婚案件中通常的调解程序仅作为一项程序对待，有的法官对于涉及家庭暴力的离婚案件经过一两次调解不成，便急于下判决，很少能像妇联的工作同志那样有耐心继续调解。此外，在离婚诉讼的司法实践中，对于涉及家庭暴力的离婚案件，除了经调解双方同意离婚或者有十分强有力的证据证明可以离婚的外，有部分法官一般会选择判决不准离婚。这样的司法实践惯用做法可能产生的影响是家庭暴力的受害者担心一旦提起离婚诉讼，如果法院判决不准离婚，家庭暴力的施暴者会变本加厉甚至有恃无恐地报复受害者。因此，家庭暴力的受害者宁愿选择其他救济措施或者抱着施暴者可以改正的希望而继续忍受。[1]

（五）经济困难成为引发家庭暴力的重要原因

家庭暴力发生的原因很多，有的是因为有酗酒等不良嗜好，有的是因为自身性格暴躁或传统的夫权思想浓厚等原因。但是就目前来看，大多数家庭暴力发生的最根本的原因在于经济收入低的问题，酗酒、家庭琐事等仅仅是导火索。从调查组获取的数据可以看出，存在家庭暴力的家庭中，很少有高中以上文化水平的，且家庭成员的职业也多是农民、工人和无业者，在年龄分布上也较多集中在36~49岁。可以认为，在当今社会，家庭经济收入往往与文化水平和职业相关，农民、工人和无业者这三类职业的平均收入都是处于较低水平，而人在36~49岁这一年龄段正是人生之中财富事业有所成就的时期，这样几个因素综合起来，这部分人具有相当大的社会压力，不幸成为家庭暴力施暴者的主要群体。有相当多的法官和街道司法所以及妇联的工作同志认为，有家庭暴力行为的家庭主要集中在收入相对较低的家庭而且反复出现。有位专门从事家事案件审判的法官强烈要求将这样的结论反映到调查报告上来，她认为，经济问题是引起家庭暴力离婚纠纷的最常见、最主要的原因，起诉到法院的离婚诉讼当事人一般都是文化程度不高，经济收入很低的家庭，在赡养纠纷和继承纠纷中涉及的家庭暴力案件也具有此类特征，在她审理的家事案件中，很少有当事人收入相对较高的离婚纠纷进入法院。另外，通过与若干名家庭暴力受害者的访谈调查组也得知，家庭经济拮据使施暴者变得更暴躁，施暴频率和强度也更大。对于根源在于经济收入的家庭暴力案件，三机构的工作人员也都表示无能为力，有的家庭暴力受害人还明确表示不愿离婚，救

① 但事实上，2008~2010年受理的涉及家庭暴力的离婚案件中，判决不准予离婚的平均比例占6.36%，判决准予离婚的平均比例占18.00%（见表2-9）。可见，对于涉及家庭暴力的离婚案件，大部分法官依然是依据《婚姻法》的规定，对依法该判决离婚的仍然判决准予离婚。

助机构除了对施暴者批评教育也别无他法。①

（六）部分工作人员处理家庭暴力案件经验不足

在调研过程中，我们发现，处理家庭暴力案件的三机构的部分工作人员都比较年轻，他们大部分都是大学刚毕业的，年龄在28岁以下。三机构中一些年长的工作人员告知我们，由于近几年年龄较大的工作人员陆陆续续退休离岗，有经验的工作人员较少，加之单位需要处理的工作多，大部分新进的大学生和村官大多都参与到家庭暴力纠纷的处理中。但是，因为刚毕业的大学生人生阅历少，很多都没有成家立业，缺乏家庭生活经验和工作经验，无法很好地体会和理解当事人的感受，而且缺乏调解家庭暴力纠纷的技巧和方式、方法，对家庭暴力案件的处理只按照规定生硬地执行，许多家庭暴力当事人都不太愿意让缺乏处理家事案件经验的年轻人处理他们的“家务事”，这样导致家庭暴力纠纷的处理和防治效果不是很理想。

五、推进防治家庭暴力工作的对策建议

针对家庭暴力日益成为社会普遍的现象这一现实情况，结合长春市基层法院、司法所和妇联在防治家庭暴力方面所取得的成就和经验以及面临的难题，调查组建议从以下三个方面采取积极的措施，以更好地推进防治家庭暴力工作。

（一）立法方面的对策建议

在立法方面，我们认为由于我国对于防治家庭暴力的法律确实存在立法较为分散的缺陷，从而在很大程度上影响了对于家庭暴力的防治。另外，我国关于家庭暴力的现有立法中存在对家庭暴力的界定不清晰，对于一般的施暴者的制裁缺乏足够有力的方式，在连接适用刑罚的标准上有很大的空白，且反家庭暴力的执法主体规定

---

① 参见李洪祥：《预防和制止家庭暴力的困境和出路——以长春市家庭暴力防治情况的调查为例》，载《新视野》2012年第4期。

存在一定程度的不足等问题，司法机关在处理家庭暴力案件中适用普通的民事诉讼程序是否合理也有待探讨。我们认为，我国在防治家庭暴力过程中，法律是否健全直接关系到防治家庭暴力的实际效果，针对上述立法方面存在的问题，我国有必要制定一部专门的防治家庭暴力的法律。令人欣慰的是，这种要求得到大多数人的认同，反家庭暴力立法也正处于论证和实践中。我们认为，我国制定的反家庭暴力法至少应具有以下方面的内容。

1. 关于家庭暴力概念的界定

由于我国现有的针对家庭暴力的立法比较分散且原则性条款多，现有法律仅有家庭暴力的用语，没有采用列举加概括的方法对家庭暴力作出清晰的规定。而最高人民法院的司法解释中虽有对于家庭暴力的认定，但存在范围过窄的问题，这导致社会上的许多公众和部分执法司法工作人员对家庭暴力的认识不全面，而法律的具体操作层面全凭相关部门自由把握，这对于家庭暴力的防治极为不利。通过分析其他国家相关立法和相关的国际公约和文件，① 我们认为，家庭暴力的概念应该包含主体范围、客体范围、方式和环境范围，对家庭暴力的立法界定可以作如下表述：

家庭暴力，是指家庭成员之间实施或威胁实施的损害身体、精神、性或者财产的行为。

家庭暴力行为包括但不限于下列行为：

第一，身体暴力。行为人以殴打、捆绑、残暴等行为对施暴对象实施或威胁实施身体的侵害，或限制人身自由的行为。

第二，精神暴力。行为人以侮辱、诽谤等行为侵害施暴对象的名誉、隐私、人格尊严的行为，或对施暴对象以威胁实施造成或可能造成精神上损害的行为。

---

① 例如，《消除对妇女一切形式歧视公约》，《消除对妇女的暴力行为宣言》、《到2000年提高妇女地位内罗毕前瞻性战略》、《到2000年提高妇女地位内罗毕前瞻性战略的〈北京宣言〉和〈行动纲领〉》等。

第三，性暴力。行为人以强制、凌辱、骚扰等行为对施暴对象实施或威胁实施性暴力或性虐待的行为。

第四，财产暴力。行为人以实施或威胁实施破坏或损毁自己的或家庭的或其他近亲属的财产行为，以及任何剥夺、减少或妨碍施暴对象获得经济来源的行为。

本条所指家庭成员是指配偶、父母、子女以及其他近亲属。

本条所指暴力行为实施的场合，不限于家庭的私人生活范围，也包括在公共场合。①

2. 关于对家庭暴力施暴者制裁的规定

现有的法律对家庭暴力虽有禁止性规定，但对于家庭暴力行为制裁存在脱节情形。我国现行《刑法》针对家庭暴力行为设置了故意伤害罪、虐待罪、遗弃罪等罪名，但这些制裁措施都是在出现了严重的后果后才能被适用。然而对于一般的家庭暴力行为，虽然现行《婚姻法》可以对家庭暴力的施暴者进行制裁，如离婚损害赔偿等，但这些制裁在实践中也很少被适用，该法第43条仅规定了有关机构进行劝阻、调解。在法律制裁措施较少、缺乏威慑力的情况下，许多家庭暴力的施暴者屡教屡犯。反对家庭暴力的目的是促进家庭的和谐，处罚绝不是目的，但唯有法律规定有处罚的后果，才能更好地起到防治家庭暴力的作用。建议立法应当结合我国传统家庭观念，规定在什么情形下可以对施暴者作出处罚，如在经过多少次劝解批评后，施暴者还是不加以改正或者受害人认为有必要的。

3. 关于执法主体

现行法律对于处理家庭暴力案件的执法主体规定不够明确，形成居委会、村委会、派出所、妇联组织和司法机关多方共管的局面，执法主体的多元化如果能够协调好，对于家庭暴力的防治工作

① 参见李洪祥：《“家庭暴力”之法律概念解析》，载《吉林大学社会科学学报》2007年第4期。

无疑具有重要作用。但是一旦有关部门推诿则很难及时有效地制止家庭暴力。法律可以考虑规定一个具体领导、组织、协调的机构，如反家庭暴力中心，并有专门的工作人员对家庭暴力行为进行及时有效处理。此外，应对参与解决家庭暴力案件的各部门的工作人员进行专门的定期培训，让他们学习与家庭暴力相关的法律法规，并学会调解家庭暴力案件的技巧和有效处理家庭暴力的方法，提高他们解决家庭暴力案件的能力，使他们在处理家庭暴力案件中能运用法律知识和调解技巧对当事人进行教育和感化，让当事人信服，从而有效地解决家庭暴力纠纷，预防家庭暴力的发生。

4. 关于处理家庭暴力的程序

程序问题，包括审理家庭暴力案件的主体、流程和举证责任问题。目前，在处理家庭暴力案件时通常采用普通的民事案件处理程序，在家庭暴力行为涉及犯罪之时，这类案件又是由刑事审判庭按照刑事诉讼的程序来审理的。也就是说，对于家庭暴力案件并没有专门的法庭以及法官。对此，我们认为，应该设立专门审理家庭暴力案件的法庭，培养专门法官来审理家庭暴力案件，在条件尚且不具备的情形下，至少应该尽量提高审理家庭暴力案件法官应对家庭暴力纠纷的处理能力，尤其要对年轻法官加强培训。同样，法律应该设计区别于普通民事案件审理程序的特别程序，对于有可能涉及家庭暴力的案件优先安排开庭审理，以尽快给予受害人必要的救济。另外，举证责任的分配也时常令家庭暴力受害者求助受阻。因此，有人建议需要成立专门的法庭对家庭暴力案件进行处理，在证据规则上应该采用举证责任倒置。家庭暴力案件实施举证责任倒置固然可以克服家庭暴力受害者举证困难的难题，但是我们认为，家庭暴力案件无实施举证责任倒置的必要。一方面，其不符合民事诉讼法举证责任倒置的规定，另一方面，另一方举证责任倒置同样可能面临相同的问题，其难度并不会因为倒置而降低，因此法官可以基于事实，对举证责任进行分配，这种方式使家庭暴力举证在一定条件下进行分配，保护了妇女权益的实现，也不至于过于苛刻，同时保证法律体系关于举证责任分配的连贯性。① 目前，急需的是法律对家庭暴力案件的证据形式和证明程度进行较为恰当的规定，以便司法工作者适用到具体案件中去。

针对我国防治家庭暴力的紧迫性并借鉴外国的立法实践，我国迫切需要制定一部包含对家庭暴力有明确界定、对于家庭暴力的执法主体及其协调工作有明确规定、具有有效的制裁条款，同时具备处理家庭暴力案件特有的程序和证据规则的专门的防治家庭暴力法，以便更好地维护家庭暴力受害者的利益，更好地指导相关部门进行防治家庭暴力的工作。综观近几年来，与公民切身利益相关的立法反响甚为强烈，公众的参与程度都有前所未有的提高，制定一部专门的防治家庭暴力法也可以使社会公众更全面地认识家庭暴力，更广泛地参与到防治家庭暴力的行动中，也能收到良好的防治家庭暴力的社会效果。

（二）执法和司法方面的对策建议

目前，我国现行《婚姻法》第 43 条至第 45 条对于防治家庭暴力的机构作出了规定，有居民委员会、村民委员会、公安机关和法院等，另外，受害人单位在接到受害人的告诉后也应该进行劝阻和调解。这种执法主体的多元化有时使得防治家庭暴力的效果因为三机构的推诿大打折扣。结合在防治家庭暴力中的经验，我们认为，在家庭暴力的执法和司法方面，参与处理家庭暴力案件的相关部门应该改变工作惯性和工作模式。一方面，参与处理家庭暴力案件的相关部门应改变不利于解决家庭暴力案件的工作惯性，采取有效的措施及时制止家庭暴力。例如，法院在审理离婚案件时，有些法官对于第一次起诉离婚的，要改变以往习惯于判决不准离婚的做法，在有相关证据表明存在家庭暴力且符合法律规定的情形下应给

---

① 参见李洪祥：《中国反家庭暴力立法可操作性探讨》，载薛宁兰主编：《国际视野本土实践——亚洲地区性别与法律研讨会论文集》，中国社会科学出版社 2008 年版，第 223 ~ 231 页。

予受害者及时的救济。建议设立分居制度，法官在审理有关家庭暴力案件时，可依法作出分居的判决等。另一方面，加强法院、街道司法所、妇联、村（居）委会和派出所等参与处理家庭暴力纠纷单位部门之间的联动沟通机制，从各单位各部门单独处理家庭暴力案件的工作模式转变为各部门各单位互相沟通协调，共同参与到解决家庭暴力纠纷中来，必要时还可以联合当事人所在单位、未成年学生所在学校共同干预家庭暴力纠纷，力求更好地、更有效地解决家庭暴力案件。

（三）社会和个人方面的对策建议

1. 建立和完善家庭暴力受害者救助机制

针对有些受害者担心一旦向有关部门求助，救助不成功或者不及时而导致施暴者变本加厉而只好选择忍受的现实情况，社会应当建立和完善对家庭暴力受害者的切实救助机制，为受害者提供一定的生活保障，解决受害者害怕遭遗弃的后顾之忧，为受害者提供法律服务，使其能够更有效地维护自己的合法权益。另外，建议在吉林全省乃至全国推广“长春市家庭暴力验伤中心”的工作经验，为受害者解决举证难的问题。

2. 加强公众的法制教育和思想道德教育

建议加强对公众的法制宣传，提高公众的法律意识，使其认识到家庭暴力的违法性和危害性，同时加强对男女平等的宣传，而且重点针对男性，使其接受男女平等的观念。另外，应通过各种方式大力宣传高尚的思想情操，根除封建落后的“父权”、“夫权”思想，鼓励家庭成员之间加强沟通和理解，倡导家庭成员互相尊重，建立和平、理性的沟通机制。从法制和思想道德两个方面进行宣传和教育，从而提高社会公众的法制观念、法制意识和思想道德水平。

3. 建立和完善社会保障机制

针对大部分家庭暴力发生的最主要的根源为家庭收入水平低，社会生存压力大的情形，国家和社会应通过各种方式提高社会中低收入人员的收入水平，抑制物价过快上涨，建立和完善社会保障制度，缩小贫富差距，把改善民生工作作为一项重点工作来抓，这也是国家和社会在防治家庭暴力工作中义不容辞的职责。

第三章　湖南省防治家庭暴力情况实证调查研究*

一、湖南省防治家庭暴力情况实证调查概述①

关于湖南省防治家庭暴力情况实证调查概述，以下我们从调查背景、调查对象、调查方法三个方面予以简介。

（一）调查背景

自20世纪70年代以来，家庭暴力问题日益受到国际社会的关注。1995年，在北京召开的“第四次世界妇女大会”将家庭暴力列为需要认真解决的全球性重点问题之一。② 在我国，自1995年“第四次世界妇女大会”后，反对针对妇女的家庭暴力引起了社会各界的关注，学术界、新闻媒体、政府机构和非政府组织从不同角度对针对妇女的家庭暴力问题进行研究、宣传和干预。③ 我国政府

---

* 本章作者简介：陈苇，西南政法大学外国家庭法及妇女理论研究中心主任，民商法学院教授、博士生导师，中国法学会婚姻家庭法学研究会副会长；欧阳艳文，湖南警察学院副教授；李欣，西南政法大学民商法博士，安徽工业大学文法学院讲师；杜志红，西南政法大学民商法博士研究生；黎乃忠，西南政法大学民商法博士研究生。

① 本章以湖南省被抽样地区的法院、妇联、司法所之防治家庭暴力工作情况为研究对象。

② 《1995年9月15日第四次世界妇女大会闭幕》，载历史上的今天网，http://www.todayonhistory.com/9/15/d4851.htm,访问日期：2012年10月17日。

③ 刘梦：《针对妇女的家庭暴力的研究》，载谭琳主编：《1995~2005年：中国性别平等与妇女发展报告》，社会科学文献出版社2006年版，第288页。

为在法律层面对家庭暴力予以明确规制，在2001年修正后的《婚姻法》第3条新增规定了“禁止家庭暴力”以及相应的救助措施和法律责任。此后，2001年12月27日起施行的《最高人民法院关于适用〈中华人民共和国婚姻法〉若干问题的解释（一）》[以下简称《婚姻法解释（一）》]，2011年8月13日起施行的《最高人民法院关于适用〈中华人民共和国婚姻法〉若干问题的解释（三）》[以下简称《婚姻法解释（三）》]先后对家庭暴力的定义，家庭暴力导致离婚之损害赔偿的适用，请求离婚损害赔偿的主体条件等作出规定。但正如我国学者指出的，目前我国现行保护家庭成员人身权利、制止家庭暴力的相关规定，不仅立法形式分散，而且立法内容比较原则，可操作性不强，[①] 尚未形成防治家庭暴力的有效社会干预机制。为加大国家公权力防治家庭暴力的力度，2011年9月我国《家庭暴力防治法》的制定已被立法机关提上日程。[②] 我们调研湖南省防治家庭暴力的实践情况，以期为我国《家庭暴力防治法》的制定提供第一手国情资料的参考。2011年7月，我们组织调查湖南省被抽样调查地区的家庭暴力的现状及法院、妇联、司法所防治家庭暴力工作的情况，分析家庭暴力产生的原因、类型、特点及危害后果。在统计分析的基础上，考察总结湖南省防治家庭暴力取得的成效和经验、存在的困难和问题，为湖南省乃至国家立法机关制定与修改相关立法，完善防治家庭暴力的机制及社会救助措施，提出具体对策建议。

（二）调查对象

1. 被调查地区的选取

本次抽样调查地点，选取湖南省长沙市所辖A区、B区以及C

① 参见陈苇：《论预防和制止我国家庭暴力的法律对策》，载陈苇著：《中国婚姻家庭法立法研究》，群众出版社2000年版，第480页。

② 《反家暴立法立项论证工作将开始》，载中国民商法律网，http://www.civillaw.com.cn/article/default.asp?id=53952，访问日期：2012年11月27日。

市、D 市（以下简称湖南省四地区）。选取这两区两市作为被抽样调查地点的依据为：湖南省总人口 6465 万人，是一个中等发达的内陆省份，文化、经济、风俗民情，城乡有别、工农有别。从行政区划面积、经济发达程度等因素考虑，选取长沙市的 A 区、B 区以及 C 市、D 市作为调查样本。长沙市作为湖南省省会城市，其总面积、总人口均居湖南省首位，人均年收入 2.6 万余元，因此在长沙市选择 A 区与 B 区这两个代表该省经济较发达地区进行调查，而 C 市与 D 市面积次于长沙市，地理位置分别位于湖南省北部与中部，比较长沙市来说，它们的经济发达程度次之，人均年收入分别为 1 万余元、0.9 万余元。因此，选取这两个市分别代表经济中等发达及经济欠发达地区进行调查。

2. 被调查机构的选取

本次抽样调查被调查机构，选取四地区的法院、妇联和基层司法所（以下简称三机构）。因为在现实生活中，涉及家庭暴力的纠纷和案件的当事人，主要是向这三个机构投诉或提起诉讼，请求处理之故。

（三）调查方法

1. 实证数据统计法

本次调查通过对四地区的法院、妇联、司法所于 2008 ~ 2010 年所受理的涉及家庭暴力案件卷宗和涉家庭暴力纠纷投诉记录进行统计。调研的项目主要包括：三机构各自受理家庭暴力案件和纠纷的数量情况；家庭暴力施暴者和受害者的性别、年龄、文化程度、职业；家庭暴力发生的原因；涉及家庭暴力案件法院的审理结果、当事人是否撤诉及撤诉原因以及申请人身安全保护裁定情况等。

2. 个人问卷调查法

个人调查问卷分为三种：第一种针对法官的问卷；第二种针对妇联工作人员的问卷；第三种针对司法所人民调解员及社区村（居）委会工作人员的问卷。在四地区共回收 18 份个人调查问卷，回收率为100%。

3. 文献资料查询法

本次调查通过互联网在湖南省相关政府官方网站、CNKI数据库等处查询相关立法文献、新闻信息、个案案例、年鉴统计数据、专业学术论文等。

4. 入户访谈法

对于家庭暴力受害人，我们采取“入户访谈”的方法，通过受害人口述的案件事实，对家庭暴力之具体情形进行分析评估。我们共计访谈了四位家庭暴力受害人，详细了解案情始末。

二、湖南省四地区防治家庭暴力实证调查情况的统计分析

本次调查，我们从四地区的法院、妇联、司法所共搜集到2008~2010年涉及家庭暴力的案件和纠纷总计952件，其中法院受理481件，妇联受理406件，司法所受理65件。此外，对这三个部门工作人员的个人问卷访谈记录总计18份，家庭暴力受害者个人访谈记录4份。

关于2008~2010年湖南省被抽样调查地区防治家庭暴力工作情况，我们分别从湖南省四地区三机构受理涉及家庭暴力案件和纠纷情况统计、湖南省四地区三机构受理涉及家庭暴力案件和纠纷情况分析，这两个方面进行阐述。

（一）湖南省四地区三机构受理涉及家庭暴力案件和纠纷情况统计

有关2008~2010年被调查四地区家庭暴力情况的现状，我们从以下几个方面进行统计。第一，四地区三机构受理涉及家庭暴力的案件和纠纷数量；第二，家庭暴力当事人的基本信息；第三，家庭暴力行为的类型；第四，家庭暴力的发生原因；第五，涉及家庭暴力案件的法院审理结果。

1. 涉及家庭暴力的案件和纠纷数量

（1）四地区法院受理的涉及家庭暴力的案件数量

从涉及家庭暴力案件的数量看，2008～2010 年四地区法院共计受理婚姻家庭继承案件（以下简称家事案件）总数为 2395 件，其中涉及家庭暴力案件总计为 481 件，三年的平均比例为 20.08%（见图 3－1－1）。其中 D 市法院受理的涉及家庭暴力案件所占比例略高，占 22.66%；B 区和 A 区居中，分别占 20.99%、18.64%；C 市略低，占 17.39%（见表 3－1－1）。A 区法院和 D 市法院受理的涉及家庭暴力的家事案件的比例呈轻微上升趋势（见图 3－1－2b、图 3－1－5b）；B 区法院和 C 市法院涉及家庭暴力的家事案件的比例呈 V 型波动（见图 3－1－3b、图 3－1－4b）。

表 3－1－1　2008～2010 年四地区法院受理的涉家庭暴力案件数量

项目 / 地区	家事案件总量（件）	涉家庭暴力案件（件）	涉家庭暴力案件所占百分比
A 区	987	184	18.64%
B 区	886	186	20.99%
C 市	138	24	17.39%
D 市	384	87	22.66%
合计	2395	481	20.08%

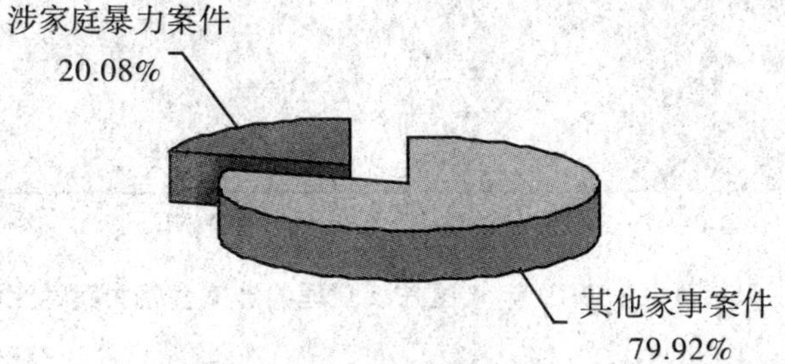

图 3－1－1　2008～2010 年四地区法院受理的涉家庭暴力案件比例

表 3-1-2　2008~2010 年 A 区受理的涉家庭暴力案件数量

项目 / 年份	家事案件总量（件）	涉家庭暴力案件（件）	涉家庭暴力案件所占百分比
2008 年	269	40	14.87%
2009 年	320	64	20.00%
2010 年	398	80	20.10%
2008~2010 年	987	184	18.64%

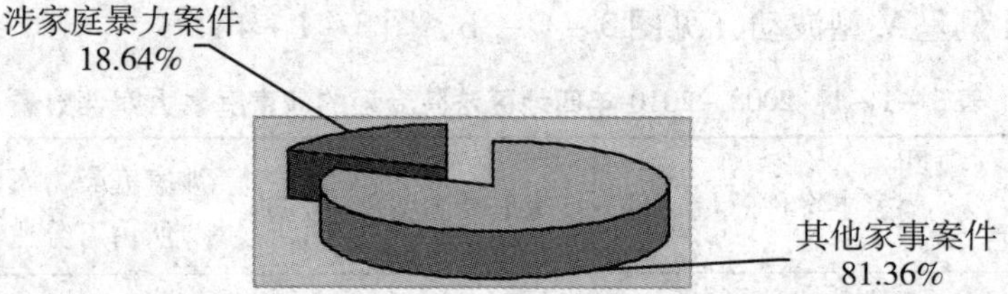

图 3-1-2a　2008~2010 年 A 区法院受理的涉家庭暴力案件比例

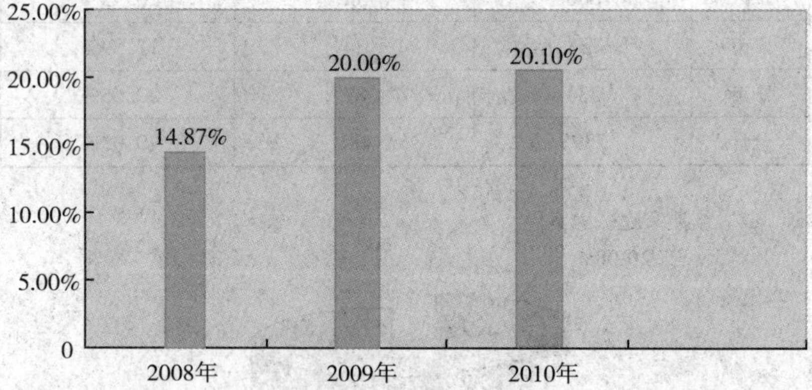

图 3-1-2b　2008~2010 年 A 区法院受理的涉家庭暴力案件比例趋势图

表 3-1-3　2008～2010 年 B 区法院受理的涉家庭暴力案件数量

项目 年份	家事案件总量（件）	涉家庭暴力案件（件）	涉家庭暴力案件所占百分比
2008 年	283	62	21.91%
2009 年	295	56	18.98%
2010 年	308	68	22.08%
2008～2010 年	886	186	20.99%

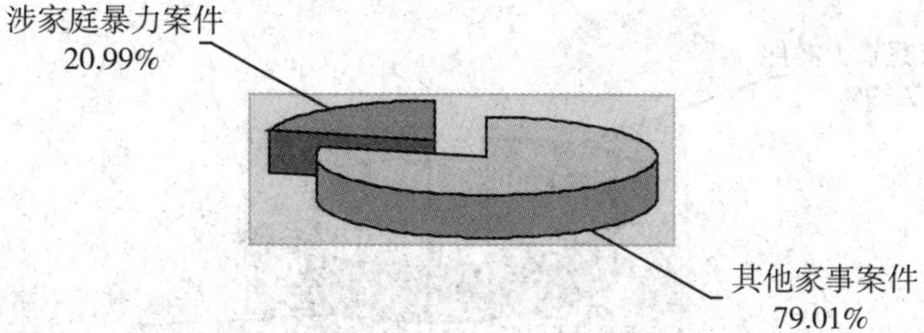

图 3-1-3a　2008～2010 年 B 区法院受理的涉家庭暴力案件比例

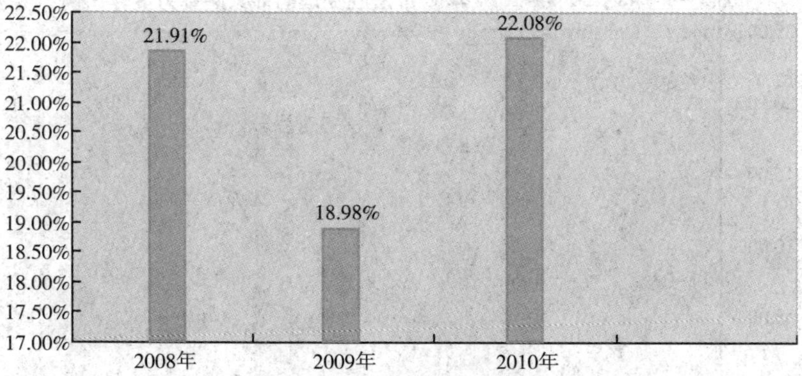

图 3-1-3b　2008～2010 年 B 区法院受理的涉家庭暴力案件比例趋势图

表 3－1－4　2008～2010 年 C 市法院受理的涉家庭暴力案件数量

项目／年份	家事案件总量（件）	涉家庭暴力案件（件）	涉家庭暴力案件所占百分比
2008 年	48	8	16. 67%
2009 年	38	6	15. 79%
2010 年	52	10	19. 23%
2008～2010 年	138	24	17. 39%

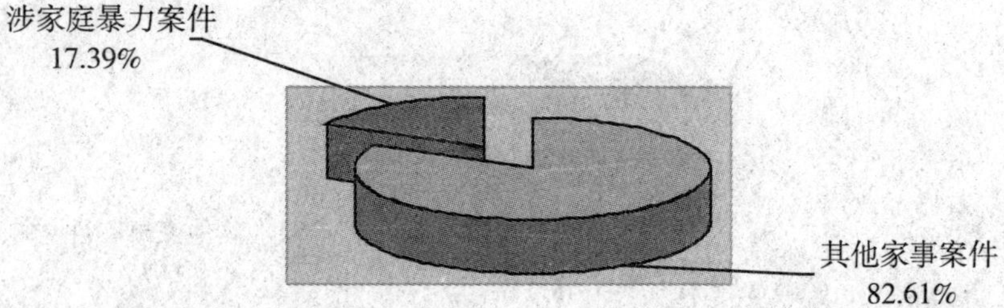

图 3－1－4a　2008～2010 年 C 市法院受理的涉家庭暴力案件比例

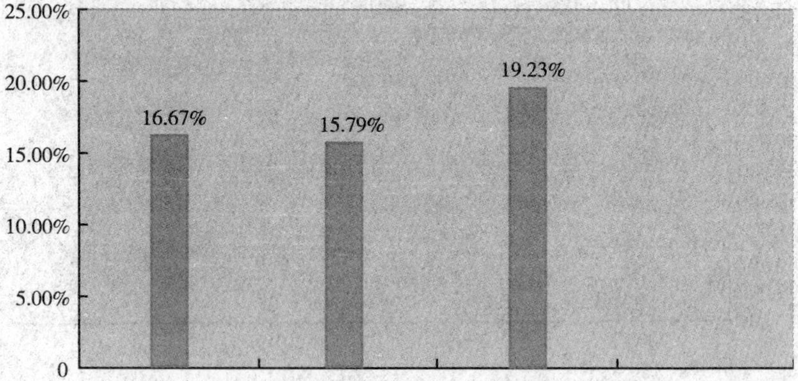

图 3－1－4b　2008～2010 年 C 市法院受理的涉家庭暴力案件比例趋势图

表 3－1－5 2008～2010 年 D 市法院受理的涉家庭暴力案件数量

项目 年份	家事案件总量（件）	涉家庭暴力案件（件）	涉家庭暴力案件所占百分比
2008 年	119	25	21.01%
2009 年	123	28	22.76%
2010 年	142	34	23.94%
2008～2010 年	384	87	22.66%

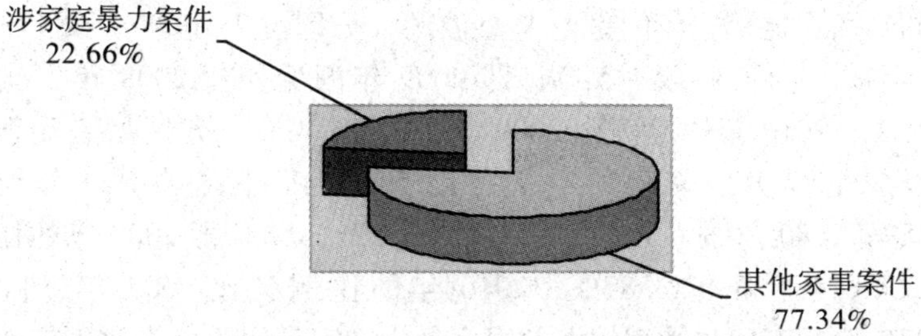

图 3－1－5a 2008～2010 年 D 市法院受理的涉家庭暴力案件比例

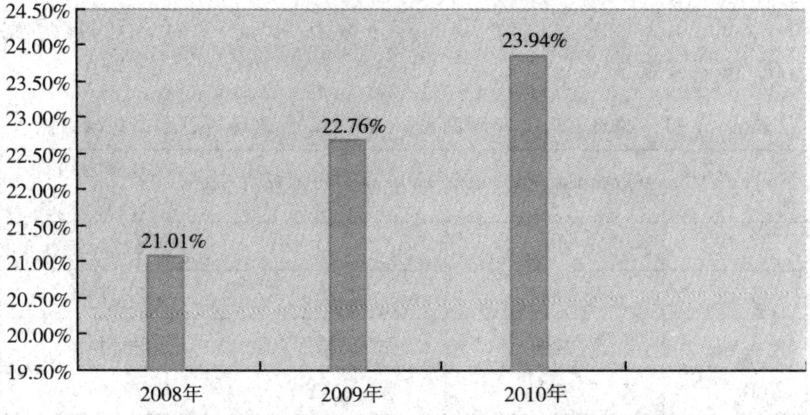

图 3－1－5b 2008～2010 年 D 市法院受理的涉家庭暴力案件比例趋势图

（2）四地区妇联受理的涉及家庭暴力纠纷数量

从涉及家庭暴力纠纷数量看，2008～2010年四地区妇联受理投诉的家事纠纷为602件，其中涉及家庭暴力的纠纷总计为406件，三年的平均比例占67.44%（见表3－2－1、图3－2－1）。其中，以B区最高，约占八成（占78.79%）；D市和A区居中，占六至七成以上（分别占73.64%、61.22%）；而C市较低，占四成以上（占44.35%），并且最高和最低相差34.44%。从涉及家庭暴力纠纷数量的发展趋势看，其中A区妇联受理的涉及家庭暴力的家事纠纷所占比例各年差别不大（分别占61.11%、61.90%、60.00%，见图3－2－2b）；而D市妇联受理的涉及家庭暴力的家事纠纷所占比例三年间呈倒V型波动（分别占75.00%、82.86%、66.44%，见图3－2－5b），即2009年的比例比2008年上升了7.86%，2010年的比例比2009年下降16.42%；B区妇联受理的涉及家庭暴力的家事纠纷所占比例三年呈下降趋势（分别占83.87%、80.00%、72.73%，见图3－2－3b），即2009年的比例比2008年下降了3.87%，2010年的比例又比2009年下降了7.27%；C市妇联受理的涉及家庭暴力的家事纠纷所占比例三年间呈V型波动（分别占47.22%、40.74%、47.06%，见图3－2－4b），即2009年的比例比2008年下降6.48%，2010年的比例比2009年上升6.32%。

表3－2－1　2008～2010年湖南省四地区妇联受理的家庭暴力纠纷数量

项目 地区	家事纠纷总量（件）	家庭暴力纠纷（件）	家庭暴力纠纷所占百分比
A区	49	30	61.22%
B区	99	78	78.79%
C市	124	55	44.35%
D市	330	243	73.64%
合计	602	406	67.44%

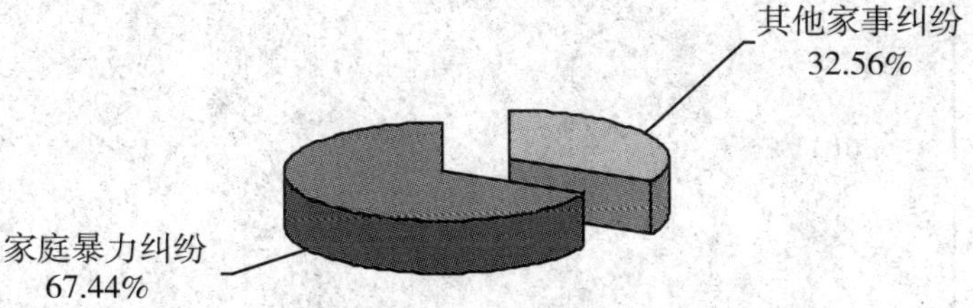

图 3-2-1 2008~2010 年湖南省四地区妇联受理的家庭暴力纠纷比例

表 3-2-2 2008~2010 年 A 区妇联受理的家庭暴力纠纷数量

项目 年份	家事纠纷总量（件）	家庭暴力纠纷（件）	家庭暴力纠纷所占百分比
2008 年	18	11	61.11%
2009 年	21	13	61.90%
2010 年	10	6	60.00%
2008~2010 年	49	30	61.22%

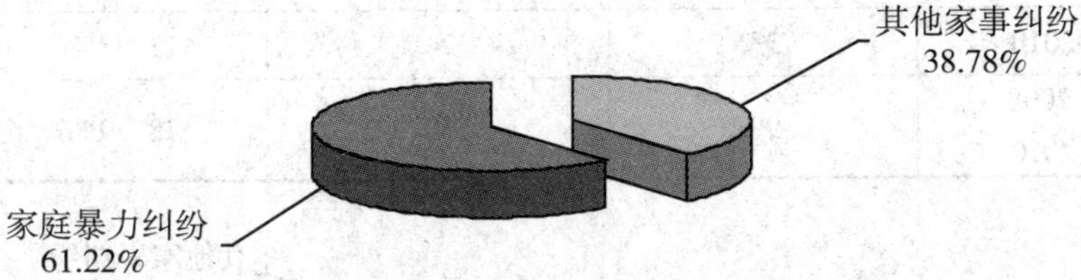

图 3-2-2a 2008~2010 年 A 区妇联受理的家庭暴力纠纷比例

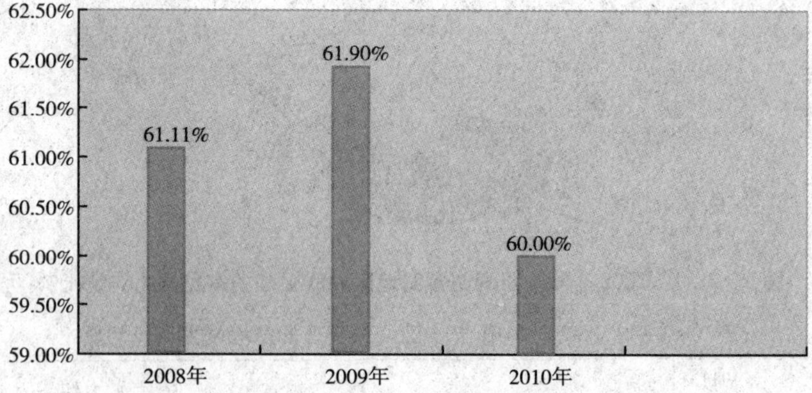

图 3－2－2b　2008～2010 年 A 区妇联受理的家庭暴力纠纷比例趋势图

表 3－2－3　2008～2010 年 B 区妇联受理的家庭暴力纠纷数量

项目／年份	家事纠纷总量（件）	家庭暴力纠纷（件）	家庭暴力纠纷所占百分比
2008 年	31	26	83.87%
2009 年	35	28	80.00%
2010 年	33	24	72.73%
2008～2010 年	99	78	78.79%

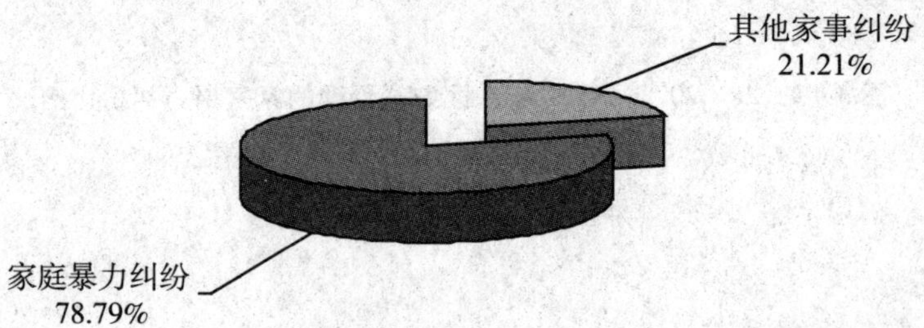

图 3－2－3a　2008～2010 年 B 区妇联受理的家庭暴力纠纷比例

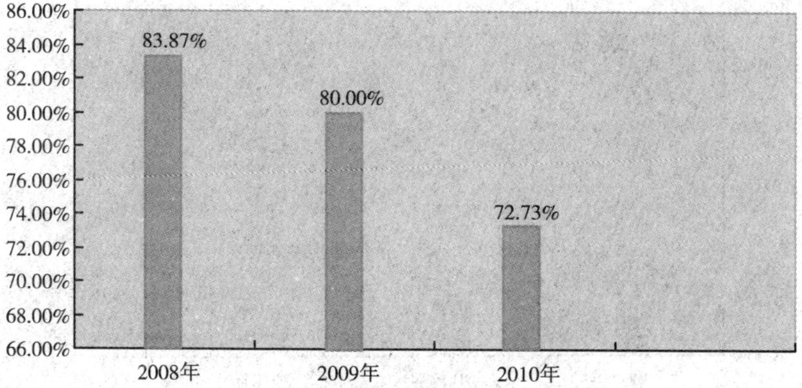

图 3-2-3b 2008~2010 年 B 区妇联受理的家庭暴力纠纷比例趋势图

表 3-2-4 2008~2010 年 C 市妇联受理的家庭暴力纠纷数量

项目 年份	家事纠纷总量（件）	家庭暴力纠纷（件）	家庭暴力纠纷所占百分比
2008 年	36	17	47.22%
2009 年	54	22	40.74%
2010 年	34	16	47.06%
2008~2010 年	124	55	44.35%

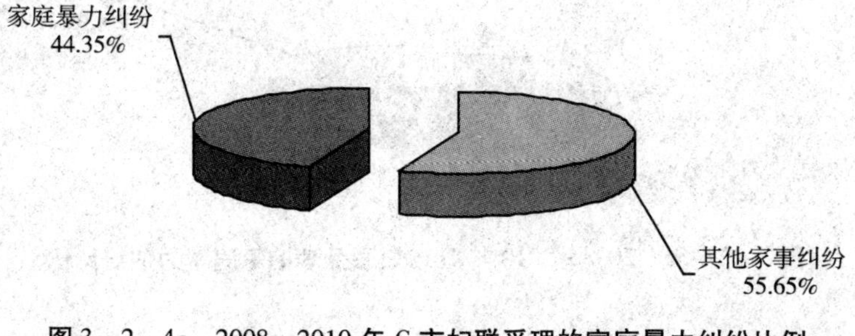

图 3-2-4a 2008~2010 年 C 市妇联受理的家庭暴力纠纷比例

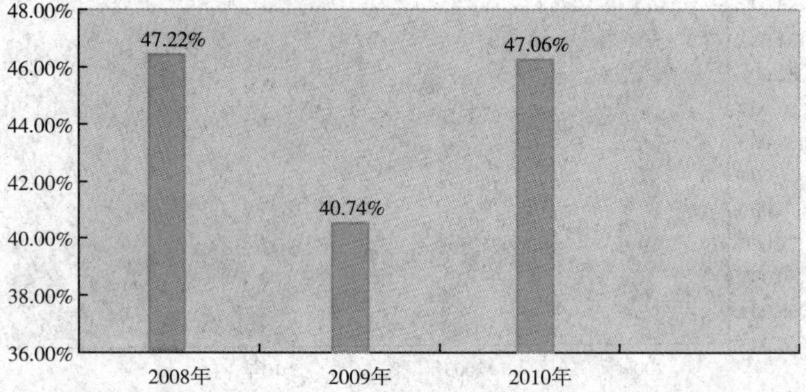

图 3－2－4b　2008～2010 年 C 市妇联受理的家庭暴力纠纷比例趋势图

表 3－2－5　2008～2010 年 D 市妇联受理的家庭暴力纠纷数量

项目 年份	统计纠纷总量（件）	家庭暴力纠纷（件）	家庭暴力纠纷所占百分比
2008 年	76	57	75.00%
2009 年	105	87	82.86%
2010 年	149	99	66.44%
2008～2010 年	330	243	73.64%

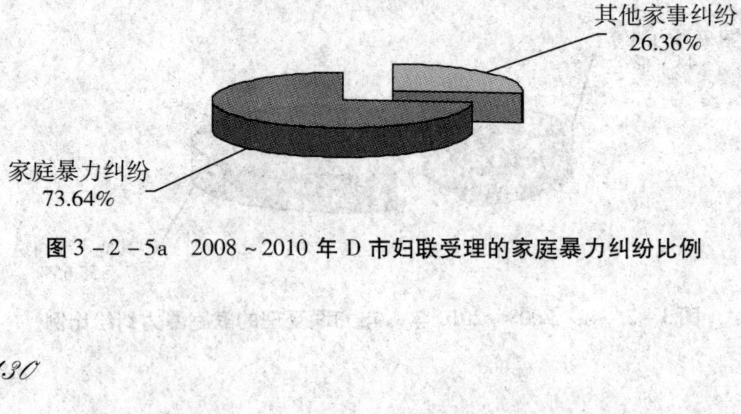

图 3－2－5a　2008～2010 年 D 市妇联受理的家庭暴力纠纷比例

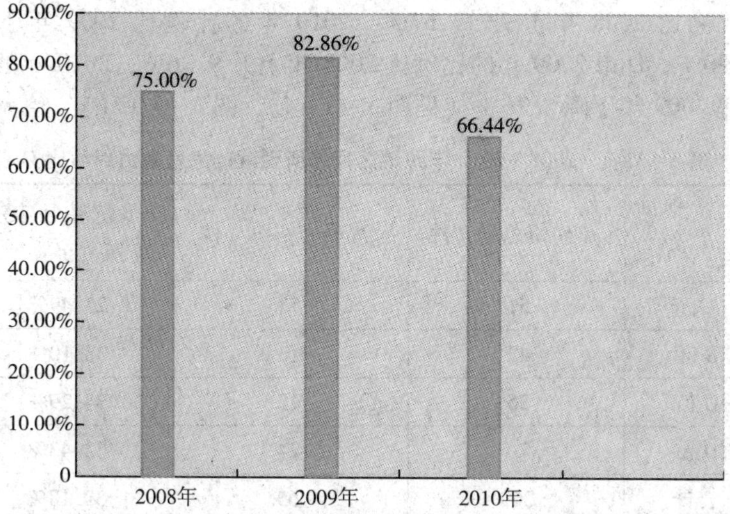

图3－2－5b 2008～2010年D市妇联受理的家庭暴力纠纷比例趋势图

（3）2008～2010年四地区司法所受理的涉及家庭暴力纠纷数量

从涉及家庭暴力纠纷数量看，2008～2010年四地区司法所受理的家事纠纷总量为202件，其中涉及家庭暴力的纠纷总计为65件，三年的平均比例为32.18%（见表3－3－1、图3－3－1）。其中B区最高，约占四成（占38.10%）；D市和C市居中，占三成以上（各占32.43%、34.29%）；而A区较低，只占二成半（为25.49%）；并且最高和最低相差12.61%。从涉及家庭暴力纠纷数量的发展趋势看，A区司法所受理的涉及家庭暴力的家事纠纷所占比例三年间呈V型波动，即2009年的比例比2008年下降9.02%，2010年的比例比2009年上升13.93%（见图3－3－2b）；B区司法所受理的涉及家庭暴力的家事纠纷所占比例三年呈上升趋势（见图3－3－3b），即2009年的比例比2008年上升5.56%，2010年的比例比2009年上升2.78%；C市和D市司法所受理的涉及家庭暴力的家事纠纷所占比例三年间呈倒V型波动，即C市2009年的比例比 2008 年上升 11.67%，2010 年的比例比 2009 年下降 10.90%；D 市 2009 年的比例比 2008 年上升 9.36%，2010 年的比例比 2009 年下降 8.76%（见图 3-3-4b、图 3-3-5b）。

表 3-3-1　2008~2010 年四地区司法所受理的家庭暴力纠纷比例

项目 地区	家事纠纷总量（件）	家庭暴力纠纷（件）	家庭暴力纠纷所占百分比
A 区	51	13	25.49%
B 区	42	16	38.10%
C 市	35	12	34.29%
D 市	74	24	32.43%
合计	202	65	32.18%

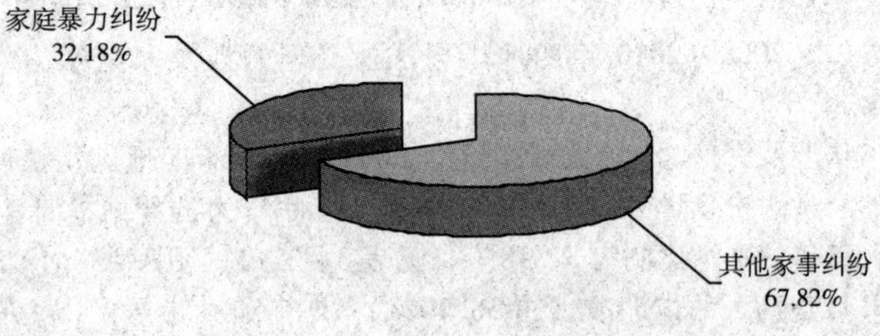

图 3-3-1　2008~2010 年四地区司法所受理的家庭暴力纠纷比例

表 3-3-2　2008～2010 年 A 区司法所受理的家庭暴力纠纷数量

项目 年份	家事纠纷总量（件）	家庭暴力纠纷（件）	家庭暴力纠纷所占百分比
2008 年	15	4	26.67%
2009 年	17	3	17.65%
2010 年	19	6	31.58%
2008～2010 年	51	13	25.49%

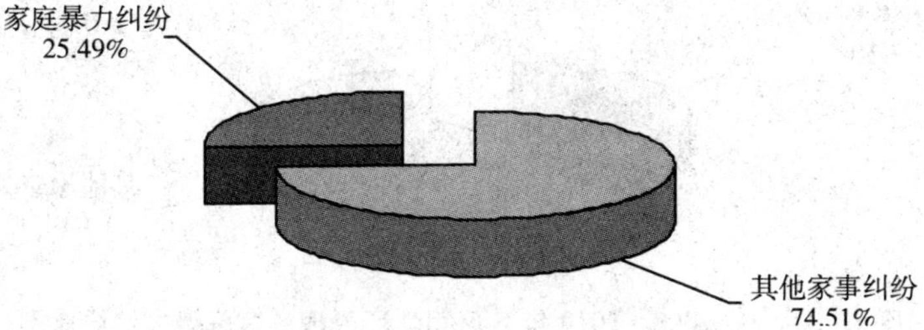

图 3-3-2a　2008～2010 年 A 区司法所受理的家庭暴力纠纷比例

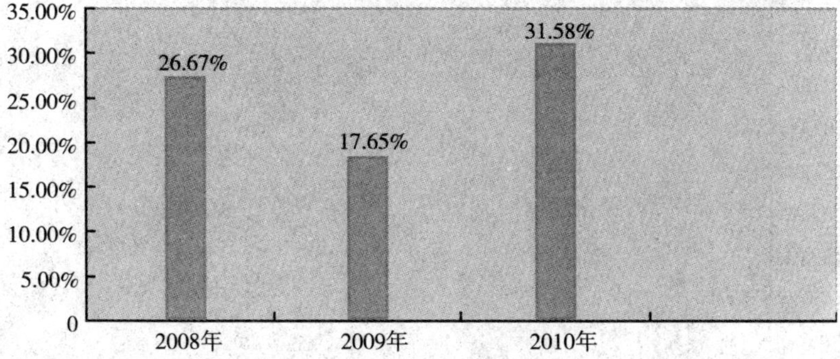

图 3-3-2b　2008～2010 年 A 区司法所受理的家庭暴力纠纷比例趋势图

表 3－3－3　2008～2010 年 B 区司法所受理的家庭暴力纠纷数量

项目 / 年份	家事纠纷总量（件）	家庭暴力案件（件）	家庭暴力案件所占百分比
2008 年	12	4	33. 33%
2009 年	18	7	38. 89%
2010 年	12	5	41. 67%
2008～2010 年	42	16	38. 10%

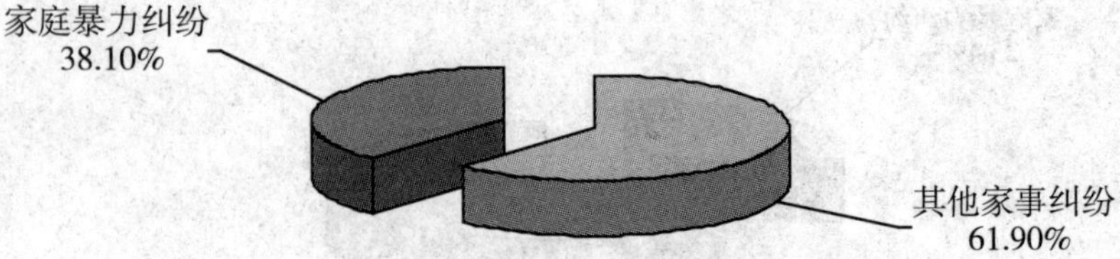

图 3－3－3a　2008～2010 年 B 区司法所受理的家庭暴力纠纷比例

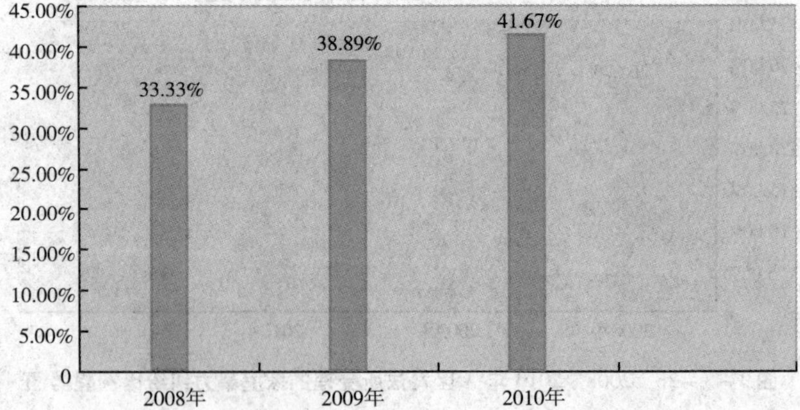

图 3－3－3b　2008～2010 年 B 区司法所受理的家庭暴力纠纷比例趋势图

表 3－3－4　2008～2010 年 C 市司法所受理的家庭暴力纠纷数量

项目 / 年份	家事纠纷总量（件）	家庭暴力纠纷（件）	家庭暴力纠纷所占百分比
2008 年	10	3	30.00%
2009 年	12	5	41.67%
2010 年	13	4	30.77%
2008～2010 年	35	12	34.29%

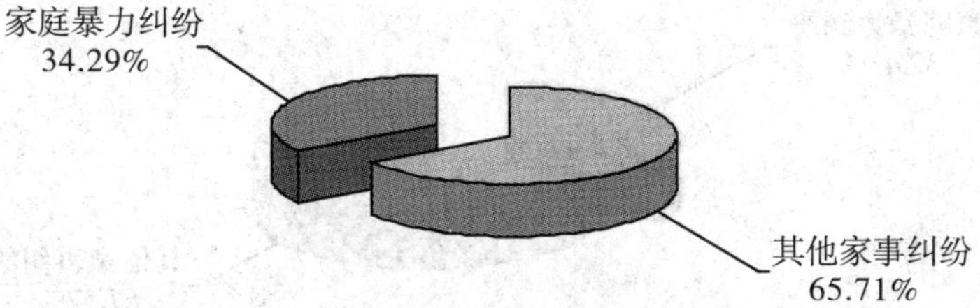

图 3－3－4a　2008～2010 年 C 市司法所受理的家庭暴力纠纷比例

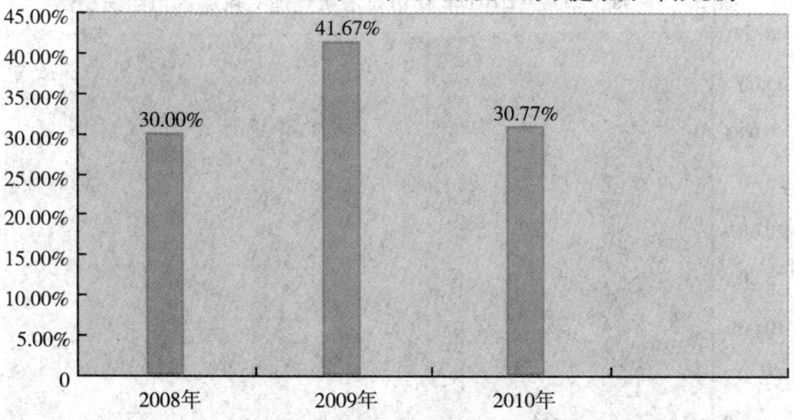

图 3－3－4b　2008～2010 年 C 市司法所受理的家庭暴力纠纷比例趋势图

表 3－3－5　2008～2010 年 D 市司法所受理的家庭暴力纠纷数量

项目 / 年份	家事纠纷总量（件）	家庭暴力纠纷（件）	家庭暴力纠纷所占百分比
2008 年	21	6	28.57%
2009 年	29	11	37.93%
2010 年	24	7	29.17%
2008～2010 年	74	24	32.43%

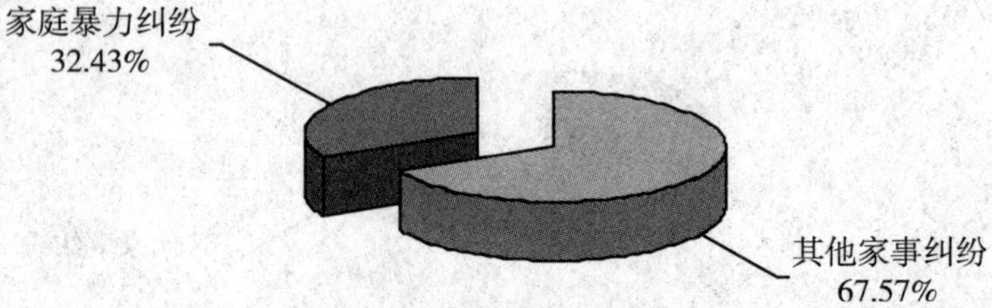

图 3－3－5a　2008～2010 年 D 市司法所受理的家庭暴力纠纷比例

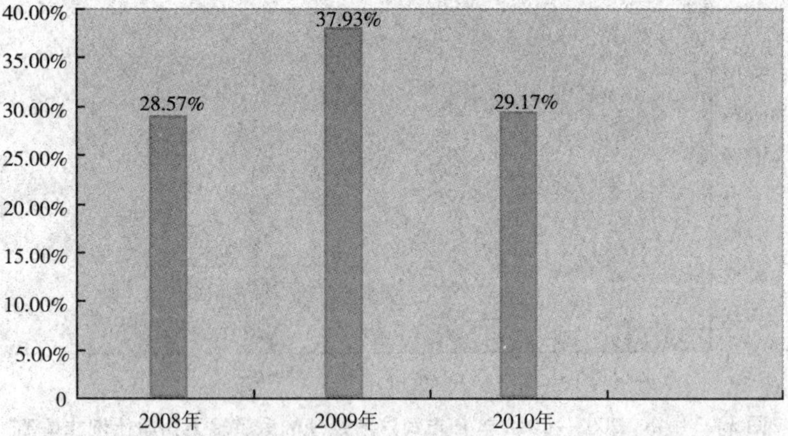

图 3－3－5b　2008～2010 年 D 市司法所受理的家庭暴力纠纷比例趋势图

从我们对前述四地区的法院、妇联及司法所的数据统计得知，2008～2010 年，四地区三机构中所受理的涉及家庭暴力的案件和纠纷所占平均比例看，妇联的最高，占 67.44%（见图 3－2－1），司法所的居中，占 32.18%（见图 3－3－1），而法院的只占 20.08%（见图 3－1－1）。综合四地区表 3－1－1、表 3－2－1、表 3－3－1 的数据可见，2008～2010 年湖南省四地区三机构受理的家庭暴力案件和纠纷所占比例合计平均为 29.76%，即在 30% 上下波动（见表 3－4、图 3－4a、图 3－4b）。

表 3－4　2008～2010 年湖南省四地区三机构受理的涉家庭暴力案件和纠纷数量

项目 / 年份	家事案件和纠纷总量（件）	涉家庭暴力案件和纠纷（件）	涉家庭暴力案件和纠纷所占百分比
2008 年	938	263	28.04%
2009 年	1067	330	30.93%
2010 年	1194	359	30.07%
2008～2010 年	3199	952	29.76%

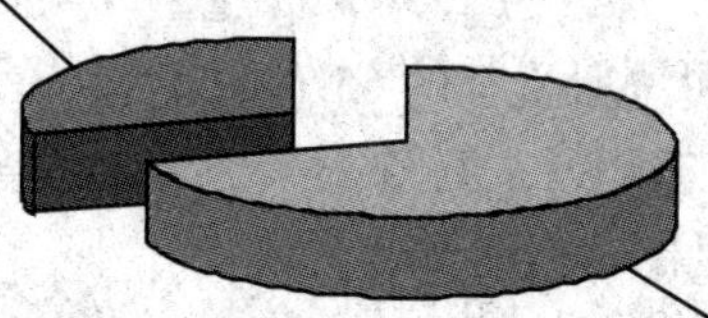

图 3－4a　2008～2010 年湖南省四地区三机构受理的涉家庭暴力案件和纠纷比例

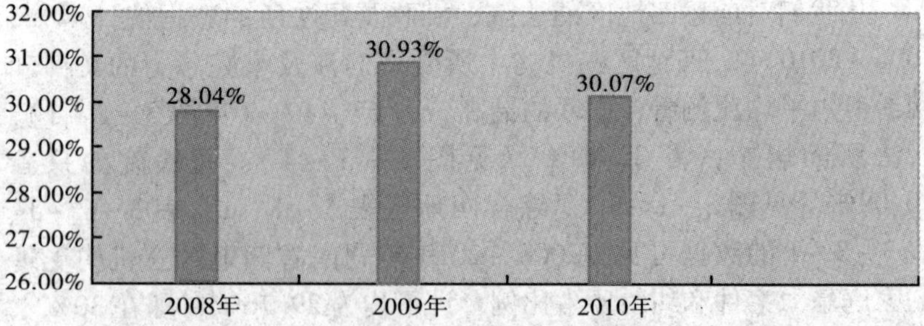

图3－4b　2008～2010年湖南省四地区三机构受理的涉家庭暴力案件和纠纷数量比例趋势图

2. 家庭暴力当事人的基本情况

（1）家庭暴力当事人的性别

在本次调查中，2008～2010年法院受理的481件涉家庭暴力案件中，施暴者为男性的有471件，占97.92%，施暴者为女性的只有10件，占2.08%（见图3－5－1a）；受害者为女性的有471件，占97.92%，受害者为男性的只有10件，占2.08%（见图3－5－1b）。

2008～2010年妇联受理的406件家庭暴力纠纷中，施暴者为男性的有394件，占97.04%，施暴者为女性的有12件，占2.96%（见图3－5－2a）；受害者为女性的有394件，占97.04%，受害者为男性的有12件，占2.96%（见图3－5－2b）。

2008～2010年司法所受理的65件家庭暴力纠纷中，施暴者为男性的有65件，占100%（见图3－5－3a）；受害者为女性的有65件，占100%（见图3－5－3b）。

以上三机构数据合计，2008～2010年三机构受理的共计952件家庭暴力案件和纠纷中，施暴者为男性的有930件，占97.69%，施暴者为女性的只有22件，占2.31%（见图3－5－4a）。受害者为女性的有930件，占97.69%，受害者为男性的只有22件，占2.31%（见图3－5－4b）。

表 3－5－1　2008～2010 年四地区法院受理的涉家庭暴力案件当事人性别

项目＼性别	男	女
施暴者	471	10
所占百分比	97.92%	2.08%
受害者	10	471
所占百分比	2.08%	97.92%

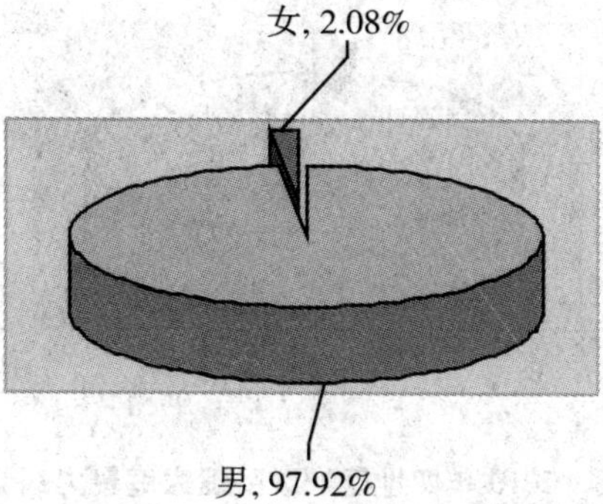

图 3－5－1a　2008～2010 年四地区法院受理的涉家庭暴力案件施暴者性别比例

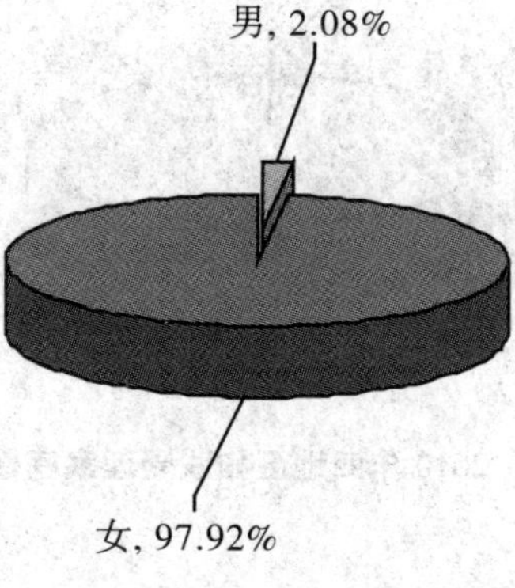

图 3－5－1b　2008～2010 年四地区法院受理的涉家庭暴力案件受害者性别比例

表 3－5－2 2008～2010 年四地区妇联受理家庭暴力纠纷当事人性别

项目＼性别	男	女
施暴者	394	12
所占百分比	97.04%	2.96%
受害者	12	394
所占百分比	2.96%	97.04%

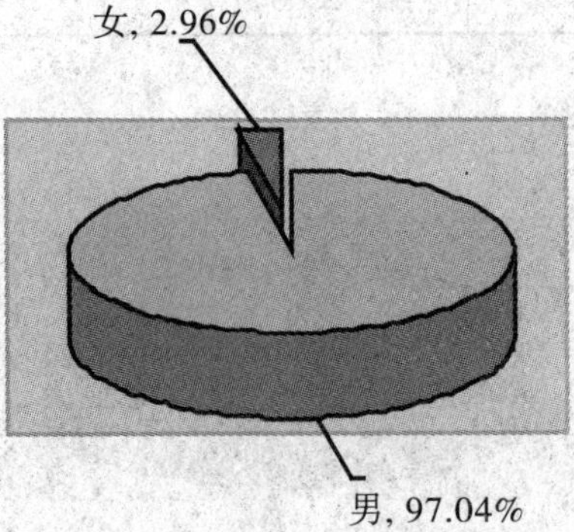

图 3－5－2a 2008～2010 年四地区妇联受理家庭暴力纠纷施暴者性别比例

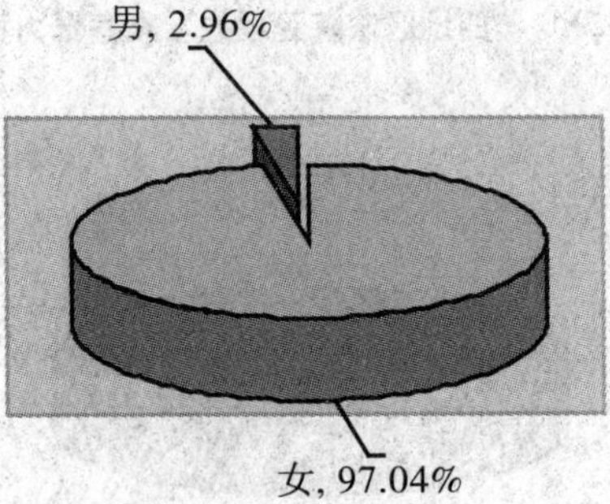

图 3－5－2b 2008～2010 年四地区妇联受理家庭暴力纠纷受害者性别

表 3-5-3　2008~2010 年四地区司法所受理纠纷当事人性别

项目 \ 性别	男	女
施暴者	65	0
所占百分比	100%	0
受害者	0	65
所占百分比	0	100%

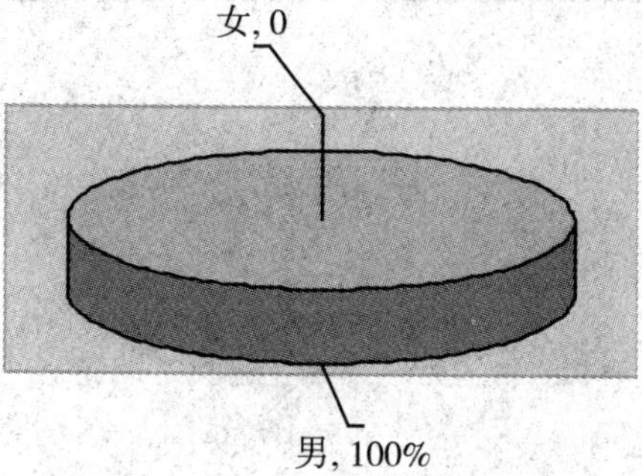

图 3-5-3a　2008~2010 年四地区司法所受理家庭暴力纠纷施暴者性别比例

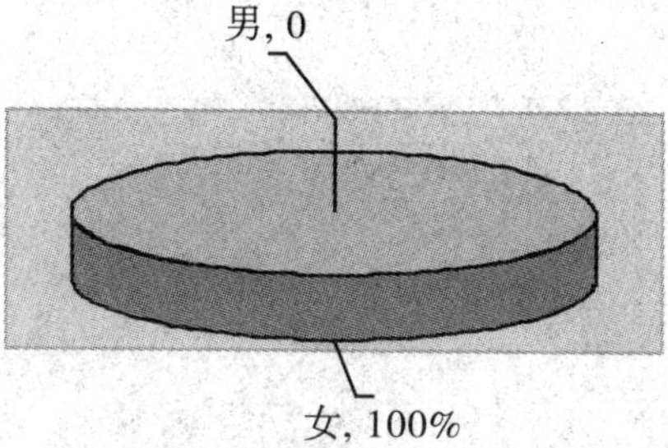

图 3-5-3b　2008~2010 年四地区司法所受理家庭暴力纠纷受害者性别比例

表3－5－4　2008～2010年湖南省四地区三机构受理的
涉家庭暴力案件和纠纷当事人性别

项目 \ 性别	男	女
施暴者	930	22
所占百分比	97.69%	2.31%
受害者	22	930
所占百分比	2.31%	97.69%

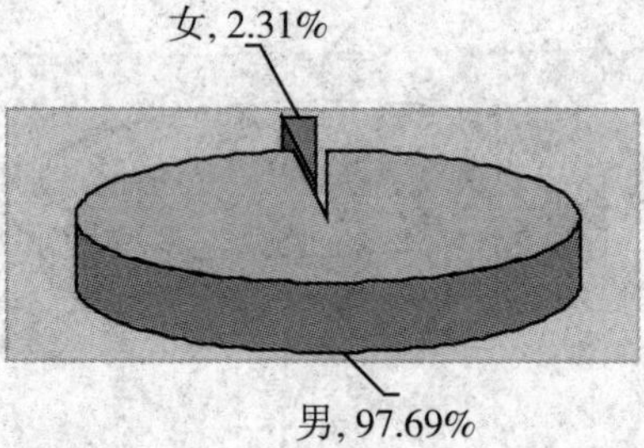

图3－5－4a　2008～2010年湖南省四地区三机构受理的
涉家庭暴力案件和纠纷施暴者性别比例

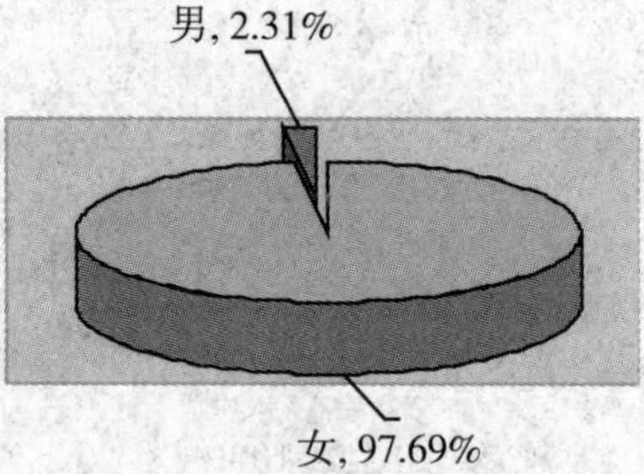

图3－5－4b　2008～2010年湖南省四地区三机构受理的
涉家庭暴力案件和纠纷受害者性别比例

（2）家庭暴力当事人的年龄

从统计数据看，三机构受理的此类案件和纠纷中，施暴者的年龄段分布情况略有不同。但总体上，施暴者主要集中在 26 ~ 35 岁、35 ~ 49 岁两个年龄段，合计占八成以上。其中 26 ~ 35 岁的施暴者占 39.71%，36 ~ 49 岁的施暴者占 46.01%（见图 3 - 6 - 4a）；受害者也主要集中在 26 ~ 35 岁、35 ~ 49 岁两个年龄段，合计占八成以上。其中 26 ~ 35 岁的受害者占 41.07%，36 ~ 49 岁的受害者占 42.44%（见图 3 - 6 - 4b）。

从三机构分别观之，法院受理的案件中，26 ~ 35 岁、36 ~ 49 岁两个年龄段的施暴者和受害者所占的比重最大，分别占 43.87%、42.83% 和 41.16%、40.33%，合计占八成以上（见图 3 - 6 - 1a、图 3 - 6 - 1b）；妇联受理的纠纷中，也以 26 ~ 35 岁、36 ~ 49 岁两个年龄段的施暴者和受害者所占的比重最大，分别占 36.45%、48.03% 和 42.86%、42.61%，合计也占八成以上（见图 3 - 6 - 2a、图 3 - 6 - 2b）；司法所受理的纠纷中，26 ~ 35 岁、36 ~ 49 岁的施暴者和受害者所占的比重最大，两年龄段分别均占 29.23% 和 56.92%，合计占八成半以上，而且其中值得注意的是 36 ~ 49 岁年龄段的施暴者和受害者分别均占五成半以上（见图 3 - 6 - 3a、图 3 - 6 - 3b）。

表 3 - 6 - 1　2008 ~ 2010 年四地区法院受理的涉家庭暴力案件当事人年龄

项目	年龄段				
	18 岁以下	18 ~ 25 岁	26 ~ 35 岁	36 ~ 49 岁	50 岁以上
施暴者	2	39	211	206	23
所占百分比	0.42%	8.11%	43.87%	42.83%	4.78%
受害者	5	58	198	194	26
所占百分比	1.04%	12.06%	41.16%	40.33%	5.41%

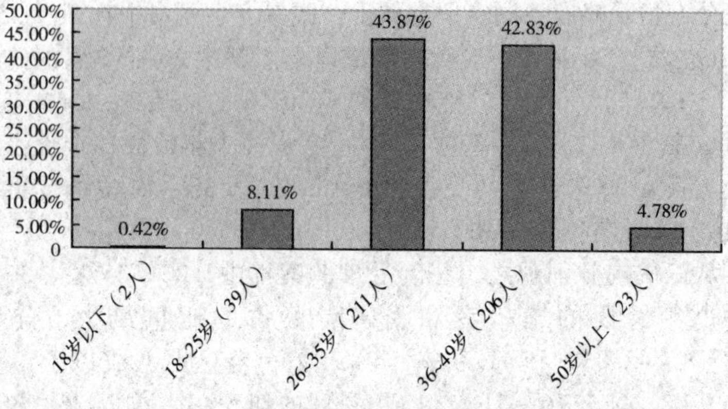

图 3-6-1a　2008~2010 年四地区法院受理的涉家庭暴力案件施暴者年龄比例

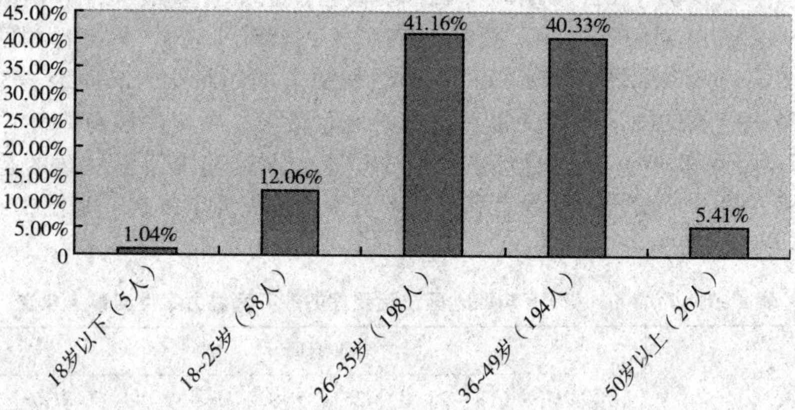

图 3-6-1b　2008~2010 年四地区法院受理的涉家庭暴力案件受害者年龄比例

表 3-6-2　2008~2010 年四地区妇联受理的家庭暴力纠纷当事人年龄

项目	年龄段				
	18 岁以下	18~25 岁	26~35 岁	36~49 岁	50 岁以上
施暴者	0	29	148	195	34
所占百分比	0	7.14%	36.45%	48.03%	8.37%
受害者	0	29	174	173	30
所占百分比	0	7.14%	42.86%	42.61%	7.39%

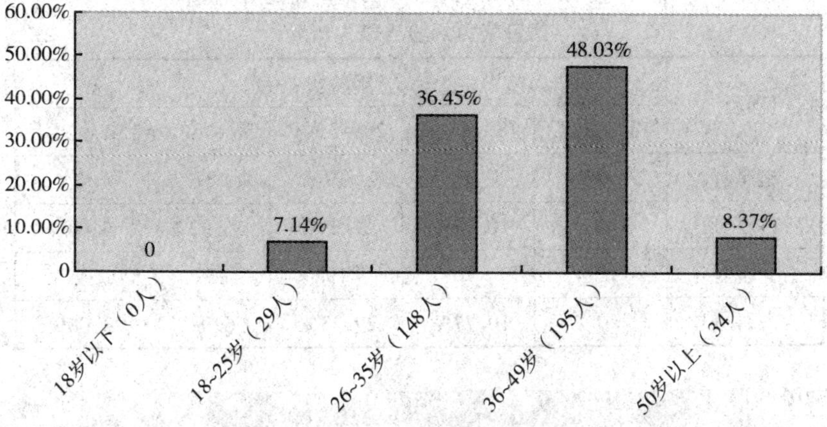

图 3－6－2a　2008～2010 年四地区妇联受理的家庭暴力纠纷施暴者年龄比例

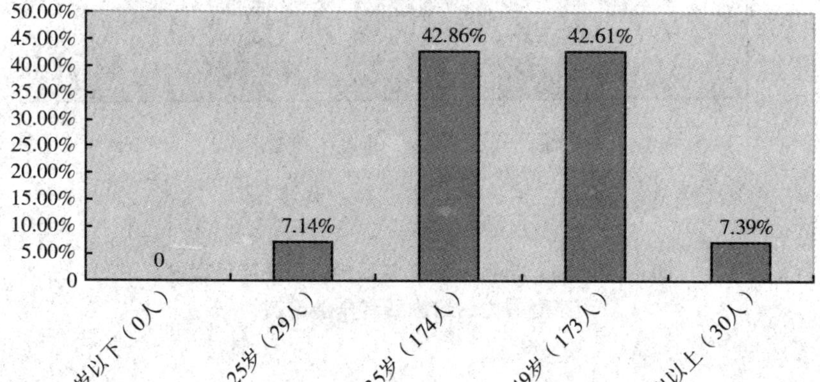

图 3－6－2b　2008～2010 年四地区妇联受理的家庭暴力纠纷受害者年龄比例

表 3-6-3　2008~2010 年四地区司法所受理的
家庭暴力纠纷当事人年龄

项目	年龄段				
	18 岁以下	18~25 岁	26~35 岁	36~49 岁	50 岁以上
施暴者	0	7	19	37	2
所占百分比	0	10.77%	29.23%	56.92%	3.08%
受害者	0	7	19	37	2
所占百分比	0	10.77%	29.23%	56.92%	3.08%

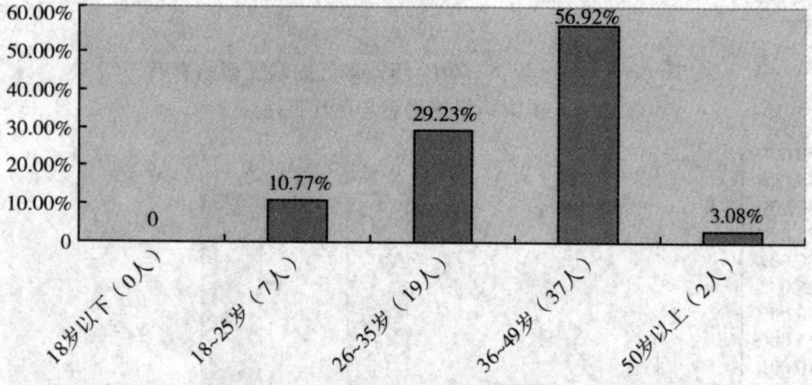

图 3-6-3a　2008~2010 年四地区司法所受理的
家庭暴力纠纷施暴者年龄比例

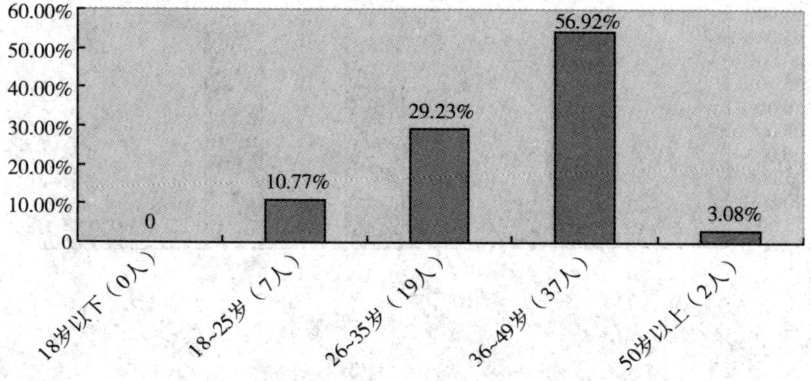

图 3－6－3b　2008～2010 年四地区司法所受理的家庭暴力纠纷受害者年龄比例

表 3－6－4　2008～2010 年四地区三机构受理的涉家庭暴力案件和纠纷当事人年龄

项目	年龄段				
	18 岁以下	18～25 岁	26～35 岁	36～49 岁	50 岁以上
施暴者	2	75	378	438	59
所占百分比	0.21%	7.88%	39.71%	46.01%	6.19%
受害者	5	94	391	404	58
所占百分比	0.53%	9.87%	41.07%	42.44%	6.09%

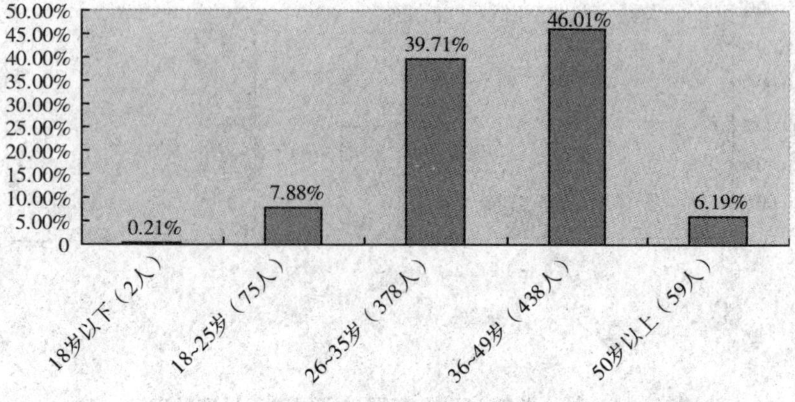

图 3-6-4a　2008~2010 年四地区三机构受理的涉家庭暴力案件和纠纷施暴者年龄比例

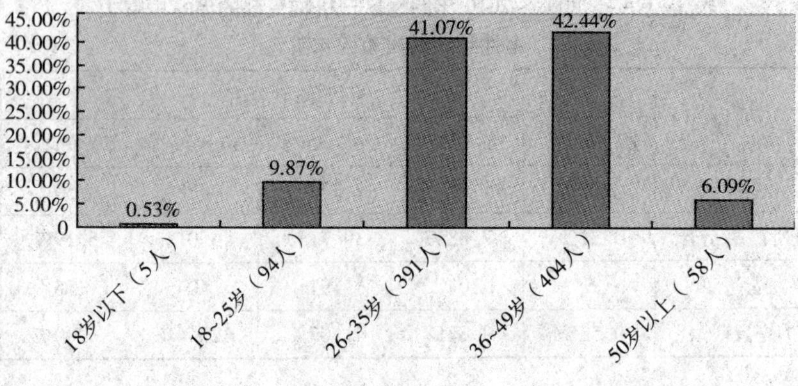

图 3-6-4b　2008~2010 年四地区三机构受理的涉家庭暴力案件和纠纷受害者年龄比例

（3）家庭暴力当事人的文化程度

三机构受理的涉及家庭暴力案件和纠纷中，施暴者的文化程度位列前三的分别是初中、高中和小学，分别占 42.65%、26.26%、18.49%，即施暴者的文化程度为高中及以下的合计占八成以上（见图 3-7-4a）；受害者的文化程度位列前三的分别是初中、小学和高中，分别占 39.60%、25.11%、23.11%，即受害者的文化程度为高中及以下的合计也占八成以上（见图3-7-4b）。

从三机构分别观之，法院、妇联及司法所三机构所受理案件和纠纷的一个共同点是施暴者为初中文化程度的比重最高，分别为35.14%、51.97%、40.00%（见图3-7-1a、图3-7-2a、图3-7-3a）；施暴者为小学和高中文化程度的次之。受害者也是初中文化程度的比重最高，分别为31.81%、48.77%、40.00%（见图3-7-1b、图3-7-2b、图3-7-3b）；受害者为小学和高中文化程度的次之。

表3-7-1　2008~2010年四地区法院受理的涉家庭暴力案件当事人文化程度

项目	文化程度							
	文盲	小学	初中	高中	大专	本科	硕士	博士
施暴者	11	113	169	128	31	26	3	0
所占百分比	2.29%	23.49%	35.14%	26.61%	6.44%	5.41%	0.62%	0
受害者	16	142	153	116	42	12	0	0
所占百分比	3.33%	29.52%	31.81%	24.12%	8.73%	2.49%	0	0

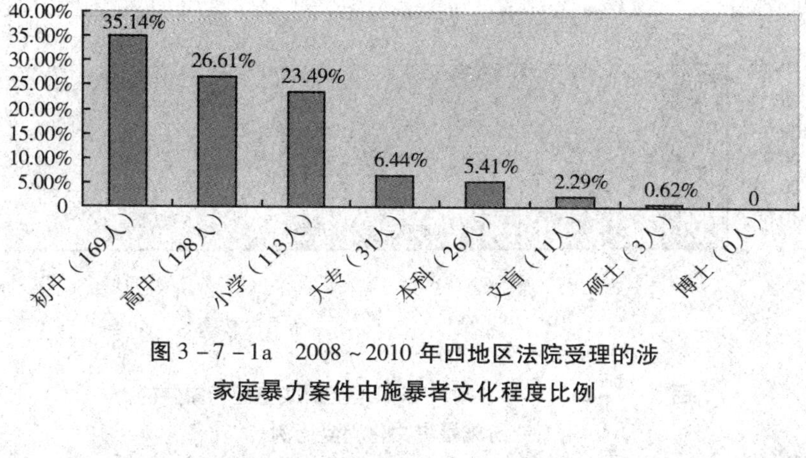

图3-7-1a　2008~2010年四地区法院受理的涉家庭暴力案件中施暴者文化程度比例

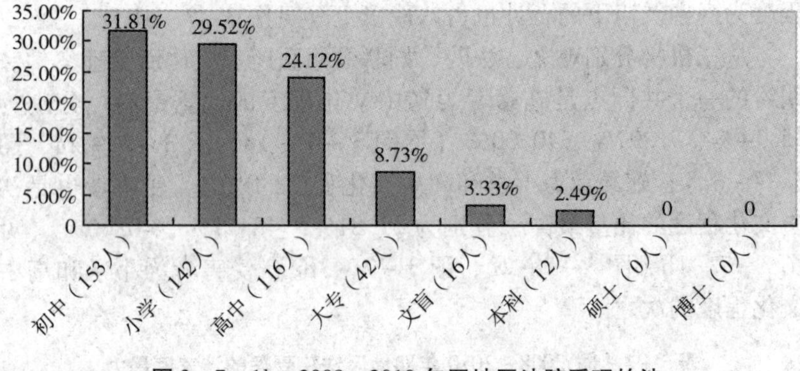

图 3－7－1b　2008～2010 年四地区法院受理的涉家庭暴力案件中受害者文化程度比例

表 3－7－2　2008 年－2010 年四地区妇联受理的家庭暴力纠纷当事人文化程度

项目	文化程度							
	文盲	小学	初中	高中	大专	本科	硕士	博士
施暴者	0	52	211	103	32	6	1	1
所占百分比	0	12. 81%	51. 97%	25. 37%	7. 88%	1. 48%	0. 25%	0. 25%
受害者	1	86	198	84	27	9	1	0
所占百分比	0. 25%	21. 18%	48. 77%	20. 69%	6. 65%	2. 22%	0. 25%	0

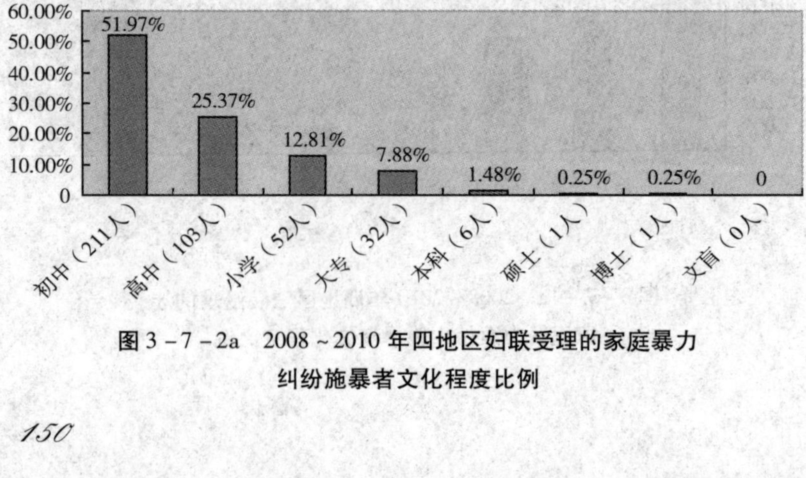

图 3－7－2a　2008～2010 年四地区妇联受理的家庭暴力纠纷施暴者文化程度比例

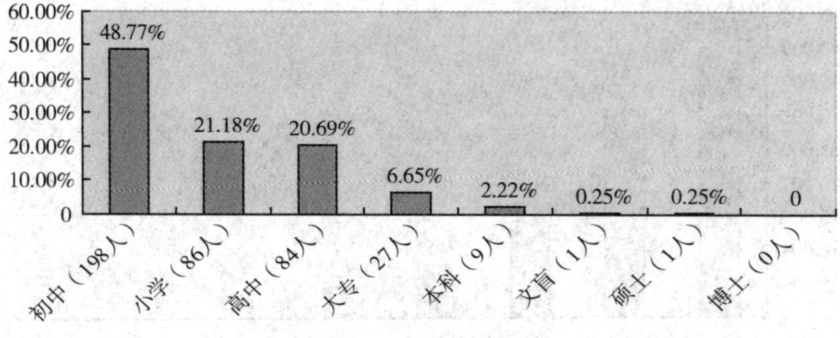

图3－7－2b　2008～2010年四地区妇联受理的家庭暴力纠纷受害者文化程度比例

表3－7－3　2008～2010年四地区司法所受理的家庭暴力纠纷当事人文化程度

项目	文化程度							
	文盲	小学	初中	高中	大专	本科	硕士	博士
施暴者	0	11	26	19	4	5	0	0
所占百分比	0	16.92%	40.00%	29.23%	6.15%	7.69%	0	0
受害者	0	11	26	20	5	3	0	0
所占百分比	0	16.92%	40.00%	30.77%	7.69%	4.62%	0	0

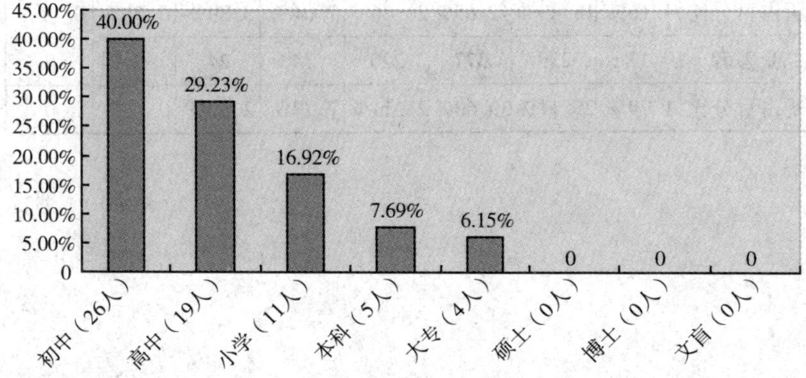

图3－7－3a　2008～2010年四地区司法所受理的家庭暴力纠纷施暴者文化程度比例

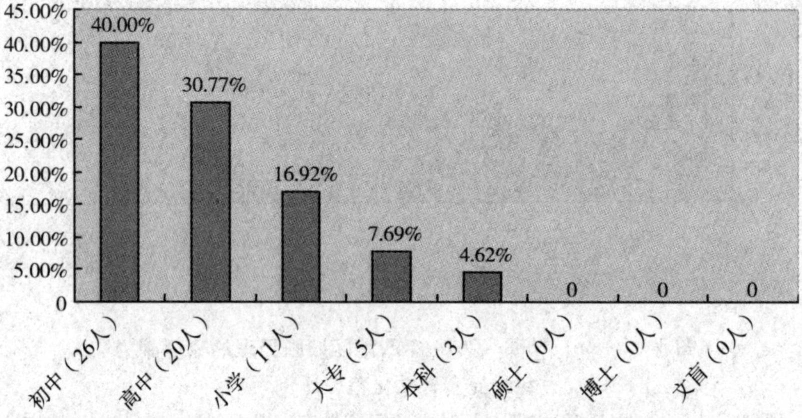

图 3－7－3b　2008～2010 年四地区司法所受理的家庭暴力纠纷中受害者文化程度比例

表 3－7－4　2008～2010 年湖南省四地区三机构受理的涉家庭暴力案件和纠纷当事人文化程度

项目	文化程度							
	文盲	小学	初中	高中	大专	本科	硕士	博士
施暴者	11	176	406	250	67	37	4	1
所占百分比	1. 16%	18. 49%	42. 65%	26. 26%	7. 04%	3. 89%	0. 42%	0. 11%
受害者	17	239	377	220	74	24	1	0
所占百分比	1. 79%	25. 11%	39. 60%	23. 11%	7. 77%	2. 52%	0. 11%	0

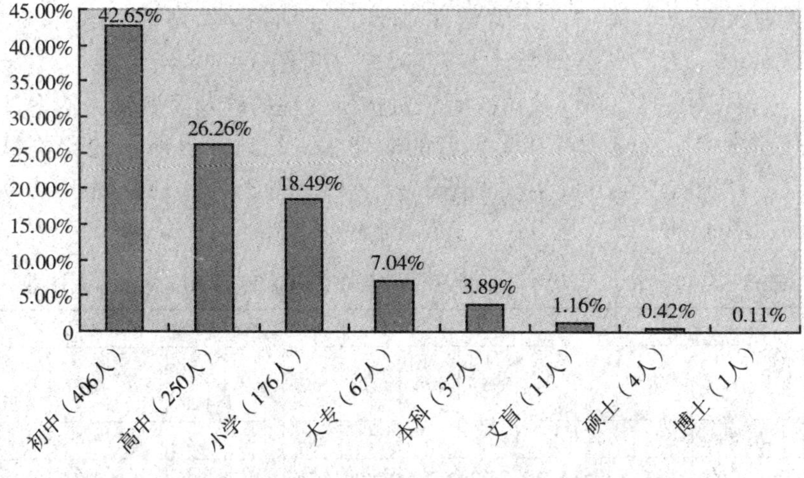

图 3-7-4a　2008～2010 年四地区三机构受理的涉家庭暴力案件和纠纷施暴者文化程度比例

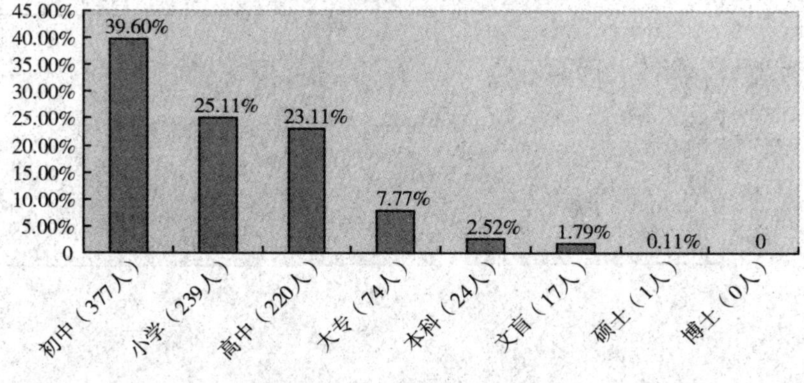

图 3-7-4b　2008～2010 年四地区三机构受理的涉家庭暴力案件和纠纷受害者文化程度比例

（4）家庭暴力施暴者的职业

2008～2010 年四地区三机构受理的涉家庭暴力案件和纠纷中，施暴者的职业排在前四位的是农民、个体户、无业人员、无固定职业者，分别占 41.81%、13.24%、12.50%、10.82%，即合计占 78.37%（见图 3-8-4a）；受害者的职业排在前四位的是农民、无业人员、个体户、无固定职业者，分别占 40.76%、15.44%、13.45%、7.77%，即合计占 77.42%（见图 3-8-4b）。

而法院、妇联以及司法所三机构所受理的涉及家庭暴力的案件和纠纷中涉及施暴者和受害者的职业中，均以农民所占的比例最高，分别占四至五成半（见图 3-8-1a、图 3-8-1b，图 3-8-2a、图 3-8-2b，图 3-8-3a、图 3-8-3b）。

表 3-8-1　2008~2010 年四地区法院受理的涉家庭暴力案件当事人职业

项目	职业												
	农民	工人	公司职员	个体户	公务员	教师	医护	无业	退休	无固定职业	军人	学生	其他
施暴者	183	36	30	73	21	6	7	66	7	52	0	0	0
百分比	38.05%	7.48%	6.24%	15.18%	4.37%	1.25%	1.46%	13.72%	1.46%	10.81%	0	0	0
受害者	190	30	34	73	18	10	10	53	7	56	0	0	0
百分比	39.50%	6.24%	7.07%	15.18%	3.74%	2.08%	2.08%	11.02%	1.46%	11.64%	0	0	0

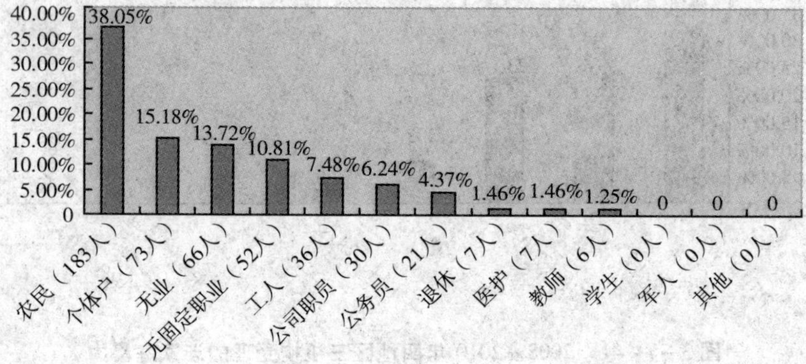

图 3-8-1a　2008~2010 年四地区法院受理的涉家庭暴力案件施暴者职业比例

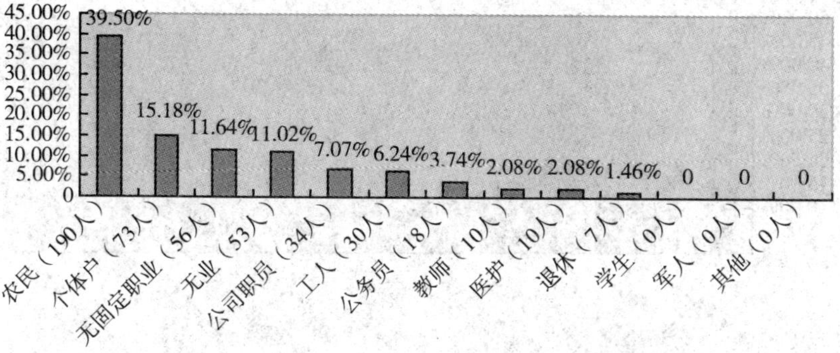

图 3－8－1b　2008～2010 年四地区法院受理的涉家庭暴力案件受害者职业比例

表 3－8－2　2008～2010 年四地区妇联受理的家庭暴力纠纷当事人职业

项目	职业												
	农民	工人	公司职员	个体户	公务员	教师	医护	无业	退休	无固定职业	军人	学生	其他
施暴者	179	14	29	44	23	6	1	50	6	47	0	0	7
所占百分比	44. 09%	3. 45%	7. 14%	10. 84%	5. 67%	1. 48%	0. 25%	12. 32%	1. 48%	11. 58%	0	0	1. 72%
受害者	168	19	23	43	12	11	14	89	6	16	0	0	5
所占百分比	41. 38%	4. 68%	5. 67%	10. 59%	2. 96%	2. 71%	3. 45%	21. 92%	1. 48%	3. 94%	0	0	1. 23%

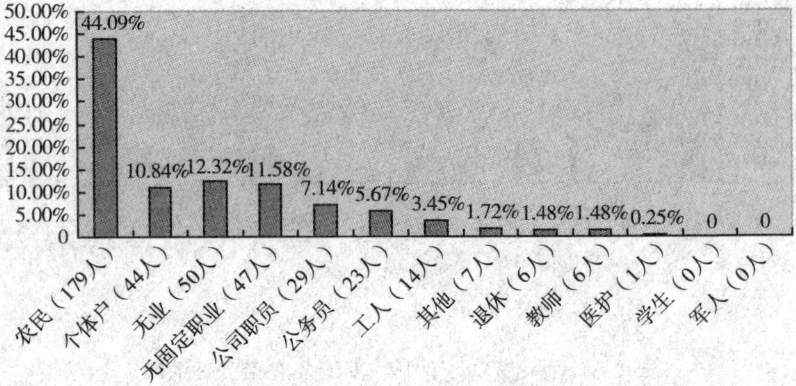

图 3-8-2a　2008~2010 年四地区妇联受理的家庭暴力纠纷施暴者职业比例

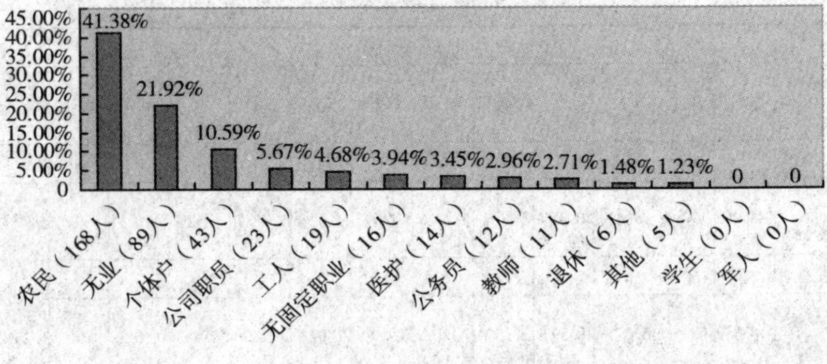

图 3-8-2b　2008~2010 年四地区妇联受理的家庭暴力纠纷受害者职业比例

表 3－8－3　2008～2010 年四地区司法所受理的家庭暴力纠纷当事人职业

项目	职业												
	农民	工人	公司职员	个体户	公务员	教师	医护	无业	退休	无固定职业	军人	学生	其他
施暴者	36	8	1	9	4	0	0	3	0	4	0	0	0
所占百分比	55. 38%	12. 31%	1. 54%	13. 85%	6. 15%	0	0	4. 62%	0. 00%	6. 15%	0	0	0
受害者	30	7	3	12	4	2	0	5	0	2	0	0	0
所占百分比	46. 15%	10. 77%	4. 62%	18. 46%	6. 15%	3. 08%	0	7. 69%	0	3. 08%	0	0	0

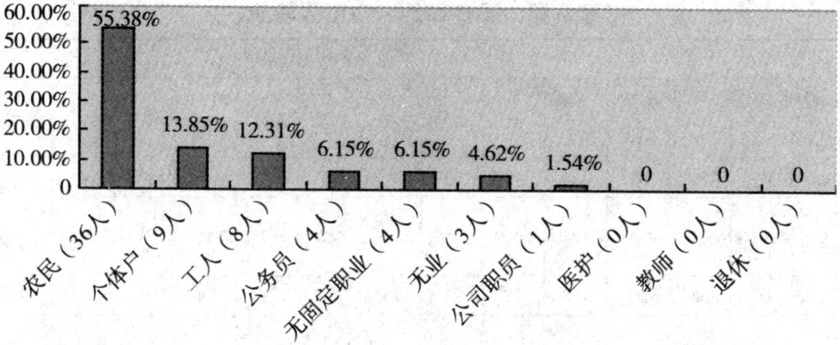

图 3－8－3a　2008～2010 年四地区司法所受理的家庭暴力纠纷施暴者职业比例

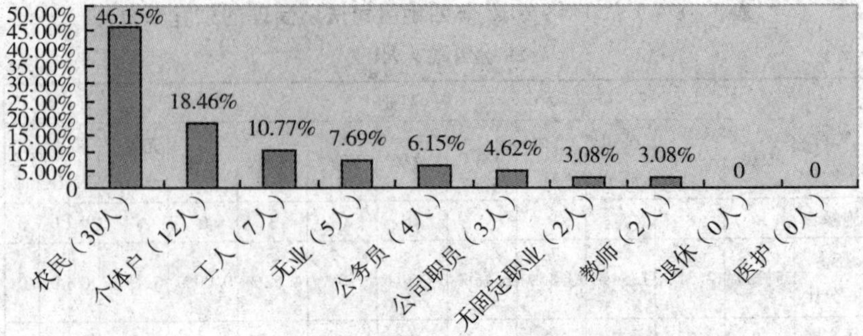

图 3－8－3b　2008～2010 年四地区司法所受理的家庭暴力纠纷受害者职业比例

表 3－8－4　2008～2010 年湖南省四地区三机构受理的涉家庭暴力案件和纠纷当事人职业

项目	职业												
	农民	工人	公司职员	个体户	公务员	教师	医护	无业	退休	无固定职业	军人	学生	其他
施暴者	398	58	60	126	48	12	8	119	13	103	0	0	7
所占百分比	41. 81%	6. 09%	6. 30%	13. 24%	5. 04%	1. 26%	0. 84%	12. 50%	1. 37%	10. 82%	0	0	0. 74%
受害者	388	56	60	128	34	23	24	147	13	74	0	0	5
所占百分比	40. 76%	5. 88%	6. 30%	13. 45%	3. 57%	2. 42%	2. 52%	15. 44%	1. 37%	7. 77%	0	0	0. 53%

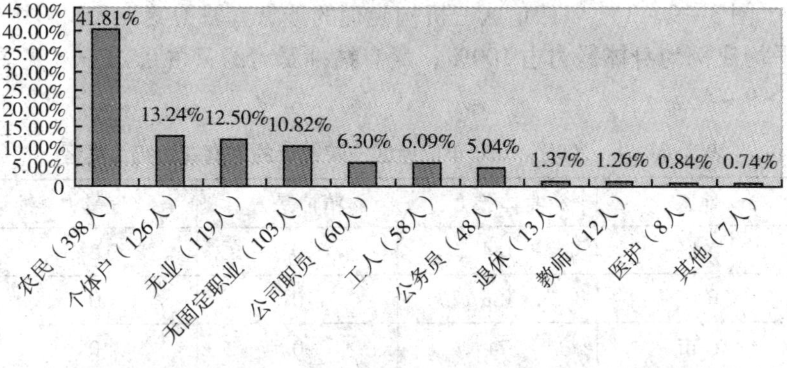

图 3－8－4a　2008～2010 年湖南省四地区三机构受理的涉家庭暴力案件和纠纷施暴者职业比例

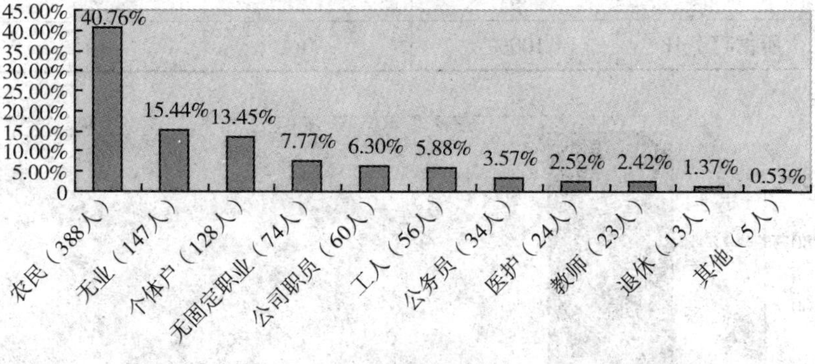

图 3－8－4b　2008～2010 年湖南省四地区三机构受理的涉家庭暴力案件和纠纷受害者职业比例

3. 家庭暴力行为的类型

家庭暴力行为的主要类型包括身体暴力、精神暴力和性暴力等。此次调研的结果显示，身体暴力为家庭暴力行为的主要表现形式。法院和司法所所受理的涉家庭暴力案件和纠纷中，身体暴力占100%，妇联所受理的涉家庭暴力纠纷中，身体暴力占 100%，其中还有 2 例兼有精神暴力，占 0.49%（见图 3－9－1、图 3－9－

2、图 3－9－3）。[①] 四地区三机构受理的涉家庭暴力案件和纠纷中，平均比例为身体暴力占 100%，兼有精神暴力的只占 0.21%（见图 3－9－4）。

表 3－9－1　2008～2010 年四地区法院统计的家庭暴力行为类型

地区	身体暴力	精神暴力	性暴力
A 区	184	0	0
B 区	186	0	0
C 市	24	0	0
D 市	87	0	0
合计	481	0	0
所占百分比	100%	0	0

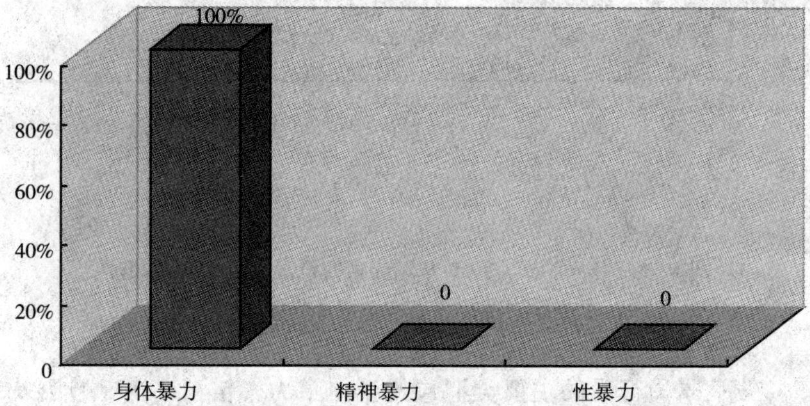

图 3－9－1　2008～2010 年四地区法院统计的家庭暴力行为类型比例

① 妇联受理的涉家庭暴力纠纷总数为 406 件，但其中有 2 件既有身体暴力，也有精神暴力，故身体暴力的比例为 100%，兼精神暴力的比例为 0.49%。

表 3－9－2　2008～2010 年四地区妇联统计的家庭暴力行为类型

地区	身体暴力	精神暴力	性暴力
A 区	30	1	0
B 区	78	1	0
C 市	55	0	0
D 市	243	0	0
合计	406	2	0
所占百分比	100%	0.49%	0

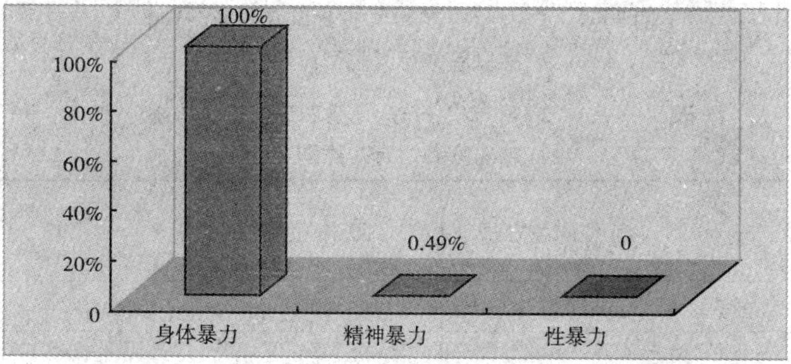

图 3－9－2　2008～2010 年四地区妇联统计的家庭暴力行为类型

表 3－9－3　2008～2010 年四地区司法所统计的家庭暴力行为类型

地区	身体暴力	精神暴力	性暴力
A 区	16	0	0
B 区	13	0	0
C 市	12	0	0
D 市	24	0	0
合计	65	0	0
所占百分比	100%	0	0

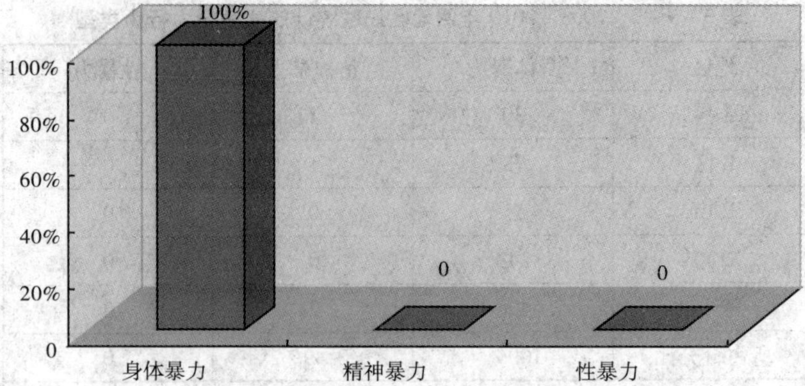

图 3－9－3　2008～2010 年四地区司法所统计的家庭暴力行为类型比例

表 3－9－4　2008～2010 年湖南省四地区三机构统计的家庭暴力行为类型

项目／年份	身体暴力	精神暴力	性暴力
法院	481	0	0
妇联	406	2	0
司法所	65	0	0
合计	952	2	0
所占百分比	100%	0.21%	0

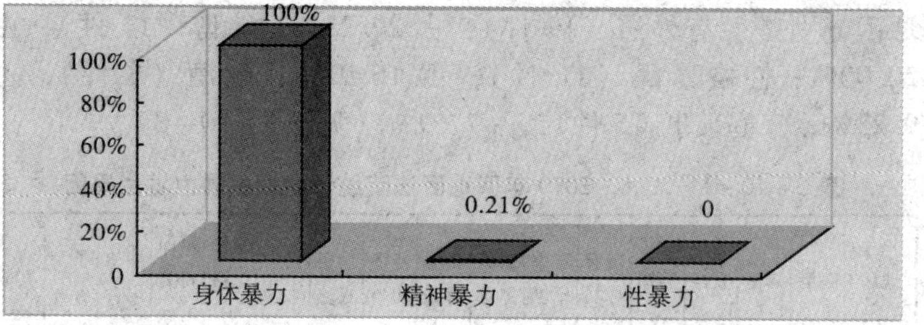

图 3－9－4　2008～2010 年湖南省四地区三机构统计的家庭暴力行为类型比例

4. 家庭暴力发生的原因①

从我们的统计结果看，2008～2010 年四地区三机构受理的涉家庭暴力的 952 个案件和纠纷中，居于前五位的发生原因分别是性格暴躁（362 件），占 38.03%；疑有外遇（347 件），占 36.45%；家庭琐事（207 件），占 21.47%；酗酒（195 件），占 20.48%；赌博（177 件），占 18.59%（见图 3－10－4）。

从三机构分别观之，在法院受理的 481 个涉家庭暴力案件中，居于前五位的发生原因分别是疑有外遇（189 件），占 39.29%；性格暴躁（178 件），占 37.01%；家庭琐事（134 件），占 27.86%；酗酒（134 件），占 27.86%；赌博（110 件），占 22.87%（见图 3－10－1）。

在妇联受理的 406 个涉家庭暴力纠纷中，居于前五位的发生原因分别是性格暴躁（173 件），占 42.61%；疑有外遇（139 件），占 34.24%；性格不合（79 件），占 19.46%；家庭琐事（68 件），占 16.75%；酗酒（55 件），占 13.55%（见图 3－10－2）。

在司法所受理的 65 个涉家庭暴力纠纷中，居于前五位的发生

① 在我们的调查中，我们将家庭暴力发生原因分为酗酒、赌博、吸毒、嫖娼、疑有外遇、草率结婚、家庭琐事、重男轻女、经济纠纷、性格暴躁、女方不孕、婚外性行为、婚前行为不端、性格不合、子女教育及其他共计 16 项。

原因分别是疑有外遇（19 件），占 29.23%；赌博（13 件），占 20.00%；性格暴躁（11 件），占 16.92%；酗酒（6 件），占 9.23%；家庭琐事（5 件），占 7.69%（见图 3－10－3）。

表 3－10－1　2008～2010 年四地区法院统计的家庭暴力发生原因

地区	酗酒	赌博	吸毒	嫖娼	疑有外遇	草率结婚	家庭琐事	重男轻女	经济纠纷	性格暴躁	女方不孕	婚外性行为	婚前行为不端	性格不合	子女教育	其他
A 区	51	15	0	0	34	0	63	0	0	110	0	0	11	0	0	0
B 区	43	52	0	0	85	3	26	15	8	35	0	0	2	11	0	0
C 市	31	21	0	0	21	0	21	0	0	16	0	0	0	0	0	0
D 市	9	22	13	11	49	17	24	6	2	17	0	0	0	2	4	0
合计	134	110	13	11	189	20	134	21	10	178	0	0	13	13	4	0
所占百分比	27.86%	22.87%	2.70%	2.29%	39.29%	4.16%	27.86%	4.37%	2.08%	37.01%	0	0	2.70%	2.70%	0.83%	0

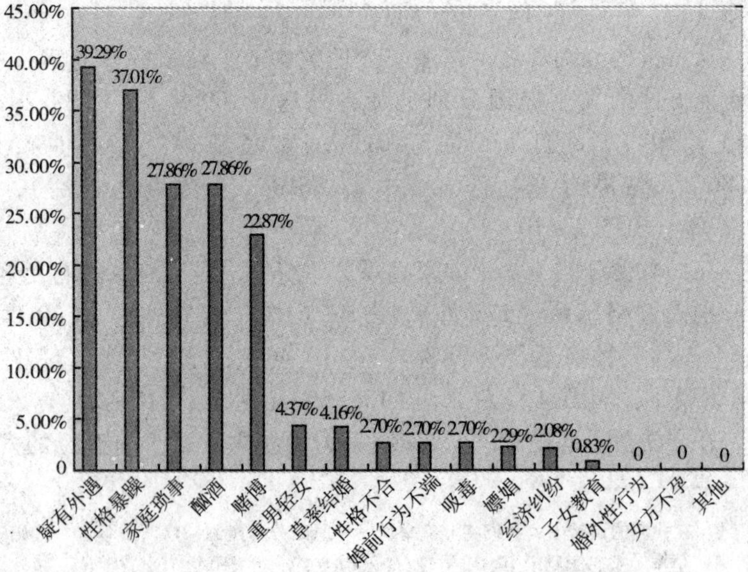

图 3－10－1　2008～2010 年四地区法院统计的家庭暴力发生原因比例图

表 3－10－2　2008～2010 年四地区妇联统计的家庭暴力发生原因

地区	酗酒	赌博	吸毒	嫖娼	疑有外遇	草率结婚	家庭琐事	重男轻女	经济纠纷	性格暴躁	女方不孕	婚外性行为	婚前行为不端	性格不合	子女教育	其他
A 区	0	1	0	0	7	1	7	0	1	11	0	0	2	0	0	0
B 区	5	7	1	0	18	1	14	8	0	17	0	4	0	2	0	0
C 市	2	2	0	1	8	0	26	3	4	7	1	0	0	0	0	1
D 市	48	44	9	12	106	12	21	16	41	138	0	11	0	77	2	0
合计	55	54	10	13	139	14	68	27	46	173	1	15	2	79	2	1
百分比	13. 55%	13. 30%	2. 46%	3. 20%	34. 24%	3. 45%	16. 75%	6. 65%	11. 33%	42. 61%	0. 25%	3. 69%	0. 49%	19. 46%	0. 49%	0. 25%

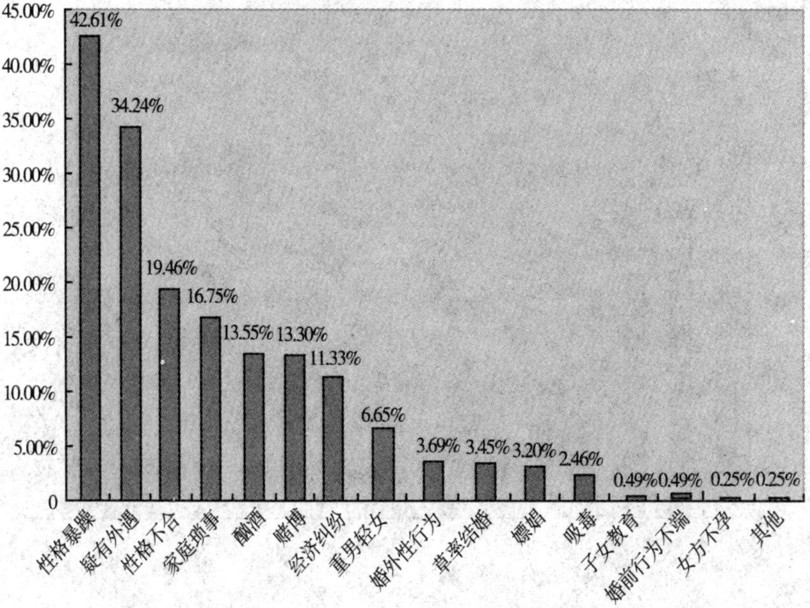

图 3－10－2　2008～2010 年四地区妇联统计的家庭暴力发生原因比例图

表 3 - 10 - 3　2008 ~ 2010 年四地区司法所统计的家庭暴力发生原因

地区	酗酒	赌博	吸毒	嫖娼	疑有外遇	草率结婚	家庭琐事	重男轻女	经济纠纷	性格暴躁	女方不孕	婚外性行为	婚前行为不端	性格不合	子女教育	其他
A 区	9	9	0	0	26	9	0	9	0	43	0	0	9	0	0	0
B 区	0	15	0	0	51	0	15	7	0	29	0	0	0	0	0	0
C 市	19	28	0	0	56	0	9	0	0	0	0	0	0	0	0	0
D 市	16	36	0	0	16	10	10	0	0	10	0	21	0	0	0	0
合计	6	13	0	0	19	3	5	2	0	11	0	4	1	0	0	1
百分比	9. 23%	20. 00%	0	0	29. 23%	4. 62%	7. 69%	3. 08%	0	16. 92%	0	6. 15%	1. 54%	0	0	1. 54%

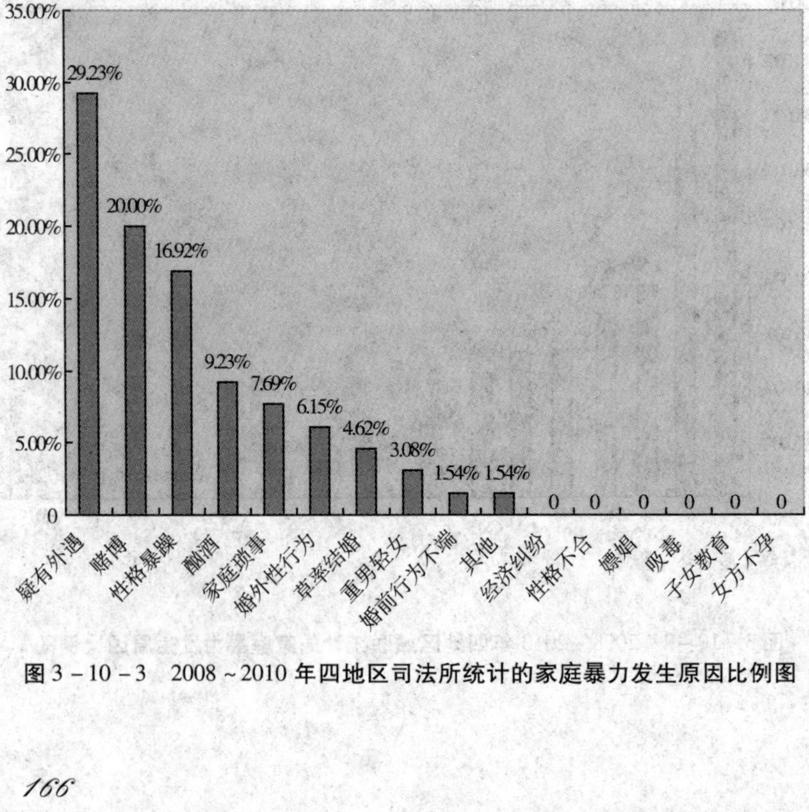

图 3 - 10 - 3　2008 ~ 2010 年四地区司法所统计的家庭暴力发生原因比例图

表 3 - 10 - 4　2008 ~ 2010 年湖南省四地区三机构统计的家庭暴力发生原因

项目 / 年份	酗酒	赌博	吸毒	嫖娼	疑有外遇	草率结婚	家庭琐事	重男轻女	经济纠纷	性格暴躁	女方不孕	婚外性行为	婚前行为不端	性格不合	子女教育	其他
2008 ~ 2010 年	195	177	23	24	347	37	207	50	56	362	1	19	16	92	6	2
百分比（%）	20.48%	18.59%	2.42%	2.52%	36.45%	3.89%	21.74%	5.25%	5.88%	38.03%	0.11%	2.00%	1.68%	9.66%	0.63%	0.21%

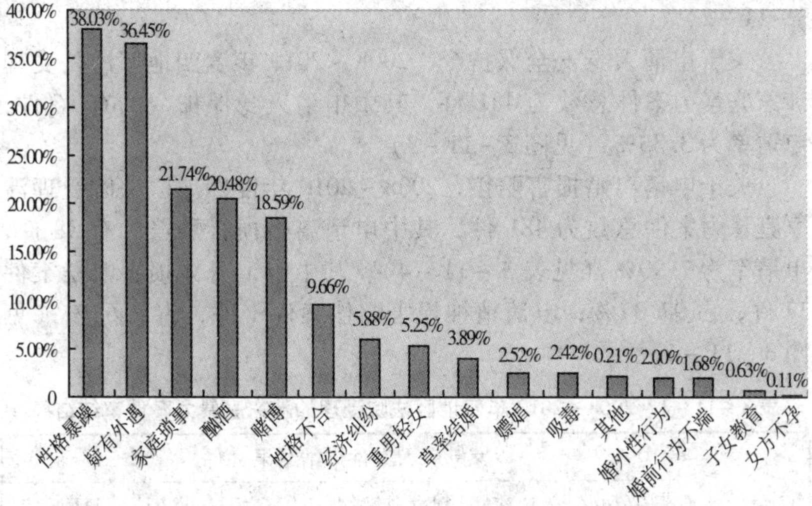

图 3 - 10 - 4　2008 ~ 2010 年四地区三机构统计的家庭暴力发生原因比例图

5. 涉及家庭暴力案件的法院审理结果①

关于法院对涉及家庭暴力案件的审理结果，2008 ~ 2010 年总计审结此类案件 481 件。其中，判决离婚的最多，共 160 件，占 33.26%；其次为调解和好的，共 121 件，占 25.16%；调解离婚

① 由于被调查的妇联和司法所均缺少对处理结果相关资料的记载，我们这里只统计到 2008 ~ 2010 年法院的数据，故以下的数据均来自法院。

的有94件，占19.54%；判决不离婚的56件，占11.64%；撤诉的41件，占8.52%；驳回起诉的9件，占1.87%（见表3－11－1）。也就是说，因涉及家庭暴力经诉讼离婚的（判决离婚和调解离婚）合计为52.80%，即占五成以上（见图3－11－1）。

关于当事人撤诉的原因，因当事人自行和解而撤诉的有19件，占46.34%；施暴者表示愿意改正的有17件，占41.46%；为了孩子而撤诉的有5件，占12.20%（见表3－11－2）。也就是说，当事人和解而撤诉和施暴者愿意改正撤诉的合计占87.80%（见图3－11－2）。

关于申请人身安全保护令，2008～2010年度四地区法院受理涉家庭暴力案件总数为481件，其中申请人身保护令的有16件，申请率为3.33%（见图3－11－3）。

关于申请离婚损害赔偿，2008～2010年度四地区法院受理涉家庭暴力案件总数为481件，其中申请离婚损害赔偿的有38件，申请率为7.90%（见表3－11－4）。其中申请身体损害赔偿案件37件，占97.37%；申请精神损害赔偿案件1件，占2.63%（见图3－11－4）。

表3－11－1　2008～2010年四地区法院受理的涉家庭暴力案件审结结果

项目 地区	家庭暴力案件审结结果（件）					
	调解和好	调解离婚	判决离婚	判决不离婚	撤诉	驳回起诉
A区	34	31	73	29	10	3
B区	61	37	54	17	15	3
C市	6	4	8	1	5	1
D市	20	22	25	9	11	2
合计	121	94	160	56	41	9
所占百分比	25.16%	19.54%	33.26%	11.64%	8.52%	1.87%

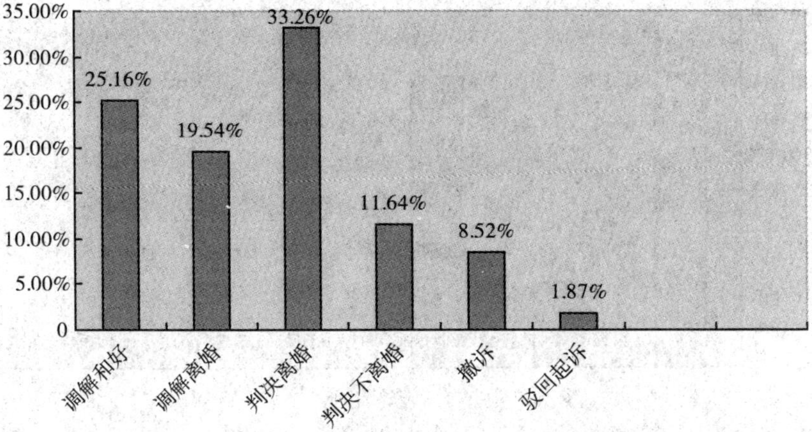

图 3－11－1　2008～2010 年四地区法院受理的涉家庭暴力案件审结结果比例

表 3－11－2　2008～2010 年四地区法院受理的涉家庭暴力案件撤诉的原因

原因 地区	自行和解	为了孩子利益	施暴者自愿改正	亲友劝告	其他
A 区	5	0	5	0	0
B 区	8	1	6	0	0
C 市	3	1	1	0	0
D 市	3	3	5	0	0
合计	19	5	17	0	0
百分比	46. 34%	12. 20%	41. 46%	0	0

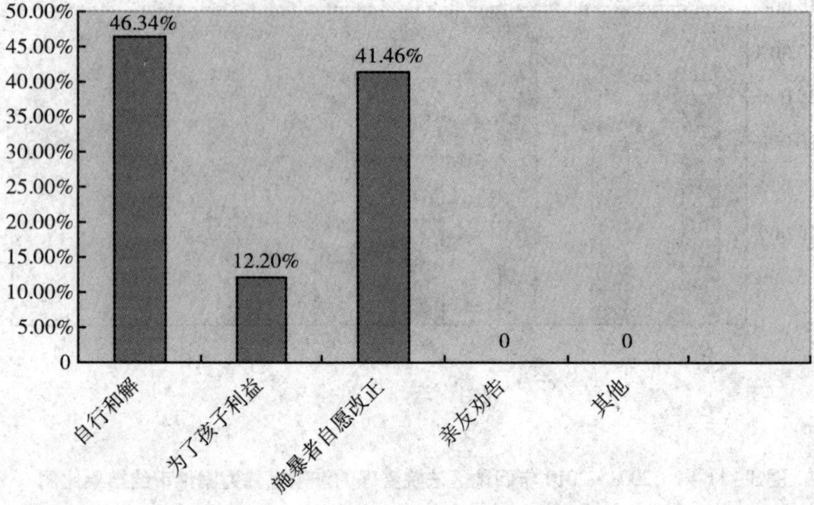

图 3-11-2　2008～2010 年四地区法院受理的涉家庭暴力案件撤诉原因的比例

表 3-11-3　2008～2010 年四地区法院受理的涉家庭暴力案件中申请人身保护令裁定案件数量

申请人身保护令裁定的案件数量	受理的涉家庭暴力案件总数	所占百分比
16	481	3.33%

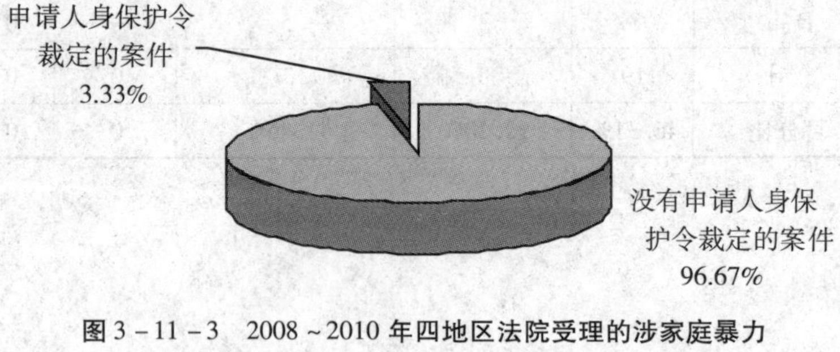

图 3-11-3　2008～2010 年四地区法院受理的涉家庭暴力案件中申请人身保护令裁定案件比例

表 3-11-4 2008~2010 年四地区法院受理的涉家庭暴力案件中申请离婚损害赔偿案件数量

申请离婚损害赔偿案件数量	受理的涉家庭暴力案件总数	所占百分比
38	481	7.90%

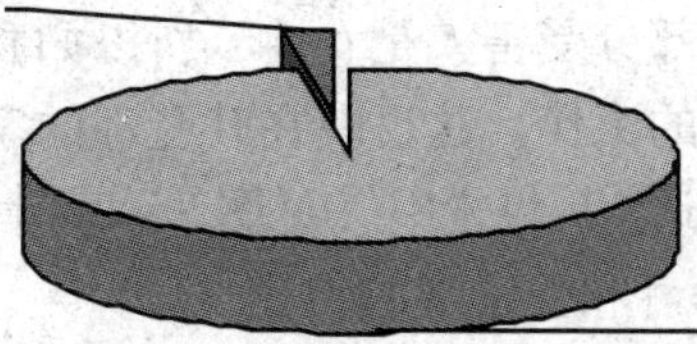

图 3-11-4 2008~2010 年四地区法院受理的涉家庭暴力案件中申请离婚损害赔偿案件类型

（二）湖南省四地区三机构受理涉及家庭暴力案件和纠纷统计情况分析

以下对 2008~2010 年湖南省四地区三机构处理涉及家庭暴力案件和纠纷的统计资料，我们从六个方面包括家庭暴力的现状和发展趋势、家庭暴力的受理机构、家庭暴力施暴者和受害者的特征、家庭暴力行为的主要类型、家庭暴力案件的处理结果、家庭暴力的原因及危害进行研究分析。

1. 家庭暴力的现状和发展趋势

从家庭暴力的现状看，2008~2010 年，被调查四地区法院、妇联和司法所受理的家事案件总量与涉及家庭暴力的案件和纠纷的总量，两者分别为 3199 件和 952 件，其中，2008 年、2009 年、2010 年各年涉及家庭暴力的案件和纠纷分别为 263 件、330 件和 359 件，所占比重分别为 28.04%、30.93% 和 30.07%（见表 3-4）。从发展趋势看，在这三年期间，四地区三机构受理的涉及家庭暴力案件和纠纷所占比重在 30% 左右上下波动（见图 3-4b）。

2. 家庭暴力的受理机构

在2008~2010年的三年期间，法院、妇联和司法所三年来分别受理的家庭暴力纠纷案件分别为481件、406件和65件，合计952件（见表3-1-1、表3-2-1、表3-3-1）。其中，法院和妇联受理的家庭暴力案件和纠纷数量较大，两者受理案件量合计占三机构总量的93.17%。因为妇联是维护妇女儿童权益的群众组织，而家庭暴力的大部分受害人是女性，所以妇联在帮助女性受害人维权方面做了较多的工作。这反映在其受理的家庭暴力案件占受理的家事纠纷案件高达67.44%中（见图3-2-1）。

3. 家庭暴力施暴者和受害者的特征

我们的调研数据表明，首先，家庭暴力中绝大部分的施暴者为男性，占九成以上；受害者主要为女性，占九成以上（见图3-5-4a、图3-5-4b）。可见，绝大部分家庭暴力都是男性对女性的暴力。其次，家庭暴力在各年龄阶段都有出现。但在三机构受理的案件和纠纷中，施暴者和受害者均以26~49岁的中青年居多，合计占八成以上（见图3-6-4a、图3-6-4b）。关于26~35岁青年人的家庭发生家庭暴力的原因，可能是由于刚结婚的年轻人正处于感情的磨合期以及个人家庭角色的转换期，有些人由于还没有掌握处理生活矛盾的办法，往往简单地采用暴力行为的方式来处理家庭矛盾。正如有学者指出的那样，“不良的沟通模式”是家庭暴力的主要诱因之一。[①] 而36~49岁的中年人处于职业上升和担负家庭重担时期，在职场晋升和家庭扶养义务的双重压力下，容易产生焦虑情绪，往往因为家庭琐事激怒而发生暴力行为。从图3-10-4可见，因家庭琐事和性格暴躁两项原因而发生家庭暴力的合计占59.77%。此外，在现代社会，人们的婚姻家庭观发生了变化，在性自由观念影响下，对于夫妻忠实义务有些人并没有遵守，

① 刘梦：《针对妇女的家庭暴力的研究》，载谭琳主编：《1995~2005年：中国性别平等与妇女发展报告》，社会科学文献出版社2006年版，第293页。

因此疑有外遇也是家庭暴力发生的重要原因，占 36.45%（见图 3－10－4）。再次，家庭暴力施暴者和受害者的文化程度较低，多数为高中及以下文化程度，合计占八成以上（见图 3－7－4a、图 3－7－4b）。最后，家庭暴力施暴者和受害者的职业主要为农民、个体户、无业人员以及无固定职业者，合计占七至八成（见图 3－8－4a、图 3－8－4b）。目前，我国的高中及以下文化程度者，农民、个体户、无业人员以及无固定职业者，他们的经济收入往往可能不高或者收入不够稳定，经济生活上的压力往往容易引发家庭矛盾，如果当事人对家庭矛盾简单地采用暴力行为的方式来处理，就容易导致家庭暴力的发生。

4. 家庭暴力行为的主要类型

根据我国前述《婚姻法解释（一）》的规定，家庭暴力是指发生在家庭成员之间的，以殴打、捆绑、强行限制人身自由、残害或者其他手段，给家庭成员的身体、精神、性等方面造成一定伤害后果的行为。而从前述表 3－9－4 中可见，2008～2010 年四地区三机构受理的涉及家庭暴力案件和纠纷中，身体暴力占 100%，其中有 2 例兼有精神暴力，占 0.21%，而性暴力在我们调研中没被发现。我们分析认为这可能有三个方面的原因：一是由于普通民众对精神暴力和性暴力的概念区分不清；二是现实生活中在发生家庭矛盾时多数人的行为方式以身体方面的冲突为主；三是对于性暴力，有些当事人往往难于启齿。因此，我们完全赞同我国有学者提出的：性暴力严重摧残妇女的人格尊严、心灵和身体，屈辱感和社会偏见使受害妇女欲说无言、欲医不能、欲死无门。性暴力应单列为一种家庭暴力形式。[①]

5. 家庭暴力案件的处理结果

在对涉及家庭暴力案件的审理中，法院的调解发挥了主要作

---

① 陈明侠、黄列主编：《性别与法律研究概论》，中国社会科学出版社 2009 年版，第 216 页。

用。从 2008～2010 年四地区法院审理的涉及家庭暴力的案件看，调解处理占的比重较大，现有的处理手段仍以调解为主。其中，被法院调解和好与调解离婚的，合计占 44.7%，而且调解和好所占的比例较大，占 25.16%（见表 3－11－1）。这表明法官通过调解达到了化解部分家庭矛盾的目的，调解在维系家庭关系中发挥了重要的作用。但值得注意的是，我国有学者指出：在丈夫动手打妻子的暴力行动初期，离婚是摆脱暴力的最有效途径之一。因为在暴力行动初期，男方是为了建立暴力统治，如果女性在挨打的初期，就对暴力说“不”，就不仅可以顺利地摆脱暴力，而且还可能帮助这个男人。他在以后的婚姻中，就有可能不再使用暴力。[①] 因此，对于涉及家庭暴力案件的调解，法官必须根据不同的案情确定不同的调解方向，既可以调解和好，也可以调解离婚，而不能一味追求调解和好率较高。此外，撤诉案件虽然在整个家庭暴力案件中所占比例较小，只占 8.52%（见图 3－11－1），但其中有 46.34% 的人是因自行和解而撤诉，其余因施暴者自愿改正而撤诉的有 41.46%，因考虑孩子的利益而撤诉的有 12.2%，三项合计占 100%（见图 3－11－2）。这表明有部分家庭暴力问题主要还是家庭内部矛盾，部分夫妻考虑到过去的亲密感情，考虑到未成年子女的利益，双方通过互相谅解采取撤诉解决了问题。

6. 家庭暴力的原因及危害

(1) 家庭暴力的发生原因

根据我们的调查，湖南省四地区三机构受理的家庭暴力的案件和纠纷的发生，主要基于以下几个方面原因。

第一，传统男尊女卑、夫权文化的影响。从前面调查可见，在 2008～2010 年湖南省四地区三机构受理的涉家庭暴力案件和纠纷中，施暴者九成以上是男性（见图 3－5－4a），受害者九成以上是

① 陈敏：《暴力初期，离婚是摆脱暴力的有效途径》，载宋美娅、薛宁兰主编：《妇女受暴力实录》，中国社会科学出版社 2003 年版，第 92～93 页。

女性（见图3－5－4b）。究其原因，除男性有体能优势外，在更大程度上，男性所倚仗的是比女性更为优越的社会地位和家庭地位。在人类历史上，规范男女两性之间社会关系的原则是“一个性别法定地从属于另一个性别”。[①] 在夫妻之间实际上是一种男性对女性“奴役的关系”。[②] 夫妻在家庭中的地位和权利的不平等是造成这一社会问题的主要原因。在我国，经历了几千年的封建社会，“男尊女卑”、“三从四德”的陈腐观念造就了“男性中心”的传统文化模式，漠视妇女作为“人”的价值和社会地位。自1949年中华人民共和国成立以来，我国大力贯彻“男女平等”原则，家庭模式从“男性专权”的传统家长制家庭向“两性平等”的现代民主制家庭转变，[③] 尤其是随着我国社会经济文化的发展，随着妇女职业化程度的提高，女性参加社会工作，女性对于自己性别角色的期待发生了变化，“男主外女主内”的传统性别分工模式逐渐被“男女都既主外又主内”的模式所取代。但是仍有一部分男性对男女两性平等的社会地位和家庭地位的变化难以适应，由此引起夫妻冲突并可能演变成为家庭暴力。在现实生活中，传统的夫权思想仍残留在某些男性的头脑中，有些男性甚至在家庭中采用暴力行为来巩固其在家中唯我独尊的地位。这从对女性受害人个人访谈中就可证明，如接受我们访谈的一位D市受害人王某诉说道：“我丈夫在家经常扬言，女人就要被我打。”这充分表明在男权主义残余影响下的家庭中女性处于弱势地位。然而，基于敬重生命原则，任何人都享有不遭受任意杀害、不受不必要的生命威胁的权利。[④] 因此，

---

① ［英］玛丽·沃斯通克拉夫特、约翰·斯图尔特·穆勒著：《妇权辩护、妇女的屈从地位》，王蓁译，商务印书馆1995年版，第255页。

② ［美］佩吉·麦克拉肯主编：《女权主义理论读本》，艾晓明、柯倩婷副主编，广西师范大学出版社2007年版，第197页。

③ 邓伟志、徐榕著：《家庭社会学》，中国社会科学出版社2001年版，第37页。

④ ［英］A. J. M. 米尔恩著：《人的权利与人的多样性——人权哲学》，夏勇、张志铭译，中国大百科全书出版社1995年版，第156页。

我们必须采取有效措施，及时预防和制止针对妇女的家庭暴力。

第二，“家庭本位”观念对个人权利意识的抑制。中国传统的以宗法制度为基石的家族观念认为，个体只有作为家庭、家族的成员，才具有社会价值，才能获得存在的意义。家庭暴力的受害者也正是在这种“家庭本位”的权利观念影响下，或多或少在内心强加于自我很多传统积淀下来的义务，在家庭中承担了更多的责任，而丧失了很多的个体权利。由于“家庭本位”观念的影响，在面对家庭暴力时，家庭成员受害者很难从传统的“家庭本位”的观念中跳出来，不能采用法律手段维护自身权益。正如前述，2008～2010年在四地区法院受理的涉家庭暴力案件中，有12.20%家庭暴力案件的受害者为了子女的利益而主动撤诉，放弃追究施暴者的法律责任（见图3－11－2）。而前述接受访谈的D市受害人妇女王某也说：“因为我们结婚这么多年，为了小孩，我都忍了，虽然有过离婚的念头，但没有到法院去请求离婚。”

第三，社会转型时期的经济压力因素。目前，我国处于市场经济转型时期，社会竞争加剧，经济生活压力增大。“根据暴力发生的‘压抑—诱发’模式，是指种种因素造成了个体需要的压抑，从而产生严重的心理冲突，当遇到一定的外界刺激以后，很容易外化为攻击性的行为。”① 据我们的调查统计数据，施暴者的职业排在前四位的是农民、个体户、无业人员、无固定职业者，分别占41.81%、13.24%、12.50%、10.82%，即合计占78.37%（见图3－8－4a）。如前所述，这些人员往往经济收入不高或不稳定，这容易导致某些家庭成员的情绪焦虑，引起家庭关系紧张，家庭成员间的矛盾和纠纷往往容易升级引发家庭暴力。例如，在2008～2010年，由性格暴躁原因导致的家庭暴力居第一位，其占湖南省四地区三机构受理的涉家庭暴力案件和纠纷总量的38.03%（见图

---

① 张李玺、刘梦主编：《中国家庭暴力研究》，中国社会科学出版社2004年版，第9页。

3－10－4)，在对被害人的个人访谈中受害妇女张某的口述也证实了此观点，张某说：“自单位经济体制改制，我丈夫下岗以来，脾气变得非常暴躁，借酒消愁，醉醺醺的就开始打我。”又如，A区受害妇女余某口述：“我丈夫脾气暴躁，常因为一点生活小事，就打我。”另外，由于经济结构调整，一些妇女因下岗失业或缺乏就业机会导致经济地位下降。正如我国学者指出的那样，“经济上的弱势地位不仅使得妇女容易成为家庭暴力的受害者，而且也是其冲破暴力束缚的极大障碍”。[①] 如前述统计数据表明，受害者的职业排在前四位的是农民、无业人员、个体户、无固定职业者，分别占40.76%、15.44%、13.45%、7.77%，即合计占77.42%（见图3－8－4b)。

第四，社会大众的不当宽容观，社会救助和处理机制不完善。一方面，对于家庭暴力，目前社会上有部分群众因受传统思想的残余影响，认为家庭暴力为家务事，而“清官难断家务事”。这实际上是社会民众给予家庭暴力一定程度上的宽容。在我们对长沙市B区吴某进行个人访谈时，接触到吴某家的邻居，我们曾听到这样的话语：“她老公确实经常打骂她，家里经常被闹得鸡飞狗跳，但是我们作为外人，不好干涉人家的家务事。俗话不是说‘家丑不可外扬’么，而且‘夫妻床头打架床尾和’，夫妻小打小闹也正常。”我国学者指出，如果邻居们听到有人施暴，他有责任去报警，而不是可管可不管。[②] 这种不当的宽容纵容了家庭暴力施暴者。这使施暴者可以肆无忌惮实施家庭暴力，同时使受害者处于冷漠无助状态，受暴者忍无可忍时往往容易发生“以暴制暴”的惨案。另一方面，对于家庭暴力，目前还没有形成一旦有家庭暴力发生，社区

---

① 北京大学法学院妇女法律研究与服务中心编：《家庭暴力与法律援助——问题·思考·对策》，中国社会科学出版社2003年版，第326页。

② 薛宁兰、宋美娅主编：《妇女受暴口述实录》，中国社会科学出版社2003年版，第240页。

居民、妇女组织、医院、警察、检察院、法院都有所行动的社会救助和处理机制。然而，只有多机构合作制止家庭暴力，才能收到良好的效果。

第五，防治家庭暴力的法律机制不健全。目前，我国防治家庭暴力的相关规定散见于《婚姻法》、《治安管理处罚法》、《刑法》、《民法通则》、《妇女权益保障法》等部门法律中，但因立法分散且某些规定过于原则，缺乏可操作性，往往出现“谁都有权管、但都管不到位”的情况，同时也不便于公民知法和守法。另外，在现实生活中很多妇女受害人在发生家庭暴力时，往往不知道利用法律来维护自己的合法权益，而是忍气吞声，最终在忍无可忍的情况下，才向有关部门寻求帮助。这表明普通民众的反家庭暴力的法律意识还有待培养。

（2）家庭暴力的不良后果

家庭暴力除对受害者产生严重的身体、心理摧残外，对家庭及其成员乃至整个社会都产生不利影响。

第一，摧残受害人的身心健康。在众多家庭暴力案件中，受害人的身心受到严重的摧残。如前所述，2008～2010 年湖南省四地区三机构受理的涉家庭暴力案件和纠纷中，以拳打脚踢为主的身体暴力是主要的行为方式（见表 3－9－4）。我们对家庭暴力被害人的个人访谈，也印证了家庭暴力对受害人身心摧残的普遍性。如前述的 A 区受害妇女佘某说：“我有时被打得口吐鲜血。” D 市受害妇女王某说：“我的脚后跟被他连砍了三刀，经 D 市中心医院诊断，骨头已断成 3 节，还有嘴下巴也被砍伤一刀，已缝 10 针，这是致命的一刀，要不是别人挡住，只怕我都没命了。”而 B 区受害人吴某说：“丈夫对我实施家庭暴力长达四年，致使我大小便失禁，月经紊乱，大脚趾骨折，头部疼痛难忍。”当然，某些施暴者为“不失身份”，实施以冷漠、讽刺、辱骂等行为为特征的精神暴力也时有发生。在对四地区三机构受理的家庭暴力案件和纠纷的统计中，身体暴力兼有精神暴力的案件有 2 起（见图 3－9－4）。这种精神上的折磨对受害人的身心健康也会造成严重影响。

第二，影响未成年子女的健康成长。除了受害者，受家庭暴力最直接影响的是未成年子女。对于子女而言，父母的一言一行都会成为孩子的榜样，特别是对于未成年子女，他们辨别是非的能力还很有限。父母之间的家庭暴力，压抑沉重的家庭氛围都容易对子女幼小的心灵造成伤害，有些家庭暴力行为，还容易波及或直接针对未成年子女，这些都严重影响到未成年子女的健康成长。有学者指出，有很多孩子不能忍受父母的虐待，只好离家出走，或在社会上流浪，或走上偷抢的犯罪道路，或成为被剥削的童工……[①]并且，还有学者指出，经常性的家庭暴力易形成代际传递，子女往往成为暴力的牺牲品，除了自身遭受家庭暴力，家庭暴力导致家庭残缺或教育不当是影响青少年犯罪的主要因素之一。[②] 例如，在对 D 市受害妇女王某进行个人访谈时，她无奈地告诉我们："孩子非常惧怕她的父亲，孩子的父亲在打骂我的时候，也会打骂孩子。孩子的老师也多次找我谈话，说孩子的性格非常固执，并且经常脾气暴躁，经常会与同班孩子打架。其实，我的孩子在刚上学家里还很和睦的时候，他是个很乖巧的孩子。"正如学者指出的那样：儿童最大利益原则已成为世界上许多国家处理一切涉及儿童事务的最高原则。[③] 为保障未成年人的健康成长，国家有责任积极采取措施防治家庭暴力。

第三，影响家庭的稳定。无论是夫妻间的家庭暴力，抑或是父母子女间的家庭暴力，无论是施暴一方的拳打脚踢，抑或是受害一方的心生怨恨及打击报复，都严重影响婚姻家庭关系的幸福和睦。在前述被调查 2008 ~2010 年四地区法院受理的涉及家庭暴力案件

① 参见佟丽华主编：《未成年人法学》（家庭保护卷），法律出版社 2007 年版，第 212 页。

② 陈雯：《家庭暴力研究：回顾与前瞻》，载《学习与实践》2008 年第 8 期。

③ 陈思琴著：《离婚后亲子关系法律制度研究》，中国社会科学出版社 2011 年版，第 32 页。

的审理结果中，有 52.80% 的案件被调解离婚或判决离婚（见表 3－11－1），可见家庭暴力对婚姻家庭的严重危害。

第四，影响社会的和谐。家庭暴力给社会带来了不稳定因素。不及时有效遏止家庭暴力，受害者本人又不知用法律保护自己，在忍气吞声、长期遭受暴力的扭曲心态下，往往会采取法律禁止的手段——故意杀人，杀夫报复，酿成恶性事件。这些都会极大的危害社会安定，影响社会和谐。

三、湖南省防治家庭暴力工作的成效和经验

湖南省防治家庭暴力的成效和经验，我们从立法和实践两个方面加以总结分析。

（一）湖南省防治家庭暴力的立法成效和经验

1996 年，湖南省妇联对湖南省内的家庭暴力情况进行了一次较大规模的调查。省妇联的调查表明，湖南省局部地区家庭暴力发案率高，性质恶劣且处理不力，于是在 1996 年年初，在高楼抛妻发生地长沙市政府制定了《关于预防和制止家庭暴力的若干规定》。[①] 此后，湖南省人大内务司法委员会向省人大常委会提出制定防治家庭暴力地方性法规的建议。经过反复修改，多次论证，2000 年 3 月，湖南省人大通过了《湖南省预防和制止家庭暴力的决议》（以下简称《决议》），这是全国第一部防治家庭暴力的省级地方性法规。该《决议》第 3 条规定：“基层司法行政机构、村（居）民委员会的调解组织和有关单位，应当及时调解家庭纠纷，化解矛盾，预防家庭暴力行为的发生。”第 7 条规定：“人民法院，对人民检察院起诉的家庭暴力案件或者被害人起诉的家庭暴力案件，应当依法及时审理。对造成人身财产损害的被害人提起附带民事诉讼的，应当依法判决施暴人承担相应民事责任。对因遭受家庭

① 陈苇：《论预防和制止我国家庭暴力的法律对策》，载陈苇著：《中国婚姻家庭法立法研究》，群众出版社 2000 年版，第 478 页。

暴力侵害而起诉的离婚案件，依法判决或者调解离婚的，在财产分割中应当依法维护被害人的利益。”第 9 条规定：“国家机关、社会团体、企业事业单位对因受家庭暴力侵害而投诉的公民，应当积极接待并协助有关方面调查处理。施暴人所在单位应当对施暴人给予批评教育，责令改正，并可以视情节轻重给予相应处分。”以上规定明确了湖南省各级基层司法所、人民法院以及妇联组织等部门及企事业单位在防治家庭暴力工作中各自的职责，为各机构各尽其职、配合工作，共同防治家庭暴力指明了方向。

（二）湖南省防治家庭暴力的实践成效和经验

自湖南省 2000 年颁布《决议》以来，由湖南省政府牵头，公安、检察、法院、司法、妇联等部门密切协作，人大加强监督，在湖南全省逐步构建了较为完整的防治家庭暴力工作网络，层层建立了预防和制止家庭暴力维护妇女权益的协调工作机构。全省公安系统层层建立了“家庭暴力 110 报警中心”、“家庭暴力投诉站”、“家庭暴力伤情鉴定中心”。湖南省各级法院设立了妇女维权合议庭。家庭暴力的受虐妇女能够通过各级法律援助中心，获得咨询、代理、非诉讼调解等各种法律服务。①

根据全省防治家庭暴力的立法与司法工作要求，我们所实地调研的四地区三机构都积极开展了预防和制止家庭暴力工作。湖南省防治家庭暴力实践的成效和经验主要有以下五个方面。

第一，对家庭暴力的处理强化司法干预，处理措施更加得力。

目前，司法人员通过培训对家庭暴力行为的违法性和危害性之认识均有所提高，普遍认识到家庭暴力对家庭成员人身、财产安全的危害。我国有学者指出，通过培训执法、司法人员，对警察进行提高解决家庭暴力能力的培训，对法官进行社会性别意识的培训，改革司法体制，如设立专门审理侵害妇女儿童权利的维权法庭，可

---

① 湖南省人大内务司司法委员会报告，载 http://www.women.org.cn/zhuanti/2002quanyi/hunan.htm，访问日期：2012 年 8 月 20 日。

以大大提高现有反家庭暴力措施的有效性。① 我们在对湖南省四地区法院法官进行个人访谈时，被访谈的法官认为，家庭暴力已经不仅仅是家庭内部事务，在必要情形下，应当对其采取法律干预，并认为采用专门的法律及时有效地处理，是防治家庭暴力的重要手段。

由于司法人员对于家庭暴力危害性认识水平的提高，对家庭暴力案件的司法干预较以前更加及时和充分。湖南省全省公安系统层层建立了“家庭暴力110报警中心”、“家庭暴力投诉站”、“家庭暴力伤情鉴定中心”。只要接到家庭暴力案件报案，警察马上出警，及时做伤情鉴定，收集现场的家庭暴力证据。对情节轻微的，一般采取训诫、拘留，对情节严重构成犯罪的，依法追究刑事责任。

第二，对涉及家庭暴力的案件和纠纷的处理，更加注重调解。

如前所述，根据2008～2010年四地区三机构受理的涉家庭暴力案件和纠纷的数量统计，妇联受理的数量所占比例最高，占67.44%（见图3－2－1）；司法所受理的占32.18%（见图3－3－1）；法院受理的占20.08%（见图3－1－1）。因此，妇联和司法所是处理涉及家庭暴力纠纷的第一道防线。而妇联、司法所对涉及家庭暴力纠纷的处理方式，主要是调解。在调解中主要采取批评、教育、劝说的方式，使施暴者认识和承认错误，表示愿意改正，受害者亦表示愿意原谅，夫妻和好。根据对2008～2010年的四地区法院的调研，在法院受理的家庭暴力引起诉讼离婚的案件中，调解和好的占家庭暴力案件总量的25.16%（见图3－11－1），并且，在法院的批评、教育和劝说下，一些施暴者认识到自己的错误，表示愿意改正，受害者表示撤诉的在当事人撤诉的案件中占41.46%（见图3－11－2）。关于家庭暴力案件的处理，多数被访谈的法官

① 李明舜著：《妇女权益法律保障研究》，国家行政学院出版社2003年版，第334页。

也认为，一律采取法律制裁手段制止家庭暴力存在片面性，应当以批评、教育和劝说为主。由此可见，对于涉及家庭暴力的案件和纠纷，四地区三机构注重采用调解的处理方式，取得了良好的社会效果。

第三，多机构合作处理涉家庭暴力案件和纠纷，收效显著。

在处理家庭暴力案件方面，法院与妇联等部门合作，成立了“妇女维权合议庭”。在审理涉及家庭暴力案件中，法官与来自妇联或其他行业的女性人民陪审员组成“妇女维权合议庭”，通过采取法制宣传、批评教育，使施暴者认识错误，在受害者表示原谅的基础上，尽量促使夫妻和好。但法院在处理家庭暴力案件时，并没有搞“一刀切”，没有采取只劝和或者只劝离的方式，基于保护家庭成员个人利益，维护家庭和谐的目的，具体问题具体分析，区别处理家庭暴力案件。如前所述，在 2008 ~ 2010 年湖南省四地区法院审理的 481 件涉及家庭暴力的案件中，有 19.54% 被调解离婚，有 33.26% 被判决离婚，即被调解离婚和判决离婚的合计占 52.80%，只有 11.64% 被判决不离婚（见表 3 - 11 - 1）。

在湖南省内，多机构防治家庭暴力的“联动统一平台”和人身保护令裁定等新举措被广泛实施。长沙市于 2009 年 5 月建立起反家庭暴力联席会议制度，[①] 包括法院、公安、检察院、司法、妇联、民政、工会、共青团、当事人所在单位、村（居）民委员会、基层人民调解组织等 20 多个部门和单位组成的联席会议成员，在工作协调、学习培训、合作机制等方面启动了“防治家庭暴力的联动统一平台”。同时，湖南省多数法院已经开始实施“人身保护裁定”措施。[②] 早在 2008 年 7 月，长沙市中级人民法院在审理一

---

① 陈勇、李军：《部门联动反家庭暴力》，载《湖南日报》2011 年 6 月 21 日第 3 版。

② 邓志伟：《人身安全保护裁定适用的回顾与展望——以湖南法院实践为例》，载《人民司法》2011 年第 8 期。

件二审离婚纠纷案件时，发现存在家庭暴力情况，经上诉人李某申请，颁发了首例人身安全保护裁定。随后，湖南省长沙市“联动统一平台”指挥公安、司法、妇联及当事人所在单位、街道社区等开展联动，协助执行该人身安全保护措施。强大的公权力干预震慑了施暴者吴某，他随即表示不再施暴，并主动要求和解，申请人李某表示愿意给对方一次改正的机会，向法院申请撤回起诉，暴力行为下紧张的夫妻关系重趋和谐。

根据我们的调研，从2008年到2010年，四地区法院受理的涉家庭暴力案件总数为481件，申请人身保护裁定的案件有16件，占3.33%（见图3－11－3）。从其效果看，人身保护裁定措施的实施暂时制止了施暴者的暴力行为，缓和了家庭矛盾。

针对家庭暴力受害者在寻求公权力保护时常常面临举证不能的情形，在被调研的湖南省四地区，各级妇联和政法机关大胆创新，对受害者给予最大程度的保护。司法机关一直倡导涉及家庭暴力矛盾纠纷，应该遵循“事前预防，事中制止，事后服务”的工作要求，全面、全程、全方位关爱和保护受害者，并将这一理念宣传到全社会。部分法官也认为，认定家庭暴力可以在一定条件下采用举证责任转移原则和优势证据原则，即当一方提供证据证明受侵害事实及伤害后果并指认系另一方所为时，举证责任即可转移至另一方，另一方承担提交证据证明其非加害人的责任，未提交反证的，推定其为加害人。当受害人所提交证据证明家庭暴力事实存在的可能性大于60%时，可以推定家庭暴力事实存在。此外，为保护家庭暴力受害者的权益，法官在离婚损害赔偿、分割夫妻共同财产等方面，也依法处理适当照顾受害人。目前，湖南省长沙市基层法院普遍设立“妇女维权合议庭”，至少有一名妇联系统或其他行业中热心妇女维权工作的女性人民陪审员担任合议庭成员，在庭审中注意保护涉家庭暴力案件受害妇女的利益。这些做法是公权力干预介入家庭暴力行为最直接、最及时的司法救济手段，使受害人及未成年子女的利益得到最大限度的保护。此外，对严重的家庭暴力人身伤害等案件，公安机关立案侦查，构成犯罪的，检察机关提起公诉，依法追究刑事责任。

第四，防治家庭暴力的社会联动情况纳入考评，成效显著。

为了将相关职能部门的力量整合起来形成合力，湖南省从 2004 年开始，在全国率先将“防治家庭暴力情况”纳入全省社会治安综合治理考评办法，考核各级政府工作成效。省综治委通过连续 7 年努力，形成了政府主导，法院、公安、检察、司法行政、妇联、民政、工会、共青团、当事人所在单位、村（居）民委员会、基层人民调解组织等部门联动，综合防治家庭暴力的工作体制。2009 年，湖南省高级人民法院出台《关于加强对家庭暴力受害妇女司法保护的指导意见》，从 21 个方面对涉及家庭暴力民事和刑事案件的审理进行具体规定。从七个方面积极探索对家庭暴力受害妇女的司法保护，如要求各级法院在立案环节中，着力为受害妇女口头起诉和减免诉讼费用提供便利；在证据采信上，着力解决家庭暴力受害妇女“取证难”的问题；在人身保护上，积极采取措施防止受害妇女在诉讼过程中再度遭受家庭暴力侵害。各级妇联加强信访“窗口”建设。近两年来，县级以上妇联共处理家庭暴力来信来访 3588 件，有力地维护了妇女的合法权益。在社区工作方面，长沙市芙蓉区自 2001 年起开展创建“零家庭暴力社区”工作，在各街道（乡）、居委会（村）分别设立维权工作站、点，在居民小组设立联络员。经过两年的工作，该区实现重大家庭暴力发生率为零，撤诉介入率为 100%。

第五，大力加强禁止家庭暴力的宣传，效果明显。

在防治家庭暴力宣传上，四地区的妇联联合其他相关部门通过板报、发放宣传资料、举行反家庭暴力法律知识宣传咨询活动等多种形式向社区居民宣传我国法律上关于禁止家庭暴力的相关规定，倡导构建和谐美满的家庭氛围，提高社区居民的法律意识和法制观念，通过宣传教育使广大群众增强男女平等的基本国策观念。这些宣传教育活动对营造防治家庭暴力的社会氛围起到了良好的作用，减少了家庭暴力的发生。在2012年“三八”国际妇女节来临之际，长沙市的“反家庭暴力志愿者联盟”正式成立，这是目前国内首家“反家庭暴力志愿者联盟”。在成立仪式上，300名反家庭暴力志愿者集体宣誓，他们成为防治家庭暴力的新力量。①

四、湖南省防治家庭暴力工作存在的不足与困难

我们从思想认识上存在的某些误区，少数司法人员的相关专业知识不足，家庭暴力的取证难、认定难、处罚难，人身保护令裁定实施少这四个方面对湖南省防治家庭暴力存在的不足与困难加以考察分析。

（一）思想认识上存在某些误区

总体看来，虽然被调研的四地区三机构工作人员对家庭暴力的认识有所提升，但仍然有少部分人在思想认识上存在某些误区。例如，在个人访谈中我们发现，有少部分警察、法院司法人员不能正确区分家庭暴力和家庭纠纷，认为家庭暴力是家庭私事，而“清官难断家务事”，没有对涉及家庭暴力案件及时认定和处理。此外，有部分受害人则认为“家丑不可外扬”，而对家庭暴力忍气吞声，不敢也不愿积极寻求公权力机关的帮助，更不懂得用法律维护自己的合法权益。这些都影响防治家庭暴力工作的开展。

（二）部分司法人员的相关专业知识不足

四地区有部分司法人员对相关法律、法规、规章及规范性文件的了解和认识程度不够、专业知识不足。在对被调研四地区法官、司法所调解员、妇联相关人员进行访谈时，了解对于涉及家庭暴力案件的审理以及家庭暴力纠纷的调解和处理，我们感受到，虽然有大部分人都能认识到禁止家庭暴力的重要性，但调查显示，有些法官对涉及家庭暴力案件的判决所依据的法律仅为《婚姻法》及

① 周黄：《首家反家庭暴力志愿者联盟长沙成立》，载中国广播网，http://native.cnr.cn/city/201203/t20120307_509255147.shtml，访问日期：2013年1月19日。

《民法通则》规定，对其他相关司法解释的规定适用极少。而对2008年7月31日，全国妇联、中央宣传部、最高人民检察院、公安部、司法部、卫生部联合印发《关于预防和制止家庭暴力的若干意见》的通知和2008年3月最高人民法院应用法学研究所制定的《涉及家庭暴力婚姻案件审理指南》等规定的精神，知道的人也不多。

（三）家庭暴力取证难、认定难、处罚难

1. 取证难

关于家庭暴力行为取证难，目前我国对涉及家庭暴力案件没有专门的证据规则，在民事诉讼中涉及家庭暴力案件的证据规则仍与普通民事案件相同，采取“谁主张，谁举证”的规则。我们在个人访谈中，几位法官介绍，家庭暴力一般发生在相对封闭的家庭内部，具有隐蔽性，因而证人极少，对于欠缺保留证据意识的受害者来说面临举证困难的问题。根据现有的“谁主张，谁举证”之证明规则，有很多家庭暴力的受害者在向法院起诉时仅有个人的陈诉，无法提供其他证据，这使法院很难认定是否存在家庭暴力，导致家庭暴力的受害者处于不利地位。根据我们调研所得的数据，2008~2010年，湖南省被调研法院及相关机关有关家庭暴力的证据认定中，只有当事人陈述的占38.2%。对于家庭暴力的举证责任，我国学者提出主张，法官可以基于事实，对举证责任进行分配，即如果受暴一方提出一些基本事实，可以证明其受到暴力，如医院的病历记载及其他相关情况的证实，那么另一方有义务证明其对该伤害无过错或者与其无关。此时举证责任方分配给被告。①

2. 认定难

关于家庭暴力行为认定难，目前我国规制家庭暴力的相关规定

---

① 李洪祥：《中国反家庭暴力立法可操作性探讨》，载薛宁兰主编：《国际视野本土实践——亚洲地区性别与法律研讨会论文集》，中国社会科学出版社2008年版，第231页。

散见于《民法通则》、《婚姻法》、《刑法》、《妇女权益保障法》、《治安管理处罚法》等法律及相关司法解释中。其中，2001 年修正后的《婚姻法》在第一章“总则”第 3 条明确规定“禁止家庭暴力”，第四章“离婚”第 32 条第 3 款第（二）项规定：“实施家庭暴力或虐待、遗弃家庭成员的。”经调解无效的，应准予离婚。第五章“救助措施与法律责任”第 43 条规定：“实施家庭暴力或虐待家庭成员，受害人有权提出请求，居民委员会、村民委员会以及所在单位应当予以劝阻、调解。对正在实施的家庭暴力，受害人有权提出请求，居民委员会、村民委员会应当予以劝阻；公安机关应当予以制止。实施家庭暴力或虐待家庭成员，受害人提出请求的，公安机关应当依照治安管理处罚的法律规定予以行政处罚。”第 45 条规定：“对重婚的，对实施家庭暴力或虐待、遗弃家庭成员构成犯罪的，依法追究刑事责任。受害人可以依照刑事诉讼法的有关规定，向人民法院自诉；公安机关应当依法侦查，人民检察院应当依法提起公诉。”第 46 条规定：“有下列情形之一，导致离婚的，无过错方有权请求损害赔偿：（一）重婚的；（二）有配偶者与他人同居的；（三）实施家庭暴力的；（四）虐待、遗弃家庭成员的。”但对于家庭暴力的认定标准、证据规则等未予规定，在具体适用上可操作性不足。2001 年 12 月 27 日，最高人民法院制定施行的《关于适用〈中华人民共和国婚姻法〉若干问题的解释（一）》[以下简称《婚姻法解释（一）》] 第 1 条规定：“……‘家庭暴力’，是指行为人以殴打、捆绑、残害、强行限制人身自由或者其他手段，给其家庭成员的身体、精神等方面造成一定伤害后果的行为。持续性、经常性的家庭暴力，构成虐待。”该条款对家庭暴力的概念作出了明确的界定，但这并不足以包括现实生活中的全部家庭暴力行为。有学者指出，“精神暴力和经济控制给受害人身心造成的伤害并不亚于直接的身体暴力”。[①] 而在司法实践中，仅凭该规定常常无法准确界定家庭暴力行为。这使法官对涉及家庭暴力案件的审判容易出现执法不一致的情况。在我们访谈的司法所部分人员中，有的就认为家庭暴力仅指动手打人，至于语言辱骂、长期不理睬对方乃至性暴力等行为都不是家庭暴力。还有的法官认为，应当以行为是否造成一定的伤害后果为依据来认定家庭暴力，即暴力行为应当构成故意伤害罪才能认定。其实，正如我国学者指出的那样，“将造成一定伤害后果”作为构成家庭暴力的条件和标准，显然界定标准过于严格，认定过于苛刻。如果未出现伤害后果则不能认定构成家庭暴力。在现实生活中，常常有许多家庭暴力没有伤害后果，而受暴者确实遭受了家庭暴力。“这种无伤害则无暴力的逻辑明显不利于对家庭暴力的认定，不利于对弱者权益的保护”。[②] 总之，由于现行司法解释对家庭暴力的界定不够全面，造成了司法人员对家庭暴力行为认定难。

3. 处罚难

关于家庭暴力行为处罚难，对于实施家庭暴力的法律责任，根据《治安管理处罚法》的第43条的规定，殴打他人的或故意伤害他人身体的，可处以拘留或罚款。[③] 同时，我国《刑法》中有故意杀人、强奸、故意伤害、非法拘禁、虐待、遗弃等罪名可以涵盖一部分家庭暴力行为，但因施暴者和家庭暴力受害人之间的特殊关

---

① 陈明侠、黄列主编：《性别与法律概论》，中国社会科学出版社2009年版，第216页。

② 参见薛宁兰主编：《国际视野本土实践——亚洲地区性别与法律研讨会论文集》，中国社会科学出版社2008年版，第225~226页。

③ 我国《治安管理处罚法》第43条规定：“殴打他人的，或者故意伤害他人身体的，处五日以上十日以下拘留，并处二百元以上五百元以下罚款；情节较轻的，处五日以下拘留或者五百元以下罚款。有下列情形之一的，处十日以上十五日以下拘留，并处五百元以上一千元以下罚款：（一）结伙殴打、伤害他人的；（二）殴打、伤害残疾人、孕妇、不满十四周岁的人或者六十周岁以上的人的；（三）多次殴打、伤害他人或者一次殴打、伤害多人的。”

系，司法上存在特殊身份的事实豁免。[①] 对于“亲告罪”，如果受害人本人不起诉的，则该涉及家庭暴力的行为不受法律制裁。

同时，根据我国现行《婚姻法》的规定，家庭暴力达到长期性构成“虐待”和实施家庭暴力的，可以成为诉请离婚的法定事由，并且受害人有权请求损害赔偿。根据《婚姻法解释（一）》第29条第3款规定，在婚姻关系存续期间，当事人不起诉离婚而仅依据《婚姻法》第46条规定提起损害赔偿请求的，人民法院不予受理。[②] 在婚姻关系存续期间，单独起诉损害赔偿请求不符合起诉条件。家庭暴力的受害人因殴打致伤起诉请求施暴人赔偿损失而未提起离婚诉讼的，不能被法院支持。也就是说，涉及家庭暴力的损害赔偿，只有在离婚时才可以提出，如果不离婚则不能提出此赔偿请求。在我们所调研的湖南省四地区法院、司法所、妇联三机构中，从2008~2010年，并无一例在婚内获得家庭暴力损害赔偿的。所涉家庭暴力赔偿案件全部为离婚损害赔偿或离婚经济补偿案件。此外，虽然家庭暴力的危害范围除了物质损害也包含精神损害，但大部分的家庭暴力案件的受害者都不能获得精神损害赔偿，尤其是双方当事人经调解和好的家庭暴力案件更是如此。现实中的司法机关更关注的是受害人身体损害的赔偿，而往往忽略精神损害的赔偿。例如，在我们调研的四地区法院受理的涉及家庭暴力案件481件中，在2008~2010年三年期间，涉及家庭暴力的离婚损害赔偿案件共计38件，占7.90%（见表3-11-4）。其中，身体损害赔偿共计37件，占97.37%，精神损害赔偿案件只有1件，占

---

① 荣维毅：《整合力量，推进反对针对妇女的家庭暴力的研究》，载《妇女研究论丛》2002年第1期。

② 《婚姻法解释（一）》第29条第3款规定：“在婚姻关系存续期间，当事人不起诉离婚而单独依据该条规定提起损害赔偿请求的，人民法院不予受理。”现行《婚姻法》第46条规定：“有下列情形之一，导致离婚的，无过错方有权请求损害赔偿：（一）重婚的；（二）有配偶者与他人同居的；（三）实施家庭暴力的；（四）虐待、遗弃家庭成员的。”

2.63%（见图3－11－4）。

（四）人身保护令裁定实施少

人身保护令裁定是制止和预防家庭暴力再发生的法律救济措施。四地区被访谈的法官均认为，人身保护裁定可以暂时制止施暴者的行为，但仍然存在一定程度的实施困难。一方面，申请数量少。虽在涉及家庭暴力案件受理及审理的过程中，法院会提示受害者可以申请人身安全保护裁定，但最终申请与否取决于受害者的个人意愿，现实中受害人申请人身保护令的极少。究其原因，有学者分析认为，在某些地区的司法实践中有些当事人基于各种考虑而不愿意申请人身安全保护裁定，或基于对人身安全保护裁定执行效果的不信任，或基于害怕施暴者报复，或基于担心婚姻解体，或基于担忧社会舆论影响等。① 在我们所调研的四地区法院中，2008～2010年共受理涉及家庭暴力的案件总数为481件，但申请人身保护裁定的仅有16件，占3.33%（见表3－11－3、图3－11－3）。另一方面，保护时间不长。人身安全保护裁定仅是一项临时的救济措施，其主要目的在于防止施暴者对受害者继续施暴，为受害者提供暂时性的人身保护。在四地区法院接受个人访谈的法官中，有的认为人身保护裁定只能暂时性制止施暴者暴力行为，其因保护时间不长，只能缓解家庭矛盾，还须针对家庭暴力的发生原因采取其他有针对性的防治措施，才能从根本上预防家庭暴力的再次发生。

五、推进防治家庭暴力工作的对策建议

在现代社会，促进人的发展和完善，应该作为社会发展的目标并成为衡量社会进步的标尺。② 通过此次调查，我们统计考察了湖

① 陈苇、段伟伟：《法院在防治家庭暴力中的作用实证研究——以重庆市某区人民法院审理涉及家庭暴力案件情况为对象》，载《河北法学》2012年第8期。

② 夏勇著：《人权概念起源——权利的历史哲学》（修订版），中国政法大学出版社2001年版，第176页。

南省四地区三机构受理的家庭暴力案件和纠纷的基本情况、分析了家庭暴力的发生原因，在总结防治家庭暴力工作的成效和经验，分析存在的不足及困难的基础上，为推进我国防治家庭暴力工作，维护妇女的合法权利，促进妇女的进步与发展，我们提出以下八个方面的对策建议。

（一）加强宣传教育，培养先进性别文化观念和法律意识

在我国，传统的婚姻是以夫权为中心的婚姻，它意味着夫对妻的统治。这种统治关系主要表现为夫对妻的支配权，这就造成了作为妻子的女性人格的部分丧失。在传统夫权观念残余影响下，有部分丈夫在家庭中居于支配地位，女性在家庭中处于弱势地位。为控制妻子，使之服从自己是部分丈夫实施家庭暴力的重要原因之一。

我们建议，以男女平等的基本国策为指导，继续大力宣传和树立男女平等的先进性别文化观念，消除男尊女卑、夫权统治传统观念的残余影响，树立夫妻家庭地位平等的观念，促进构建幸福和睦的婚姻家庭关系。针对我国各地家庭暴力屡禁不止、时有发生的情况，在公众和执法人员中进行先进性别文化与法制的宣传教育，是中国防治家庭暴力的基本路径。[①] 要继续加强对社会民众的法制宣传教育，使施暴者认识到家庭暴力行为的违法性和危害性；培养受害人维护自身合法权利的法律意识，及时寻求村（居）委会、妇联和司法所等机关的救助与司法机关的法律救济；使社会民众认识到家庭暴力行为的违法性和危害性，营造对家庭暴力“零容忍”的社会舆论氛围，使群众积极举报、作证，配合相关部门及时处理。并且，在宣传形式上，除了利用报刊、宣传单、小手册等传统形式外，还可以充分发挥宣传媒体的作用，利用广播、电视、戏剧、网络等群众喜闻乐见的信息平台来宣传防治家庭暴力的法律知

① 薛宁兰：《家庭暴力立法与妇女健康权保障》，载夏吟兰等主编：《呵护与守望——庆祝巫昌祯教授八十华诞暨从教五十周年文集》，中国妇女出版社 2008 年版，第 185 页。

识。妇联、法院、司法所还可以采取图表展览、法庭公审等形式进行禁止家庭暴力的宣传教育工作。另外，居（村）委会也可以组织群众开展“防治家庭暴力知识竞赛”活动，丰富群众的业余生活，达到普及防治家庭暴力法律知识的目的。在宣传时间上，除了继续坚持在具有特定纪念意义的日子开展法制宣传外，还可以充分利用周末、节假日等时间，因为在这些时间大部分群众没有工作上的压力，心情相对放松，也较易接受宣传，因此宣传目的也较易达到。①

（二）制定专门法律，构建防治家庭暴力的法律体系

基于人性尊严、生命权、身体不受伤害权等法律规定，对家庭暴力的受害人“国家有义务予以保障”。② 为体现法律应有的公平与正义，③ 我国必须完善立法以有效地规制家庭暴力。2011 年 9 月，全国人大法工委已经将防治家庭暴力立法纳入了立项论证工作。我们建议全国人大法工委加快立法进程，早日出台全国性《家庭暴力防治法》，从立法层面完善防治家庭暴力的各项工作机制，明确界定家庭暴力的认定范围，规定各部门的各自职责及责任追究机制，完善家庭暴力受害人救助的配套机制，增强可操作性。④ 我国立法机关可以参考 1996 年联合国经济与社会理事会人权委员会第 25 届会议通过的《家庭暴力示范立法框架》对家庭暴力专项法的目标、定义、投诉机制、法官职责、刑事诉讼、民事诉讼、服务条款等的说明与指导，结合我国家庭暴力的现状及有关机

① 陈苇、姜大伟、石婷：《防治家庭暴力情况调查报告——以重庆市某区某街道社区为调查对象》，载《海峡法学》2011 年第 9 期。

② 参见李震山著：《人性尊严与人权保障》，台湾元照出版社 2001 年版，第 171 页。

③ 参见易继明著：《私法精神与制度选择——大陆法私法古典模式的历史含义》，中国政法大学出版社 2003 年版，第 62 页。

④ 陈苇、石雷：《防治家庭暴力的地方实践研究——以重庆市某区 2009 ~ 2010 年防治家庭暴力情况为对象》，载《甘肃社会科学》2013 年第 3 期。

构防治家庭暴力工作的实际情况，进行此立法。[①]

我们认为，目前我国台湾地区于1998年6月24日公布的“家庭暴力防治法”（以下简称“台湾家庭暴力防治法”）的立法结构及有些规定，对于我国大陆立法亦具有一定借鉴意义。“台湾家庭暴力防治法”是一部防治家庭暴力的较为系统的专门规定，其内容涵盖了民事、刑事、家事到防治服务在内的四大范畴。第一章（第1条至第8条）通则部分就立法目的、家庭暴力、家庭成员等用语加以说明，明确各级政府成立家庭暴力防治委员会的组织与职权。第二章（第9条至第21条）规定法院依法定程序核发的民事保护令。第三章（第22条至第34条）规定防治家庭暴力的刑事程序。包括家庭暴力的构成要件，及法官、检察官、警察的裁量程序。第四章（第35条至第39条）规定父母子女与和解调解程序。第五章（第40条至第49条）整合与协调功能。对医事、社工、临床心理等各方面家庭暴力防治人员的职责和应履行的义务作出明确规定。第六章（第50条至第51条）规定违反本法禁止性行为应受的处罚。[②]

我们建议立法在内容和结构上可采纳《中华人民共和国家庭暴力防治法》（专家建议稿）。该建议稿共八章，分别是总则、行政干预、社会干预、民事干预、刑事干预、证据、法律责任、附则。[③] 该建议稿从人权理念和社会性别的视角出发，在指导思想上确立了家庭暴力防治法的基本原则；在概念上清晰界定了家庭暴力的定义；在组织上设立了防治家庭暴力委员会，确立了社会干预机制，构筑了多元化防治体系和服务网络；在救济措施上设立了民事

---

① 薛宁兰著：《社会性别与妇女权利》，社会科学文献出版社2007年版，第277页。

② 陈苇、秦志远：《我国台湾地区防治家庭暴力立法与司法之研究及启示》，载陈苇主编：《家事法研究》（2006年卷），群众出版社2007年版，第37～69页。

③ 夏吟兰主编：《家庭暴力防治法制度性构建研究》，中国社会科学出版社2011年版，第12～32页。

保护令制度，强化了家庭暴力的事前预防；在证据认定上完善了证据规则，合理分担了当事人的证明责任。[①] 我们认为，该建议稿弥补了现有法律对家庭暴力受害者救济的不足，构建了较为全面系统的家庭暴力责任体系。这符合“权利必须有救济的方法和程序”[②]之要求，将有利于保护家庭暴力受害人的合法权利。

（三）加强法官培训，设立专门法庭及时审理涉家庭暴力案件

为保证法官依法及时审理涉家庭暴力案件，一方面，要继续开展司法人员的法律知识和社会性别意识的培训教育。要通过培训教育，提高司法人员的法律知识水平，提高基层司法人员对家庭暴力行为的违法性和危害性的认识，转变“清官难断家务事”的观念，促使其愿意认真处理妇女受害的案件。[③] 同时，要着力培养司法人员的社会性别平等观念，使之具有对案件进行社会性别分析的素养和能力，使其在审判实践中依法及时处理家庭暴力，实现法律的公平与正义。正如我国学者指出的，在中国13亿人口中妇女人数近半。司法人员具有性别平等意识，将社会性别分析方法纳入司法实践，对于保障妇女和其他弱势群体的权益，公正执法具有重要意义。[④] 另一方面，要推广湖南省长沙市基层法院普遍设立“妇女维权合议庭”，专门审理涉及家庭暴力案件的经验。因为专门的法庭“在处理针对妇女的暴力案件时往往更加专业、性别敏感度也更

---

① 参见罗杰著：《防治家庭暴力立法与实践研究》，群众出版社2013年版，第271页。

② 程燎原、王人博著：《赢得神圣——权利及其救济通论》，山东人民出版社1998年版，第369页。

③ 台大妇女研究室编译：《妇女人权学习手册 在地行动与全球联结》，台湾心理出版社股份有限公司2005年版，第196页。

④ 陈明侠：《司法人员执法实践与社会性别》，载黄列主编：《性别平等与法律改革——性别平等与法律改革国际研讨会论文集》，中国社会科学出版社2009年版，第164～169页。

高，而且通常可以采取程序来加速对妇女暴力案件的处理”。[①]

（四）加强人民调解，继续构建预防家庭暴力的第一道防线

如前所述，关于家庭暴力发生的原因，排在前三位的分别是性格暴躁、疑有外遇、家庭琐事，针对上述情况，湖南省四地区妇联和司法所的工作人员开展了卓有成效的人民调解工作，对于家事纠纷的处理中，两机构处理的涉及家庭暴力纠纷数量各占67.44%和32.18%，可见，妇联和司法所实际上已成为防治家庭暴力的“第一道防线”。所以，建议今后应进一步加强人民调解工作，继续构建预防家庭暴力的第一道防线。有关部门应根据“以民为本”的政府工作理念，进一步加强对妇联和司法所的人民调解工作的业务指导、给予相应的专项工作经费，并对司法所和妇联的工作人员进行心理学、社会学、婚姻家庭法等知识的培训，以便针对当事人的不同情况，进行相应的调解、心理疏导工作，最大限度地发挥其“第一道防线”的作用。

（五）明确机构职责，推广多机构联动防治家庭暴力的经验

如前所述，湖南省防治家庭暴力的工作在许多方面都走在了全国的前列，其先进经验值得推广。例如，反家庭暴力联系会议制度、“防治家庭暴力的联动统一平台”以及将“防治家庭暴力情况”纳入湖南省社会治安综合治理考评办法，考核各级政府的工作绩效等。未来，我们应继续细化政府各部门的防治家庭暴力职责。财政、民政等有关部门应将防治家庭暴力纳入国民经济和社会发展计划，特别拨付专项资金，一方面，应当保证将防治家庭暴力工作的专项经费按时拨发到相关机构，使各项活动在经费的支持下正常、高效地推进、完成。[②] 另一方面，应当着力救助家庭暴力受

---

① 参见“联合国专家组反对针对妇女的暴力的立法框架”（H专门法院之注释），载夏吟兰主编：《家庭暴力防治法制度性构建研究》，中国社会科学出版社2011年版，第567页。

② 参见陈明侠等主编：《家庭暴力防治法基础性构建研究》，中国社会科学出版社2005年版，第258页。

害者及受害的其他家庭成员，尤其应注意对农村贫困家庭的妇女予以救济，改善贫困家庭的生活，预防因经济因素的家庭暴力之发生。医疗卫生行政部门应要求各医疗单位建立救助家庭暴力受害人的工作机制，明确医护人员的职责，及时为家庭暴力受害者出具相关医疗证据。医生有义务协助受害者完整记录伤情和出具诊断证明，并告知受害人应妥善保管医疗证明。[①] 统计部门应将家庭暴力的有关情况纳入统计范围，建立家庭暴力统计数据系统，为了解、分析家庭暴力的现状、发展趋势以及研究对策提供数据支持。司法局行政机关要指导和帮助居（村）民委员会等基层群众性组织、社会团体做好预防和制止家庭暴力、维护妇女权益的工作。

此外，我们建议将长沙市芙蓉区“零家庭暴力社区”活动的建设经验予以丰富和发展，推广到全省乃至全国，由基层党政领导负责，综合治理办公室等机关联合建立社区家庭暴力干预协调组织；利用社区警务室等为主要机构，建立社区家庭暴力投诉机构；招募家庭暴力信息员、志愿者队伍。通过家庭问题走访和心理疏导、法律帮助等制度完善社区防治家庭暴力的长效机制。居（村）委会及社区基层组织承担家庭暴力纠纷的投诉及调解工作。建立心理咨询机构，为有对家庭暴力倾向行为习惯者提供心理咨询及暴力行为纠正服务。建立回访制度，及时收集处理结果，总结经验，以利于推进今后的家庭暴力防治工作。

（六）适用“优势证据规则”，解决家庭暴力取证难

如前所述，家庭暴力案件证据认定主要来源于当事人口述，其他取证方式艰难。由于我国民事诉讼最主要的证据规则，即“谁主张，谁举证”，但是对于家庭暴力案件而言，其具有很大程度的特殊性，其通常发生在家庭内部，没有第三人证明，受害人往往很难提出自己受到侵害的充足证据。在施暴者矢口否认的情形下，家

---

① 参见陈苇、石雷：《防治家庭暴力的地方实践研究——以重庆市某区 2009 ~ 2010 年防治家庭暴力情况为对象》，载《甘肃社会科学》2013 年第 3 期。

庭暴力很难被认定。要求原告负全部举证责任，将使本来就处于弱势地位的受害人处于更加不利的地位，不利于家庭暴力中的受害人的权益保护。我们建议，在家庭暴力案件中对证据的采信，适用最高人民司法解释规定的“优势证据规则”。[①]。也就是说，只要受害者能提供一些“家庭暴力”的基础性证据，能够证明当事人之间很可能存在家庭暴力行为，而另一方当事人提供的证据之证明力低于对方的证明力，即可推定家庭暴力事实的存在。这样有利于保护受害人的合法权益。其中，基础性证据包括伤情照片、身体伤痕、证人证言、共同生活的家属提供的证言、被告书写的不再施暴的保证书、报警记录、社会团体的相关记录或证明、病历、录音录像、短消息、网络聊天记录。

（七）设立民事保护令制度，为受害人提供相应法律保障

自 2008 年 3 月最高人民法院中国应用法学研究所编发的《审理指南》中首次提出了民事保护令制度，并在全国部分法院试行。我们建议，在我国未来的《家庭暴力防治法》中设立民事保护令制度，其内容包括申请人的条件和申请程序，民事保护令的内容、效力及执行等。其中民事保护令主要内容包括：（1）人民法院可以命令被申请人远离申请人，与受害者和其子女的住所、工作单位、学校或其他申请人经常出入的地点保持一定的距离；（2）人民法院可命令被申请人向申请人提供经济帮助，包括支付医疗费、金钱赔偿、心理治疗费用等以及房租、子女抚养费、保险费、生活费；（3）禁止被申请人接触申请人，或安排第三人接触申请人；（4）禁止被申请人再次对申请人或其亲友实施家庭暴力；（5）禁止被申请人购买、使用人民法院指定的具有杀伤力的工具；（6）

① 《最高人民法院关于民事诉讼证据的若干规定》第 73 条第 1 款规定：“双方当事人对同一事实分别举出相反的证据，但都没有足够的依据否定对方证据的，人民法院应当结合案件情况，判断一方提供证据的证明力是否明显大于另一方提供证据的证明力，并对证明力较大的证据予以确认。”

被申请人必须及时向人民法院报告行踪；（7）民事保护令生效期间，被申请人不得擅自处分价值较大的夫妻共同财产；（8）有必要且具备条件的，人民法院可以责令被申请人暂时搬出双方共同的住处。[①] 我们认为，作为保护家庭暴力受害人的民事救济措施，民事保护令可以单独被提出申请，而不须以提出离婚诉讼为条件。[②] 民事保护令裁定发出后，法院应抄送被申请人所在单位及其居所地的司法所和村（居）委会，由司法所承担监督被申请人执行民事保护令的义务。

（八）发展经济和完善社会保障措施，预防和减少家庭暴力

如前所述，家庭暴力在农民、无业者、无固定职业等低收入和无固定收入的家庭中发生较多，针对此因经济收入低、生活压力大而导致的家庭暴力，我们建议，根据党的十八大提出的“改善民生”和在2020年实现全面建成小康社会的目标，发展经济和完善社会保障措施，努力从源头上预防和减少因经济原因发生的家庭暴力。在农村，要大力推广先进农业技术，制定保证增产、增收的政策，努力提高农民的经济收入；在城市，要大力发展经济，提供更多的就业岗位，促进就业，切实“改善民生”，并且在城乡逐步完善相关社会保障措施，切实“保障民生”，以预防和减少由于经济原因发生的家庭暴力。

---

① 参见秦志远著：《基于性别的家庭暴力之民法规制——中国法与美国法之比较》，群众出版社2012年版，第261页。

② 据悉，截至2012年9月，全国试点人民法院，除了在离婚案件中发出人身安全保护裁定外，还在抚养、赡养、婚姻自主权、解除同居关系等案件中发出过人身安全保护裁定。参见陈敏著：《涉家庭暴力案件审理技能》，人民法院出版社2013年版，第60页。

第四章 海南省防治家庭暴力情况实证调查研究*

一、海南省防治家庭暴力情况实证调查概述①

关于海南省防治家庭暴力情况实证调查概况，我们从以下三个方面简要介绍：一是调查背景；二是调查对象；三是调查方法。

（一）调查背景

在我国，随着社会经济的发展，人们的物质生活水平有了很大提高，但是某些根深蒂固的传统思想以及大男子主义思想的流毒依旧对人们有着很大影响。部分人始终认为“老公打老婆，父母骂孩子”之类的行为是天经地义的。不仅如此，社会转型时期看病难、买房难、工作难等现状加剧了人们的焦虑情绪，有时也使得婆媳之间、父母与子女之间产生摩擦，家庭暴力时有发生。常言道：“清官难断家务事。”家庭暴力这种社会现象，在很长一段时间内都被国人当做一类“家务事”来看待，相关部门在处理这类问题时也遇到一定困难。目前，我国防治家庭暴力的立法已于2011年

---

* 本章作者简介：叶英萍，海南大学法学院教授、硕士生导师、中国法学会婚姻家庭法学研究会常务理事；张浩、宋莉、顾天羽为海南大学2009级文科实验班学生。

鸣谢：海南大学2009级文科实验班全体同学参加了本次调查工作，在此向他们表示衷心的感谢！

① 本章以海南省被抽样地区的法院、妇联、司法所三机构之防治家庭暴力工作情况为研究对象。

被国家立法机关提上日程。为了解海南省防治家庭暴力实践情况，我们在海南省全省范围内选取了四个市县进行实地调查，从实际出发，总结海南省防治家庭暴力的成效和经验、存在的不足与困难，并在此基础上提出相关对策建议，以期破解海南省家庭暴力案件的处理困局，为海南省国际旅游岛的建设和我国防治家庭暴力立法的完善，贡献绵薄之力。

（二）调查对象

本次调查的对象，从地理位置、经济发达程度、民族分布等角度综合考虑，选取具有一定代表性的 A 市、B 市、C 市、D 县四个地区作为抽样调查样本（以下简称海南省四地区）。从地理位置考虑：A 市位于海南省北部，B 市、C 市分别位于海南省东部与西部，而 D 县则位于海南省南部，在地理位置上涵盖了整个省；从经济角度考虑：A 市与 B 市经济较为发达，而 C 市与 D 县则相对落后；从民族角度考虑：A、B、C 三市均以汉族为主，而 D 县则是一个黎族苗族自治县，在民族分布上也做到了兼顾。

（三）调查方法

1. 问卷调查法

问卷分为四部分：第一部分为针对法院司法工作人员的问卷；第二部分为针对妇联工作人员的问卷；第三部分为针对司法所人民调解员及相关工作人员的问卷；第四部分为则针对家庭暴力当事人的问卷。

2. 数据统计法

本次调查通过对海南省四地区的法院、妇联、司法所（以下简称三机构）2008～2010 年所记录的家庭暴力案件和纠纷进行统计。包括对相关案件和纠纷三年的总体情况与每年的数据情况进行统计，并按照家庭暴力发生原因，施暴者、受害者的个人信息，案件处理结果等指标对相关案件和纠纷进行分类统计。

3. 资料查询法

本次调查通过互联网在海南省相关政府官方网站、CNKI 数据库等处查询相关立法文献、新闻信息、个案案例、年鉴统计数据、专业学术论文等。

二、海南省防治家庭暴力实证调查情况的统计分析

在本次调查中，我们共取得法院、妇联、司法所三机构工作人员问卷访谈记录 15 份，家庭暴力受害者访谈记录 1 份。共收集到 2008～2010 年家庭暴力的案件和纠纷总计 445 件，其中妇联受理投诉的涉家庭暴力纠纷 408 件，法院受理的涉家庭暴力案件卷宗记录 32 件，司法所及人民调解委员会受理的涉家庭暴力纠纷 5 件。另外还有海南省高级人民法院提供的涉家庭暴力案件 12 件，海南省妇联提供的《海南妇女维权实录》1 本，相关调查记录 1 篇。

家庭暴力作为一种社会顽疾，在不同地区、民族、国家和不同的历史时期都有存在。海南省的家庭暴力现象既有与全国其他地区相同的共性，也有着自己的独特性。

（一）海南省四地区家庭暴力情况的共同点

1. 家庭暴力现象较为普遍存在

无论是在海南还是在全国其他省市，家庭暴力都是普遍存在的社会现象。例如，从 2003～2005 年，吉林省妇联收到的有关家庭暴力的信访案件多达 2943 件。[①] 海南也不例外，本次抽样调查发现海南省四地区均有一定数量的家庭暴力案件和纠纷存在，从 2008～2010 年四地区妇联受理的涉及家庭暴力纠纷的数目上可以略窥一二（见表 4－1）。

---

① 柏晶、白艳、顾峻：《走出家庭暴力的阴影——对吉林省家庭暴力现象的调查》，载《长春理工大学学报（社会科学版）》2009 年第 3 期。

表4-1 2008~2010年海南省四地区妇联受理的家庭暴力纠纷数量

地区 年份	A市（件）	B市（件）	C市（件）	D县（件）	合计（件）
2008	132	32	33	20	217
2009	158	57	45	18	278
2010	100	43	40	21	204

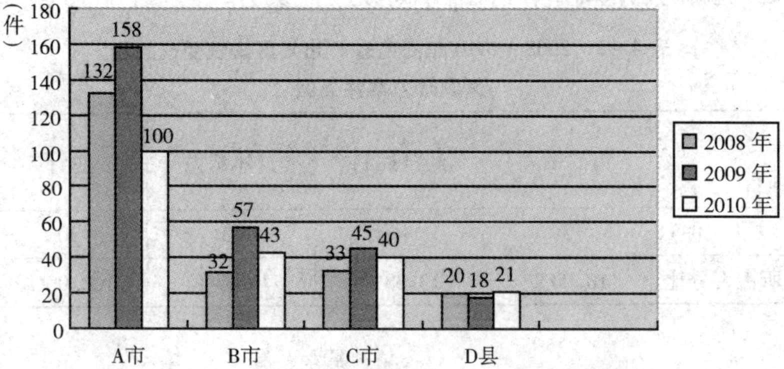

图4-1 2008~2010年海南省四地区妇联受理的家庭暴力纠纷对比图（件）

从图4-1中可见，2008~2010的三年期间，四地区妇联受理的涉家庭暴力纠纷数目呈一种平稳的有起伏的波浪状态，即三年期间发生的家庭暴力纠纷数目有起有落，但差别不大。各个县市由于其自身城市规模的大小不同，导致妇联管辖范围的不同，因而有记载的家庭暴力纠纷的数目也存在较大的差异。不过我们依旧可以看到，四地区家庭暴力均有发生，并没有哪个市县能够完全杜绝这种情况。

2. 家庭暴力手段与形式多样化

长期以来，很多人一直有着这样的误解：家庭暴力就是夫妻一方打另一方。但随着社会的发展，家庭暴力也单纯地从殴打演变成多种行为方式并存的复合形态。从对象上看，包括丈夫侵害妻子、妻子侵害丈夫、父母侵害未成年子女、儿媳侵害公婆等。而在手段上则表现为身体暴力、经济控制、精神暴力、性暴力等。例如，从C市某区法院收集到的案例来看，在30起有关家庭暴力的案件中，有3起精神暴力、4起经济控制，其余的是身体暴力。虽然前两者所占的比例不大，但是我们发现，随着社会的发展，一方对另一方的不理不睬，言语攻击以及精神上的折磨和财产上的限制都已被列入家庭暴力的范畴中，这在以前是无法想象的。

表4-2　2008~2010年海南省C市某区法院受理的涉家庭暴力案件类型

项目＼类型	精神暴力	经济控制	身体暴力	总计
数量（件）	3	4	23	30
所占百分比	10.00%	13.33%	76.67%	100.00%

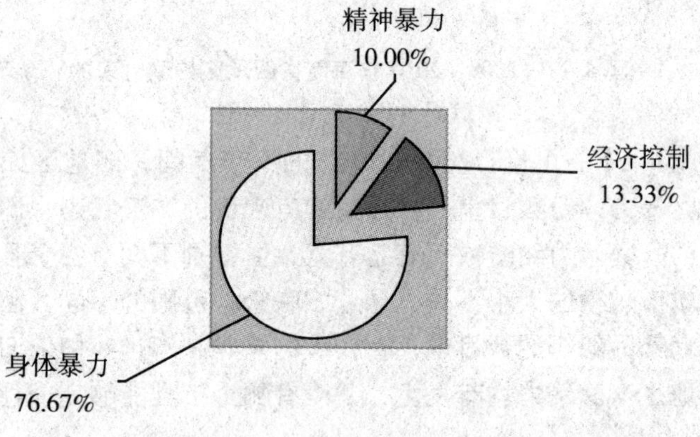

图4-2　2008~2010年海南省C市某区法院受理的涉家庭暴力案件类型比例

除此之外，就身体暴力而言，拳打脚踢也不再是唯一的途径，在我们的调查中发现，施暴人除殴打等常见方式外，还有烟头烫、用皮鞋敲脸、抓住受害人的脸朝墙上撞等更为极端的方法。我们在C市发现的一起案例就是如此，即施暴人用皮鞋跟儿敲打受害人的面部，同时用烟头烫其大腿等部位，最后造成了严重的伤害后果。

以上案例表明，家庭暴力的手段和形式在不断地变化。今后，家庭暴力所含的形式和手段会更加多样化。

3. 家庭暴力后果严重

如果说家庭暴力仅仅是对受害人产生严重后果，那是相对偏颇的。家庭暴力除了对当事人产生肉体、精神方面的严重摧残外，对当事人的亲属、子女乃至社会都会产生很大的影响。

（1）危害婚姻稳固

婚姻乃嫁娶之事，是男女双方为当时社会制度所认可的两性关系的结合。古语有云：相敬如宾，举案齐眉。就是形容夫妻间互敬互爱，相互尊敬的婚姻状态。我国《婚姻法》第13条明确规定："夫妻在家庭中地位平等。"这是希望夫妻双方在婚姻中建立一种平等、和睦的关系。但是家庭暴力的出现显然打破了这种平等状态，无论是拳打脚踢还是口出污言秽语，施暴的一方显然已经打破了双方地位的平等。偶尔的一两次殴打也许不会造成什么后果，但是随着时间的推移，一旦达到了受害人的承受极限，其势必会做出相应的反应，要么不堪忍受提出离婚，要么心生怨恨实施报复。无论哪种情况，都会对婚姻的稳固造成影响。在我们这次调查中，从法院获取的32起离婚案件里，起诉书中都提及一方对另一方实施家庭暴力，并以此作为感情破裂，提出离婚的理由之一。家庭暴力对婚姻稳固的危害可见一斑。

（2）影响未成年子女的健康成长

俗话说：父母是孩子最初的老师。对于子女而言，父母的一言一行都会成为孩子的榜样，特别是对于未成年子女，他们辨别是非的能力还很有限。父母之间存在家庭暴力，很容易对他们幼小的心灵造成伤害，当他们长大后组建新的家庭时，或许童年心中残留的阴影就会在此爆发出来。即使没有这种后果，一个存在家庭暴力的家庭，其家庭氛围必定是压抑沉重的。显然，这种氛围不利于未成年人的健康成长。

（3）影响社会和谐

人们常说：家庭是社会的细胞。对于一个生物而言，当细胞出现问题，其机体的新陈代谢必定也会受相应的影响。同样，当一个个小的家庭出现问题时，社会必然也会受冲击，出现不稳定。家庭暴力使人身心俱疲，从而无心工作，难以积极生活。例如，我们所采访的一位家庭暴力女性受害人谈道，她所在的那个村子“重男轻女”的思想十分普遍，丈夫打骂妻子的现象时有发生。同样，一旦家庭中这种肆意践踏人的生命权、健康权及人格的思想在社会中蔓延开来，对整个社会大风气的负面影响将会是十分严重的。

（4）引发恶性杀人、伤害事件

如前所述，很多家庭暴力案件的手段是极其残忍的，这使得受害者忍无可忍对施暴者展开了报复。通常，这种报复是相当激烈且后果严重的。我们从海南省高级人民法院了解到，2008～2010 年的三年期间有 12 起关于家庭暴力受害者对施暴者进行报复导致严重后果的刑事案件。

4. 公权力介入难

通常，法院、妇联、司法所是涉家庭暴力案件和纠纷的主要处理机关，除法院外，妇联、司法所都不能对加害人采取强制措施，处理方法主要是调解。我国《婚姻法》第 43 条至第 45 条规定的对家庭暴力受害人的救助措施，必须以受害人提出“请求”为前提。在我国现实生活中，一方面是当事人不愿找公权力机关，另一方面是公权力机关必须在当事人求助时才能依法介入。这导致的结果是，家庭暴力的处理始终存在公权力干预介入难的问题，这已成为相关部门处理家庭暴力的一处硬伤。①

此次调查中，无论是从三机构工作人员还是家庭暴力当事人的叙述中，我们都可以发现，家庭暴力的处理始终存在公权力介入难的问题。例如，在我们对四地区法院、司法所、妇联三机构的工作人员所做的14份个人访谈中，对于“您所在的机关处理家庭暴力案件是否得力?”这一问题的答案有着高度的一致。有13份个人访谈的对象都认为，其所在机关对家庭暴力案件的处理并不得力。而对于处理家庭暴力案件不得力的原因，他们的回答又有着惊人的一致（见表4-3）。

表4-3 14名被访谈者认为其所在机关处理家庭暴力案件不得力的原因数据汇总

原因	法律规定不健全	执行难	证据收集难	受害人不反映	其他
人数（人）	0	0	13	13	1

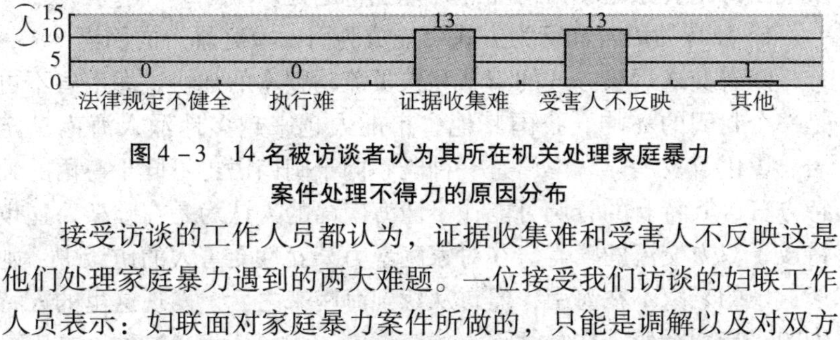

图4-3 14名被访谈者认为其所在机关处理家庭暴力案件处理不得力的原因分布

接受访谈的工作人员都认为，证据收集难和受害人不反映这是他们处理家庭暴力遇到的两大难题。一位接受我们访谈的妇联工作人员表示：妇联面对家庭暴力案件所做的，只能是调解以及对双方当事人进行法制教育，有些受害者甚至只是打电话来妇联咨询一下，一旦妇联想进一步介入，受害人却往往拒绝。法院处理相关民

① 顾天羽、叶英萍、张浩、宋莉：《海南家庭暴力现状与防治初探》，载《海南大学学报（人文社会科学版）》2012年第3期。

事案件的法官则说："家庭暴力很难在司法实践中得到认定。因为受害人一般不会在家庭暴力行为结束后立即去医院治疗或到相关鉴定机构进行拍照和伤残等级评定。离婚提起诉讼时即使其在起诉书中提出存在家庭暴力，由于证据的缺乏，也很难得到法院的支持。"在我们对一名家庭暴力受害者进行的访谈中，她说道：在法院、公安、妇联几个机关中，只有法院的作用稍大一些，但也仅限于在离婚判决时多判一些扶养费。

现实生活中，家庭暴力的受害人会选择非法律的方式解决家庭暴力。这些人或者是找亲友、干部调解，或者是让家人来出面解决，但很少有人到公安机关或其他司法机构求助。显然，无论是公权力机关人员还是受害者，对公权力介入干预家庭暴力所起的作用都认为不大。

（二）海南省四地区家庭暴力情况的特殊性

前面论述了海南省被抽样调查四地区三机构防治家庭暴力的现状，其与全国其他地区有某些共同之处。在我们的调查过程中，还发现了海南省家庭暴力情况的一些独特之处。

1. 独特的语言和行为方式可能成为引发家庭暴力的因素

随着交通运输方式的革新和人员流动频率的加快，海南省不再是一个封闭的岛屿，我国其他省市的人越来越多地涌入海南岛定居、谋生、发展。海南语是一种既不同于闽南语也不同于粤语的独特方言，其特有的音调可能让不懂海南语的人认为是在吵架，这也造成了双方交流的障碍。在对家庭暴力某女性受害人的访谈中，她谈道她的老家不在海南，但自从嫁到海南来之后，发现这里的人特别凶，特别野蛮。在继续深入的交谈中，我们认为，这种一方当事人感到所谓的“凶”与“野蛮”，其实大多是语言沟通的障碍造成的错误印象，但这同时也成为可能引发家庭暴力的因素。

2. 女性在家庭暴力中的绝对劣势

在我们收集到的 2008 ~ 2010 年海南省四地区三机构受理的 445 件涉及家庭暴力案件和纠纷中，家庭暴力的施暴者为男性的高达443人，占99.55%，家庭暴力的施暴者为女性的，仅有2人，占0.45%（见表4-4、图4-4）。女性在家庭暴力中处于劣势也许并不令人惊讶，但像海南家庭暴力中女性的绝对劣势地位则必然值得思考。在海南省，许多农村受传统思想的影响还比较大，“男尊女卑”的思想普遍存在。接受我们访谈的家庭暴力受害人也提及，在她丈夫所在家庭中，她丈夫的奶奶、姐妹都得听她丈夫的。也许就是这种环境养成了海南男人在家庭中的强势地位，导致了女性在家庭暴力中的绝对劣势。

表4-4　2008～2010年海南省四地区三机构受理的涉家庭暴力案件和纠纷施暴者性别统计

性别 项目	男	女
施暴者	443	2
所占百分比	99.55%	0.45%

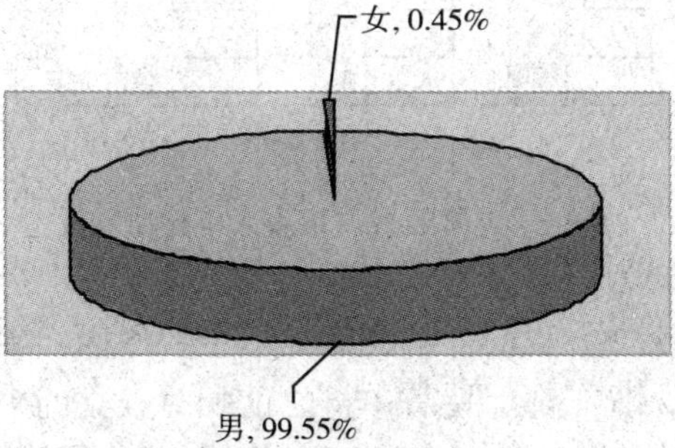

图4-4　2008～2010年四地区法院受理的涉家庭暴力案件施暴者性别比例

3. 中青年夫妻是家庭暴力的“主力军”

在调查收集到的445件涉家庭暴力案件和纠纷中，有440件是属于丈夫侵害妻子；其中，当事人的年龄多集中在26～35岁与

36～49岁这两个年龄层，而50岁以上的较少（见表4－5）。①

表4－5　家庭暴力当事人年龄分布情况

数量/年龄	18～25岁	26～35岁	36～49岁	50岁以上	合计
施暴者人数	2	55	52	23	132
所占百分比	1.52%	41.67%	39.39%	17.42%	100.00%
受暴者人数	15	38	55	24	132
所占百分比	11.36%	28.79%	41.67%	18.18%	100.00%

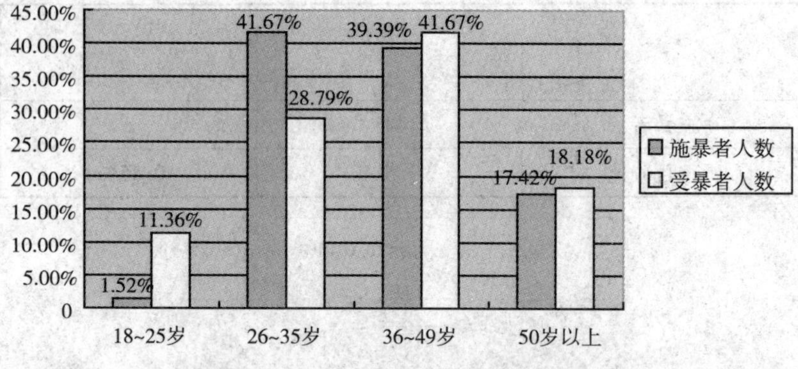

图4－5　家庭暴力当事人年龄比例图

中青年夫妇为何会成为家庭暴力的“主力军”？在与相关机构工作人员的访谈中，我们了解到有如下主要原因：中青年夫妻由于结婚时间不长，双方都保持着单身之前相对独立的个性，还没有适应把夫妻与家庭作为一个整体考虑的思维习惯，因此双方的矛盾冲突是比较频繁的，导致了家庭暴力发生率比较高。而中年夫妇在事业上与经济上获得了相对于年轻时巨大的进步，夫妻双方（主要

① 部分案例无法得知当事人的具体年龄，以下是可详细得知当事人年龄的132个案例的统计。

是丈夫相对于妻子而言）在见识上、思维模式上等方面的差距越来越大，双方的共同语言越来越少，矛盾也相应积聚，最后形成家庭暴力。50 岁以上的老年夫妻并不是没有家庭暴力的存在，而是经过了几十年的婚姻生活，一方对另一方的家庭暴力达到了逆来顺受的程度，只要不是太过分，一般都能忍受。为了家庭，为了子女，为了面子，一方一般会选择忍气吞声。

4. 各地发生家庭暴力的原因具有地域特色

在问卷中，我们设置了酗酒、赌博、吸毒、嫖娼、疑有外遇、草率结婚、重男轻女、家庭琐事、经济纠纷、性格暴躁等 14 个引起家庭暴力的原因。但在实地调查中，我们发现在 C 市收集到的案例中，排在前三位的原因是酗酒、赌博和性格暴躁，分别占 45.45%、30.30%、15.15%，三项合计占 90.90%；而在 A 市排在前三位的原因是酗酒、赌博、吸毒，分别占 53.5%、34.9%、7%，三项合计占 95.4%（见图 4－6、图 4－7）。

表 4－6　C 市家庭暴力的原因数据统计

原因	酗酒	赌博	吸毒	嫖娼	疑有外遇	性格暴躁	婚前性行为	家庭琐事
数量	15	10	1	1	0	5	0	1
比例	45.45%	30.30%	3.03%	3.03%	0	15.15%	0	3.03%

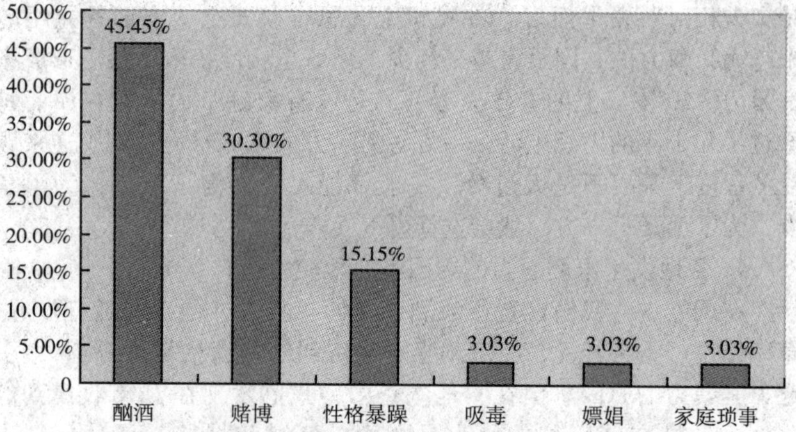

图4－6　C市家庭暴力的原因比例

表4－7　A市家庭暴力的原因数据统计

原因	酗酒	赌博	吸毒	嫖娼	疑有外遇	性格暴躁	婚前性行为	家庭琐事
数量	23	15	3	0	2	0	0	0
比例	53.49%	34.88%	6.98%	0	4.65%	0	0	0

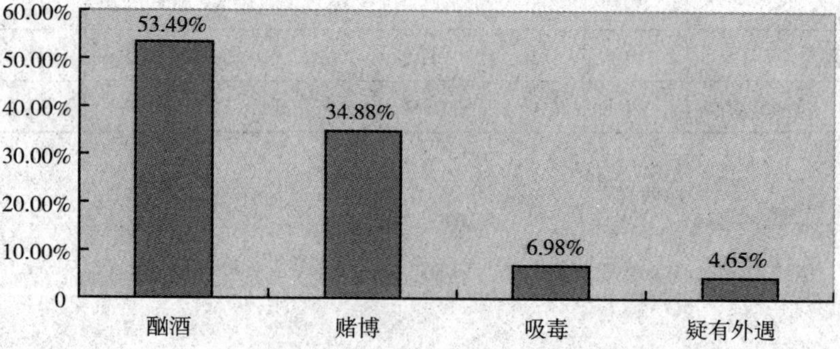

图4－7　A市家庭暴力的原因比例

表4－6、表4－7分别是C市与A市的家庭暴力原因概览。B市虽没有详细的案例统计，但是相关人员告诉我们由于吸毒而引起的家庭暴力案件是极少的。相反，B市引起家庭暴力的主要原因是

经济纠纷。可见，被调查的几个市县引起家庭暴力的主要原因各不相同，这其中的原因是复杂的。这种现状也启示我们对不同地区的家庭暴力问题要有针对性地分析处理，不能一概而论。

三、海南省防治家庭暴力工作的成效和经验

目前，海南省在防治家庭暴力的立法与实践中取得了一些成效和经验。下面分别从立法、司法、社会力量介入三个方面做简要介绍。

（一）制定地方性立法，明确防治家庭暴力的部门职责

早在2005年，海南省人民代表大会就通过了《海南省预防和制止家庭暴力规定》（以下简称《规定》）。该《规定》共计21条，比较全面地对家庭暴力的定性、救助、取证、处理整个过程进行了规定，并且明确规定了人民政府与相关机构的职责职能以及违规责任。这使家庭暴力不再是单纯的“家务事”，司法机关、妇联、司法所及居（村）民委员会均在防治家庭暴力中联合发挥着作用。

（二）加强司法救助，重视人民调解

据有关资料显示，[①] 在2006年，海南就建立了“家庭暴力预警系统”，该系统将公安、妇联、司法所等部门联合起来，既避免了妇联没有执法权的尴尬，也解除了公安机关对家庭暴力这类特殊案件处理难的困扰。各社区警务室设立了家庭暴力投诉点，同时，各基层司法所还设立家庭矛盾纠纷调解站，在农村（社区）设立家庭矛盾纠纷调处点。由各司法所和农村调解组织负责，对管辖本辖区发生的家庭矛盾纠纷调处，及时化解矛盾纠纷，预防和制止因家庭矛盾引发家庭暴力行为的发生。该系统的运作可以使家庭暴力

① 纪燕玲、黄培岳：《海南首个“家庭暴力预警系统”启动遭遇家庭暴力可到派出所报案》，载搜狐新闻，http://news.sohu.com/20060114/n241429204.shtml，访问日期：2013年1月20日。

案件得到及时接警、及时处理、及时救助，避免了由一般家庭案件转化为恶性杀人、伤害等刑事案件。

（三）社会力量介入，各机构形成防治家庭暴力的合力

除了前述立法和司法救助及人民调解外，以妇联为主的广大社会力量也是防治家庭暴力的重要力量。2009 年海南省开通了“反家庭暴力热线”，全省已设立家庭暴力投诉站 295 所、家庭暴力投诉点 435 个。省妇联还积极联合省公安厅制定下发《开展预防和制止家庭暴力专项工作规则》（以下简称《规则》），要求各市县相应成立预防和制止家庭暴力工作指导小组，指导和开展反对家庭暴力工作。《规则》进一步细化了前述《规定》的防治措施，建立了预防和制止家庭暴力的预防、受理、处理、跟踪、反馈等机制，明确规定公安机关、妇联组织预防和制止家庭暴力的具体职责，受暴妇女的救济途径，公安机关和妇联组织及其工作人员违反《规则》的具体责任等。《规则》出台后，各级公安民警的反对家庭暴力意识有所增强，以“家务事”为由推卸查处家庭暴力违法犯罪行为的现象减少，依法给予及时处理。

四、海南省防治家庭暴力工作存在的不足和困难

从实地调研中，我们也发现海南省在防治家庭暴力的实践中还存在某些不足和困难，主要有以下四个方面。

（一）干预难

1. 受害者自我保护意识差，不能及时向有关部门反映或求助

在本次调查中，我们通过走访法院、妇联和司法所，在与一些家庭暴力当事人的交谈中了解到：在家庭暴力的施暴者和受害者中，有 95% 仅具备高中及高中以下文化水平。受害者法律意识淡薄，用法律武器保护自身合法权益的观念不强。他们在遭受施暴者的家庭暴力之后，选择的方式大多数是周而复始的妥协和退让。根据调查数据显示：在家庭暴力的受害者之中，有 41% 受害者选择息事宁人的态度和忍气吞声的做法，不愿声张自己受到家庭暴力的

事实。一些受害者宁愿选择离家出走、自杀等极端的方式，也不愿向有关部门反映情况或者求助。

家庭暴力的受害者这种不愿声张和不寻求有关部门干预的态度，不仅使施暴者变本加厉、无所顾忌，也增加了有关部门干预和制止家庭暴力行为的难度和障碍。

2. 我国法律的规定使有关部门不能主动介入家庭暴力事件

我国《婚姻法》第45条规定："对重婚的，对实施家庭暴力或虐待、遗弃家庭成员构成犯罪的，依法追究刑事责任。受害人可以依照刑事诉讼法的有关规定，向人民法院自诉；公安机关应当依法侦查，人民检察院应当依法提起公诉。"《婚姻法》的规定将家庭暴力事件列入自诉案件的范围之中，即有关家庭暴力的案件只要当事人不告诉，司法机关不进行干预。《婚姻法》这项规定的初衷在于保护当事人诉与不诉的自由。但是，在实地调查中我们发现，在接受调查的受害者中，有52%的受害者在遭受家庭暴力的最初并没有向救助机构求助。他们之中有的认为家庭暴力终究是"家务事"而不愿告上法庭将家丑公开，有的则为了维护家庭的完整，害怕离婚后自己无处落脚无法生存。受害者出于种种顾虑而不向有关部门求助，而司法机关又没有强行干预的权利，这也成为防治家庭暴力过程中的一大障碍。

3. 妇联对家庭暴力事件只能进行调解，且经费、援助条件受限制

在本次调研过程中，我们通过对海南省四地区妇联的走访，在与长期从事妇女工作的人员交谈中发现，各地妇联都以救助遭受家庭暴力的受害者、制止家庭暴力为己任，积极采取措施救助家庭暴力的受害妇女。但是，法律并没有赋予妇联针对家庭暴力的执法权力，妇联只能在其中起到调解作用，对施暴人进行批评、教育和劝说。对于屡教不改或者变本加厉的施暴者，妇联没有权力对其采取任何强制措施。这不仅无法保护受害者免遭暴力的再次侵害，甚至可能使受害者在接受调解后，遭受更为严重的暴力伤害。据报道，

2. 法律没有明确认定家庭暴力的范围和条件，法官断案观点不一

目前，我国法律法规关于家庭暴力的规定散见于《宪法》、《民法通则》、《刑法》以及现行《婚姻法》和《妇女权益保障法》等中，其中《宪法》第49条第4款规定："禁止破坏婚姻自由，禁止虐待老人、妇女和儿童。"现行《婚姻法》在第一章"总则"的第3条即明确规定"禁止家庭暴力"，充分体现了法律对家庭暴力的重视程度。第四章"离婚"第32条第3款第2项规定：实施家庭暴力或虐待、遗弃家庭成员，经调解无效的，应准予离婚。第五章"救助措施与法律责任"有3个条文涉及家庭暴力，分别为第43条①、第45条②和第46条③。

这些条文规定大多比较原则，对指导家庭暴力案件的审判适用的可操作性不强。为此，法官在审判家庭暴力案件时对法条的理解不一，观点不同，各执己见。有的认为，须以行为是否造成一定的伤害后果为依据；有的认为，有多次故意殴打妻子的行为，即使没有造成伤害后果，也应认定；有的认为，暴力行为应构成故意伤害罪才能认定；有的认为，只要实施了足以伤害对方的行为，就应认定；还有的认为，应从行为的主、客观等全部因素予以综合考虑才

① 现行《婚姻法》第43条规定："实施家庭暴力或虐待家庭成员，受害人有权提出请求，居民委员会、村民委员会以及所在单位应当予以劝阻、调解。对正在实施的家庭暴力，受害人有权提出请求，居民委员会、村民委员会应当予以劝阻；公安机关应当予以制止。实施家庭暴力或虐待家庭成员，受害人提出请求的，公安机关应当依照治安管理处罚的法律规定予以行政处罚。"

② 现行《婚姻法》第45条规定："对重婚的，对实施家庭暴力或虐待、遗弃家庭成员构成犯罪的，依法追究刑事责任。受害人可以依照刑事诉讼法的有关规定，向人民法院自诉；公安机关应当依法侦查，人民检察院应当依法提起公诉。"

③ 现行《婚姻法》第46条规定："有下列情形之一，导致离婚的，无过错方有权请求损害赔偿：（一）重婚的；（二）有配偶者与他人同居的；（三）实施家庭暴力的；（四）虐待、遗弃家庭成员的。"

能认定。①

（四）处罚难

1. 家庭暴力相关法律法规不完善，对施暴者的处罚措施不明确，不能起到惩戒作用

我国现行的法律并没有对家庭暴力施暴者的处罚做出明确规定，依现行《婚姻法》和《婚姻法解释（一）》的规定，在暴力达到一定损害程度构成“虐待罪”以及实施家庭暴力的可以成为法定离婚事由。对于不构成犯罪的家庭暴力行为，没有相关的惩戒、警告措施，使得对家庭暴力的惩罚呈现出或构成犯罪或毫无惩罚的局面。这也使一些施暴者钻法律的空子，更加长时间地、持续地对受害者进行侵害。

即使是由最高人民法院在全国选取的九家基层法院作试点，运用司法手段保护家庭暴力受害方的“人身安全保护裁定”，也因为目前还没有上升到国家统一的法律文件或者司法解释存在推广的困难。②

2. 我国法律规定的精神损害赔偿制度，对于婚内精神损害赔偿和损害赔偿的数额确定标准都无明确规定

我国《婚姻法》第46条规定：“有下列情形之一，导致离婚的，无过错方有权请求损害赔偿：（一）重婚的；（二）有配偶者与他人同居的；（三）实施家庭暴力的；（四）虐待、遗弃家庭成员的。”而根据《婚姻法解释（一）》第30条第2项规定，符合婚姻法第46条规定的无过错方作为原告基于该条规定向人民法院提起损害赔偿请求的，必须在离婚诉讼的同时提出。当事人不起诉离婚而单独依据该条规定提起损害赔偿请求的，人民法院不予受理。

---

① 湖南省祁阳县妇联：《离婚案件中对家庭暴力的认定与困惑》，载潇湘女性网，http://www.hnwomen.org.cn/article/7860，访问日期：2012年6月13日。

② 《聚焦反家庭暴力人身保护令》，载北大法意网，http://www.lawyee.net/News/Legal_Hot_Display.asp?RID=1806，访问日期：2012年1月28日。

诉讼离婚时未提起损害赔偿的，可在离婚后一年内提起。也就是说，精神损害赔偿只适用于离婚诉讼案件之中。受害者如果想维系家庭的完整而不诉讼离婚，就不能向法院提出精神损害赔偿的诉求。这种仅限于离婚时的赔偿使得受害者不得不在得到赔偿和保持家庭完整之间进行选择，损害了受害者的利益。

我国法律对于精神损害赔偿的数额怎样确定也没有明确的标准。精神损害赔偿的数额确定相当复杂，不仅要考虑当时、当地的经济条件和生活水平，更要针对当事人双方的具体情况做出判断。不同地区不同法院掌握的尺度不一样，在全国范围内没有一个统一的标准去执行。即使法院做出了判决，也没有相关的可依据的法律来保证判决生效，这使法院的判决书成了一纸空文。

五、推进防治家庭暴力工作的对策建议

我们认为，针对家庭暴力的特点和发生原因，家庭暴力的防治应该设置三道闸门，第一道为个人道德自律和家庭及亲友成员的内部调解；第二道为社会力量的介入，其中社会力量包括村委会、居委会等群众自治组织，新闻媒体和以妇联为代表的社会团体；第三道为公权力的介入防治，以公安、法院、检察院为代表。根据家庭暴力的危害程度和家庭暴力发生时家庭内部成员所处关系阶段，这三道闸门应该在相应的时间、相应的情况下发挥相应的作用。这三道闸门虽然都是为了防治家庭暴力，但其具体目标应该有所区分。

（一）社会成员思想观念改变与个人道德自律

行为是思想的外化，改变任何社会行为，首先必须从社会成员思想观念根源之上进行改造。家庭暴力现象的存在，不论中外，古已有之。中国封建时代以“三纲五常”思想为基础，社会成员普遍认同“父权至上”、“夫权至上”的观念。这样一来，在封建特权与专制制度之下，处于家庭强势地位的家长就对包括妻子与儿子在内的家庭成员具有了施暴的特权，家庭暴力也有了相当的正当性。而以英美为代表的西方国家，其早期也存在家庭暴力现象，

“在美国早期的普通法里，根据‘大拇指’原则，允许丈夫对妻子和子女进行适度惩戒，只是要求所用棍子不得超过大拇指粗”。[①] 但自 20 世纪 70 年代以来，伴随着大规模的社会运动，如英国的“零忍耐运动”[②]，男女平等观念得到了广泛的传播，并逐渐上升到立法层面，对家庭暴力形成制度性约束。我国台湾地区借助“邓如夫杀夫案”形成的社会关注与舆论压力也制定了“家庭暴力防治法”。[③] 在我国内地，自 1949 年中华人民共和国成立以来，男女平等的思想得到了广泛的宣传，妇女、儿童权益保护事业取得重大进步。但“男尊女卑”、“家丑不可外扬”、“清官难断家务事”等思想观念的残余影响依然存在，家庭暴力屡屡发生，家庭暴力防治依然任重而道远。

我们认为，解决这一问题，需从加强宣传、教育工作入手。宣传工作应该达到以下几种效果，首先在全社会形成一种男女平等、尊老爱幼的良好风尚，提倡家庭成员平等独立、和睦相处；其次提高家庭弱势群体的平等独立意识、法律维权意识和对法律维权途径的了解，增强其反家庭暴力的自觉性和能力，进而改变其弱势地位；最后应该改变涉家庭暴力纠纷调解、仲裁、审判人员“清官难断家务事”、“夫妻床头打架床尾和”等传统的思想观念，提升其对于家庭暴力问题的重视程度，增强性别意识，恰当处理涉家庭暴力纠纷。

---

① 计鲁昆：《论家庭暴力与防治对策》，中国政法大学 2004 年硕士学位论文。

② “零忍耐运动”是大规模以预防为主的宣传活动，在英国反家庭暴力系统工程中具有举足轻重的地位。1992 年，英国零忍耐福利基金会与大众媒介一起发起组织了首次零忍耐运动，其口号是“任何形式的暴力都是犯罪、妇女不应忍受任何暴力、社会不能容忍暴力、男人没有权力施暴、每个人都不应遭受暴力”。零忍耐运动介入国家和地方的决策性活动之中，对英国反家庭暴力活动产生广泛的影响。[英] 爱琳·萨姆森：《零忍耐运动》，载巫昌祯、杨大文主编：《防治家庭暴力研究》，群众出版社 2000 年版，第 337～344 页。

③ 郭慧敏：《“针对妇女的暴力”的法律概念化》，载《妇女研究论丛》2006 年第 1 期。

为达到以上效果，可采取以下几方面措施：注重儿童、青少年的性别意识教育，使人们从小树立男女平等的意识，提倡女性“自尊、自信、自立、自强”，一如既往地做好普法宣传工作，在“三八妇女节”、“六一儿童节”等重要节日深入机关、企业、学校、社区、乡村，宣传实施家庭暴力的法律后果以及遭受家庭暴力的救济途径；邀请有相当影响力的社会公众人物做家庭暴力防治形象大使，拍摄公益广告；注重借用微博等新媒体平台，通过重大、典型涉家庭暴力事件的曝光吸引社会成员对这一社会问题的关注，进而推动社会成员的思想转变。

（二）社会力量综合防治

当家庭暴力引发的矛盾难以在当事人之间乃至家庭内部解决时，外部社会力量的恰当介入就显得尤为重要了。现阶段，外部社会力量主要由人民政府内负责妇女儿童工作的行政机构、妇联、人民调解委员会、村（居）民委会、新闻媒体等众多部门构成。根据我们实地的调研发现，这些社会力量存在两方面的问题，一是力量分散，彼此协调工作的能力较差；二是工作不够细致，作用没有得到最大的发挥。为此，有必要从以下几个方面进行改进：

其一，由人民政府内负责妇女儿童工作的机构负责牵头，联络妇联、人民调解委员会、村（居）民委会、新闻媒体等力量组建家庭暴力防治网络，建立有效的社会保护和监督制度，使遭受家庭暴力的社会成员能及时地获得社会援助。在防治网络之内，各部门之间应该避免“踢皮球”，任何一个机构一旦接到受害人的求助，即应以积极负责的态度开展工作，并主动与其他相关机构建立联系，取得工作的配合一致，从而不需要当事人再费尽周折逐一求助。

其二，在社会力量防治网络构建之后，要深入细致的开展工作，为受害者提供细致、贴心、便捷的援助，帮助受害者维权乃至修复由于家庭暴力受损的家庭关系。为此，可以采取以下具体措施：在一定区域内设置统一的防治家庭暴力热线电话，创建家庭暴力防治专业网站，为家庭暴力受害者提供“触手可及”的便捷援助途径；设置专业的家庭暴力“庇护所”，为有家难归的受害者提供住宿和食物，同时给予心理咨询服务，减轻其精神痛苦；提供专业的涉家庭暴力法律援助，同时联络好公安、医院、伤情鉴定部门做好伤情鉴定，对家庭暴力证据建立档案，解决家庭暴力认定取证难问题，以便日后受害者通过法律维权之用；对相关机构人员进行涉家庭暴力专业知识培训，提高其专业能力。

其三，发挥反家庭暴力 NGO（非政府组织）的作用，充分利用第三方社会力量解决社会问题。在现阶段，各级妇联实际上承担了家庭暴力防治的主要任务，但老人、儿童所遭受的家庭暴力难以纳入其服务范围；妇联虽属非政府的社会团体，但由于中国的特殊国情，其与志愿服务的态度和效果还有差距。而作为公民社会崛起的显著标志之一，NGO 的兴起体现了志愿精神，它不是政府组织，不靠权力驱动；也不是经济体，不靠经济利益驱动。香港“和谐之家”[①] 就是社会非政府组织反家庭暴力的典型例证。充分发挥 NGO 防治家庭暴力的作用，不仅有利于减轻政府财政负担，而且有利于其在纯粹公益目的之下取得行动实效。

---

① “和谐之家”是香港的一个社会服务机构，其于 1985 年成立首家庇护中心，协助受虐妇女重建新生，活出尊严。另外，其在 1992 年成立“新家庭社区教育及资源中心”，从补救性的服务扩展至预防性的教育工作。为了更有效及全面地遏制家庭暴力，其于 2000 年及 2001 年，分别开设了为受家庭暴力影响的男士提供辅导的“第三线男士服务”及驻联合医院、屯门医院及将军澳医院的急诊室，为有需要的家庭做即时危机介入工作的“新希望行动——家庭暴力危机处理小组”，并于 2006 年度成立“香港赛马会和谐一心家暴防治中心”。“和谐之家”全面结合了各界的专业力量，展开预防家庭暴力的工作，推动了和谐社会的构建。http://cache. baidu. com/c? m = 9f65cb4a8c8507ed4fece763105392230e54f72161899b5268d4e41fc5234c41303cbaa666714d19828422251cfe1403b5b76a2971483de3c897d31496a6c62a289f2040235ec4154f9346b8cb31679774841fb4ef4fe8ad814684d9d3c4af5e44bc23127bf0e7fb291765bc7886162693a78e49654866befa4312e858073eef5257c047&p = 9139d316d9c404e50dbd9b7a0c4d&user = baidu，访问日期：2013 年 1 月 30 日。

《涉及家庭暴力婚姻案件审理指南》(以下简称《审理指南》)对举证责任做出了相似的指导意见。[1] 调整证明责任,将提高受害者受保护的可能,有利于维护其合法权益。

其三,民事保护令制度。现阶段,公权力对家庭暴力的介入、干预主要集中在离婚时受暴一方提出离婚损害赔偿或者家庭暴力造成一方重伤、死亡,检察机关提起公诉之时。这虽然符合“国家的有限干预原则”,但很明显,这是一种事后干预,有着重大缺陷。我们认为,在家庭暴力受害方向法院提出民事保护令申请时,法院也应该有所作为,这就涉及保护令制度问题。在英美法系国家、我国台湾地区[2]等区域的防治家庭暴力相关规定中,民事保护令制度是法律赋予受暴者最直接、最常用的法律救济手段。现阶段,我国法律对于民事保护令制度没有明确的规定,但重庆、广东、浙江、安徽等地根据前述《审理指南》关于民事保护令制度的指导意见已开始进行人身保护裁定的试点工作,温州市两级法院和金华市中级人民法院更是设立“反家庭暴力合议庭”和“预防和制止家庭暴力合议庭”。根据现有反馈的新闻资料来看,民事保

① 《涉及家庭暴力婚姻案件审理指南》第40条规定了一定情况下的举证责任转移:对于家庭暴力行为的事实认定,应当适用民事诉讼的优势证据标准,根据逻辑推理、经验法则做出判断,避免采用刑事诉讼的证明标准。原告提供证据证明受侵害事实及伤害后果并指认系被告所为的,举证责任转移至被告。被告虽否认侵害由其所为但无反证的,可以推定被告为加害人,认定家庭暴力的存在。载中国应用法学网,http://www.court.gov.cn/fxyj/yjcgzs/201003/t20100305_2408.html,访问日期:2012年2月3日。

② 台湾“家庭暴力防治法”引进了英美法系国家的保护令制度,使法院能依当事人的申请,审查被害人所需要保护的程度,核发“暂时保护令”或“通常保护令”。保护令内容多样,法官可依被害人需要,在不侵犯加害人合法权益的情况下,准许一种或多种救济,包括禁止加害人继续实施暴力行为,禁止加害人人为骚扰或联络行为,命加害人迁出居所,命加害人远离被害人,定动产之使用权,定子女暂时监护权及探视权,命加害人给付租金、抵押贷款或子女抚养费,命加害人赔偿医疗、辅导、庇护所等费用及财物损失等。通常保护令的项目比暂时保护令更多。具体参见计鲁昆:《论家庭暴力与防治对策》,中国政法大学2004年硕士学位论文。

护令制度取得很大成效,[①] 其将事后惩罚施暴者转变为事前保护受害者，开辟了国家公权力介入家庭暴力防治的新途径。另外，值得指出的是《审理指南》第 31 条规定：“……诉前提出申请的，当事人应当在人民法院签发人身保护裁定之后 15 日之内提出离婚诉讼。逾期没有提出离婚诉讼的，人身安全保护裁定自动失效”，我们认为这一条有待改进，民事保护令制度没有必要以提出离婚诉讼为条件，即使不想离婚也可以提出保护令申请。扩大人身保护裁定的试点范围并逐渐将其确定为一种长效制度，其可以改善司法事后干预的尴尬，为家庭暴力防治工作打开新的局面。

其四，防治家庭暴力法律的执行。上文已经探讨过，由于传统“清官难断家务事”观念的影响，公权力部门对于家庭暴力问题的重要性往往认识不够，导致处理不及时或者不当。在我们的调查过程中，我们发现家庭暴力受暴者拨打“110”报警电话，公安人员出警到达当事人家发现是夫妻之间打架之后，会出现出警人员草草处理即离场的现象。我们认为除了做好相关人员的专门培训以外，还有必要作出相应的惩戒规定。负有制止、处理家庭暴力法定职责的公安和其他国家机关及其工作人员，对家庭暴力行为不及时制止和处理，有关部门应当视情节轻重，给予责任人批评教育或者行政处分；造成严重后果，构成犯罪的，应依法追究刑事责任。[②]

---

① 在试点地区，家庭暴力受暴者携带病历、照片、报警回执等表明曾遭受家庭暴力或正面临家庭暴力威胁，可以在离婚诉讼提起之前、诉讼过程中或者诉讼终结后的 6 个月内提出，申请“人身安全保护裁定”。“人身安全保护裁定”分为两种，紧急裁定有效期 15 日，长期裁定有效期 3 ~ 6 个月。这是运用司法手段保护家庭暴力受害方的一项尝试。广东、浙江、安徽等地试点反馈分别载广州日报网，http://gzdaily. dayoo. com/html/2011 - 06/23/content_1393830, htm; 新浪新闻 http://news. sina. com. cn/s/2011 - 07 - 27/161522887388. shtml; 网易新闻 http://news. 163. com/11/0308/06/6UJS7DJ300014AED. html,访问日期：2012 年 2 月 5 日。

② 顾天羽、叶英萍、张浩、宋莉：《海南家庭暴力现状与防治初探》，载《海南大学学报（人文社会科学版）》2012 年第 3 期。

诉记录查阅为主，个人访谈为辅的调研方法，对涉及家庭暴力的案件和纠纷进行了整理、统计与分析，撰写完成本调研报告。

（二）调查对象

本次调研被抽样调查地区选取贵阳市A区法院等七家基层法院，贵阳市B区妇联等九家基层妇联，贵阳市C区某街道办事处等九家基层调解委员会（以下为便于论述，对法院、妇联和调解委员会，简称三机构）。

（三）调查方法

本次调查主要采取案件卷宗、投诉记录的数据收集和个人访谈的形式。调查依据是项目组统一设计的《2008～2010年家庭暴力案件情况调查提纲》和《个人访谈提纲》，调研的主要内容有五个部分：一是家庭暴力施暴者信息；二是家庭暴力受害者信息；三是家庭暴力现实状况；四是家庭暴力案件的处理情况；五是三机构工作人员的个人访谈。

在开展调查前，我们制作了详细的调查计划，确定调查组长和调查员的责任，对重要的指标进行了解释。然后，我们对调查组长和调查员进行了调查方法的培训，要求对问卷准确理解。在调查中除了进行数据收集外，努力寻求个案访谈当事人的配合，力求获得可靠度较高的个人访谈记录。

二、贵州省防治家庭暴力实证调查情况的统计分析

了解被抽样调查地区家庭暴力的现状，这是相关部门开展防治家庭暴力工作的前提。关于贵州省防治家庭暴力的现状，通过对被抽样调查地区三机构防治家庭暴力工作情况的实地调研，我们统计分析调研资料后总结出以下四个方面情况。

（一）家庭暴力案件占有一定比重

2008～2010年的三年期间，贵州省涉家庭暴力案件和纠纷一直在整个婚姻家庭案件和纠纷中占有一定的比重，比例大约在20%左右。例如，根据对贵阳市九家基层人民调解委员会（以下

简称九调解委员会）统计的数据，2008 年受理婚姻家庭纠纷为16756 件，其中涉家庭暴力纠纷 3427 件，占 20. 45%；2009 年受理婚姻家庭纠纷为 19585 件，其中涉家庭暴力纠纷 3816 件，占19. 48%；2010 年受理婚姻家庭纠纷为 22913 件，其中涉家庭暴力纠纷 4604 件，占 20. 09%（见表 5－1）。2008～2010 年的三年期间，受理婚姻家庭纠纷合计为 59254 件，其中涉家庭暴力纠纷合计11847 件，即三年期间的平均比例为 20%（见图 5－1a）。可见，2008～2010 年受理涉及家庭暴力纠纷总数占婚姻家庭纠纷的比例在 20% 上下浮动（见图 5－1b）。

表 5－1　2008～2010 年贵阳市九家调解委员会受理的涉家庭暴力纠纷数量

年份 数量	2008 年	2009 年	2010 年	合计
婚姻家庭纠纷（件）	16756	19585	22913	59254
家庭暴力纠纷（件）	3427	3816	4604	11847
家庭暴力纠纷所占比重	20. 45%	19. 48%	20. 09%	20. 00%

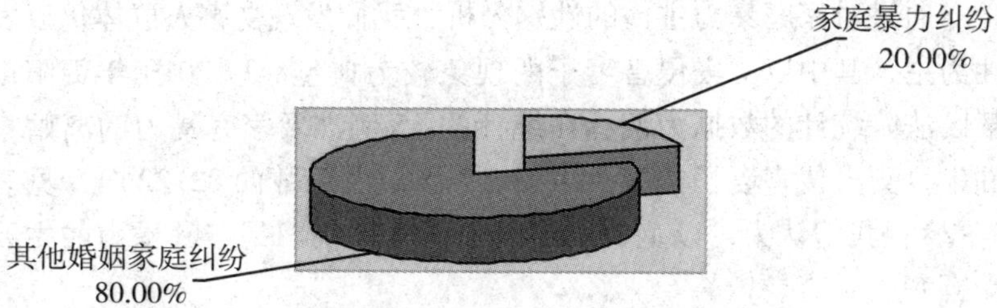

图 5－1a　2008～2010 年贵阳市九家调解委员会受理的涉家庭暴力纠纷数量比例

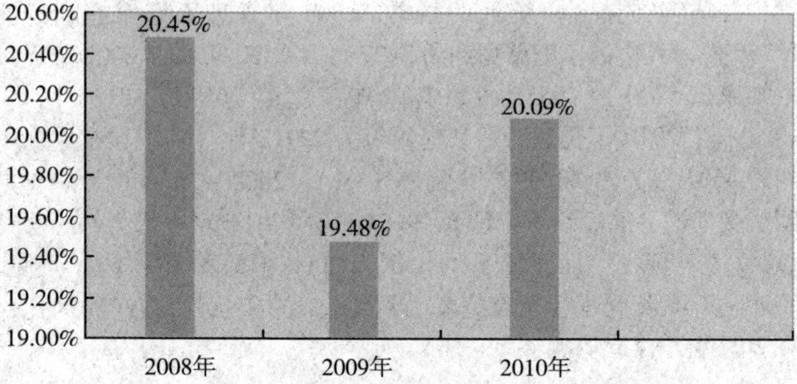

图 5 - 1b　2008 ~ 2010 年贵阳市九家调解委员会受理的涉家庭暴力纠纷所占比重趋势图

我们认为这是一个可喜的数字，这表明家庭暴力的受害人终于不是选择默默忍受，而是勇敢地诉诸法律或向社会寻求应得的救济；同时大量的家庭暴力纠纷涌现出来，投诉到人民调解委员会请求处理，经过批评教育，使施暴人意识到施暴行为的违法性，不再认为打老婆是正常的。

（二）家庭暴力案件的受害人以女性为主

通过对家庭暴力主体的性别分析，我们发现受害人群体仍以女性为主，其中以丈夫侵害妻子的现象较为典型。以 2010 年贵阳市某区法院统计的数据为例，在统计的 45 例涉及家庭暴力的离婚案件中，丈夫侵害妻子的案件共计 37 例，占总数的 82.22%（见表 5 - 2）；我们认为，以上数据足以证明女性仍旧是家庭暴力的主要受害者。

女性作为施暴人，而男性作为受害人的，在涉家庭暴力案件中也占有一定的比重，仍以上述某区法院数据为例，在受统计的 45 例涉及家庭暴力的离婚诉讼案件中，妻子侵害丈夫的案件共 7 例，占总数的 15.56%（见图 5 - 2）。并且其呈现出下述特征：（1）与男性实施身体暴力多表现为长期性的虐待相反，女性实施身体暴力多体现为一次性的暴力行为，且其手段较为残忍；（2）女性实施的家庭暴力常伴随着性虐待和心理虐待；（3）在女性施暴的案例中，男性受害人往往年龄较大，体弱多病。

表 5－2　2010 年贵阳市某区法院受理的涉家庭暴力案件受害人情况

受害人 数量	妻子	丈夫	其他
人数	37	7	1
百分比	82. 22%	15. 56%	2. 22%

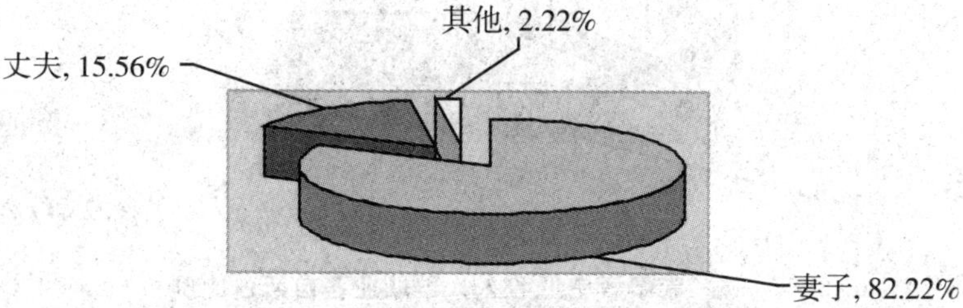

图 5－2　2010 年贵阳市某区法院受理的涉家庭暴力案件受害人比例

（三）家庭暴力在低收入家庭中更易发生

家庭暴力的发生与家庭经济状况具有紧密联系，且低收入家庭或家庭成员间收入悬殊的家庭更容易发生家庭暴力。这一点，从基层法院、妇联和调解委员会三机构获得的数据惊人的一致。例如，从基层调解委员会获得的数据显示，施暴者中的低收入职业者占到总数的 59. 73%（甚至更高，因为在本次调查中调查员仅获得了 149 个样本），其中农民 37 人，占 24. 83%；工人 35 人，占 23. 49%；无业人员 17 人，占 11. 41%（见表 5－3、图 5－3）。

表 5－3　施暴者中低收入人群职业人群的数量

职业 数量	农民	工人	无业人员	其他	总计
人数	37	35	17	60	149
百分比	24.83%	23.49%	11.41%	40.27%	100.00%

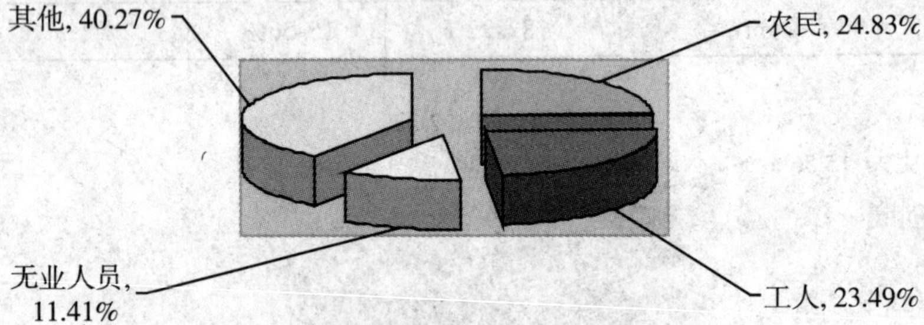

图 5－3　施暴者中低收入人群职业各自所占比例

（四）家庭暴力的发生原因多样化

从被抽样调查地区妇联获得的数据来看，施暴者赌博、重男轻女以及酗酒是导致发生家庭暴力的前三位因素，分别占总数的 16.4%、15.3% 和 13.5%（见图 5－4）。而除此之外，女方不孕、疑有外遇、性格不合、性格暴躁等也占有一定的比重。同时，不同区域发生家庭暴力的原因也都不尽相同。例如，就贵阳市的情况来看，D 区为老工业区，施暴者多因酗酒、赌博而发生家庭暴力；A 区、B 区为老城区，发生原因较为广泛，但因家庭琐事、婚外情而发生家庭暴力的情况偏多；E 区为新区，入住率低、秩序较好，基本不存在家庭暴力。

表 5－4　贵州省被抽样调查地区妇联受理的涉家庭暴力纠纷原因数量统计

原因	酗酒	赌博	疑有外遇	家庭琐事	重男轻女	经济纠纷	性格暴躁	女方不孕	婚外性行为	性格不合	心理压力大	吸毒	其他	总计
2008 年	56	53	42	13	68	7	25	33	17	34	5	0	47	400
百分比	14.00%	13.25%	10.50%	3.25%	17.00%	1.75%	6.25%	8.25%	4.25%	8.50%	1.25%	0	11.75%	100.00%
2009 年	47	66	31	2	42	3	17	56	22	19	0	2	32	339
百分比	13.86%	19.47%	9.15%	0.59%	12.39%	0.88%	5.01%	16.52%	6.49%	5.60%	0	0.59%	9.44%	100.00%
2010 年	42	57	38	10	55	0	22	35	16	21	3	0	38	337
百分比	12.46%	16.91%	11.28%	3.00%	16.32%	0	6.53%	10.39%	4.75%	6.23%	0.89%	0	11.28%	100.00%
2008～2010 年	145	176	111	25	165	10	64	124	55	74	8	2	117	1076
百分比	13.48%	16.36%	10.32%	2.32%	15.33%	0.93%	5.95%	11.52%	5.11%	6.88%	0.74%	0.19%	10.87%	100.00%

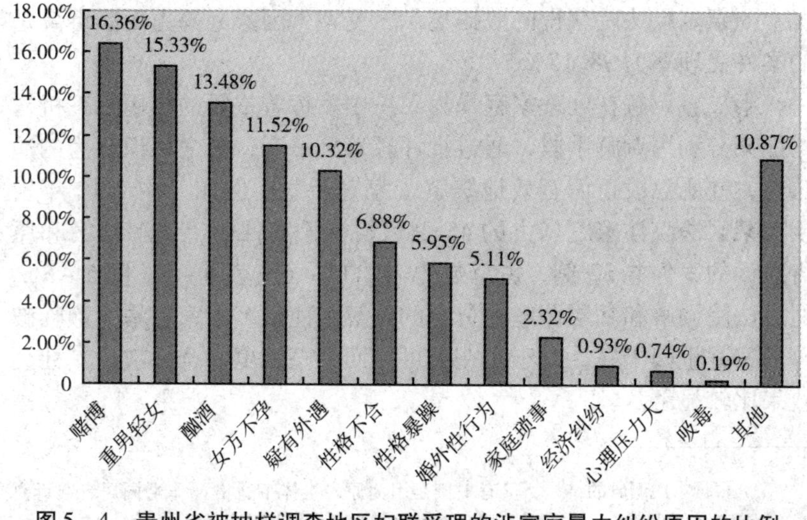

图 5－4　贵州省被抽样调查地区妇联受理的涉家庭暴力纠纷原因的比例

三、贵州省防治家庭暴力工作的成效和经验

(一) 法院、妇联、调解委员会取得的共同工作成效和经验

面对大量涌现的涉家庭暴力案件和纠纷，贵州省被抽样调查地区的法院、妇联和调解委员会三机构都采取了并不完全相同的预防和干预措施。2008～2010 年的三年期间，贵州省三机构防治家庭暴力的实践主要取得了以下成效和经验：

第一，三机构都充分意识到家庭暴力的社会危害性，不再把家庭暴力仅当做家庭内部事务处理，受害人的合理诉求得到了正视。在贵州省，基于“清官难断家务事”等传统观念而将家庭暴力受害人拒之门外的现象已经逐渐消弭；几乎 100% 的受调查单位都宣称其能在自身的职权范围内，为家庭暴力受害人提供帮助，并告知其诉权。并且占总数 57.23% 的受害人对相关单位的处理结果表示满意。

三机构上述观念的转变，是受害人及时获得法律和社会救济的前提，尤其体现在基层法院对因家庭暴力而起诉离婚案件的受理情况上。某基层法院获得的数据显示，受害人因家庭暴力而起诉离婚的案件受理率为 98.13%。[①]

第二，调解在处理家庭暴力纠纷中发挥着重要的作用，三机构均能充分利用调解手段，通过批评教育施暴者，使之认识行为的违法性，并愿意改正而有效地缓解了家庭矛盾。例如，在 2010 年贵阳市某区法院涉家庭暴力的 45 例离婚诉讼案件中，调解结案和原告撤诉的案件共 32 例，占总数的 71.11%（见表 5－5、图 5－5）。通过法院调解和基层调解委员会的调解，使很多因家庭暴力濒临破碎的家庭重归于好，对于实在无可挽回的婚姻也好合好散，其社会效果比较显著。

---

① 根据本次调研的结果，仅有 1 例是因为原告主体不适格（非婚同居者起诉离婚）而裁定不予受理，并告知其可以针对暴力行为另行提起民事诉讼。

表5－5　贵阳市某区人民法院受理的涉家庭暴力案件的处理结果统计

判决结果	调解和好	调解离婚	判决离婚	判决不离婚	撤诉	合计
件数	1	14	4	9	17	45
百分比	2.22%	31.11%	8.89%	20.00%	37.78%	100.00%

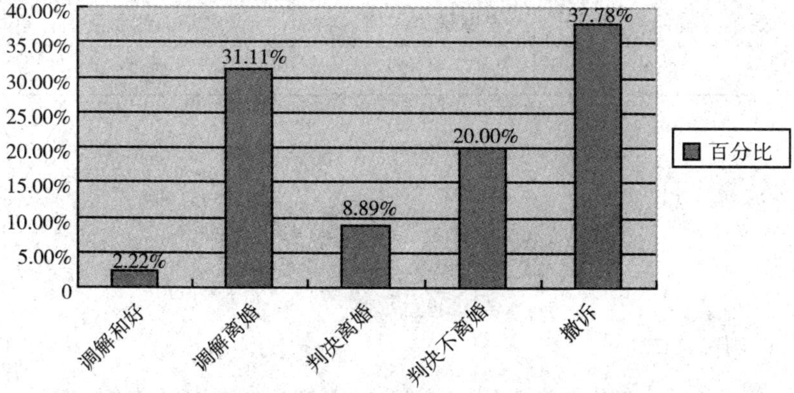

图5－5　贵阳市某区人民法院受理的涉家庭暴力案件的处理结果比例

（二）法院防治家庭暴力工作的主要成效和经验

在我国，各级法院均负有通过审判活动，保护公民人身权利不受侵犯的职责。基层法院作为一般涉家庭暴力诉讼案件的一审管辖法院，在防治家庭暴力实践中发挥着重要的作用。通过实地调研，我们总结认为2008～2010年贵州省被调查地区的基层法院在防治家庭暴力实践中主要取得了以下成效和经验：

按照贵州省人民代表大会常务委员会《关于预防和制止家庭暴力的决议》第6条的规定："人民法院对人民检察院提起公诉的家庭暴力案件或者受害人起诉的家庭暴力案件，应当依法及时审理。对于符合司法救助条件的家庭暴力受害人提供司法救助。"①

① 贵州省人大常委会2005年7月30日发布《关于预防和制止家庭暴力的决议》。

2008～2010 年贵州省被调查地区的基层法院受理涉家庭暴力案件数量在不断增加，仅在 2010 年，被抽样调查的七家基层法院共受理离婚诉讼案件 1848 件，其中涉及家庭暴力的案件 328 件，占离婚案件总数的 17.75%（见表 5－6、图 5－6）。

表 5－6　2010 年贵阳市七家基层法院受理的涉家庭暴力案件数量

婚姻家庭纠纷（件）	家庭暴力纠纷（件）	家庭暴力纠纷所占比重
1848	328	17.75%

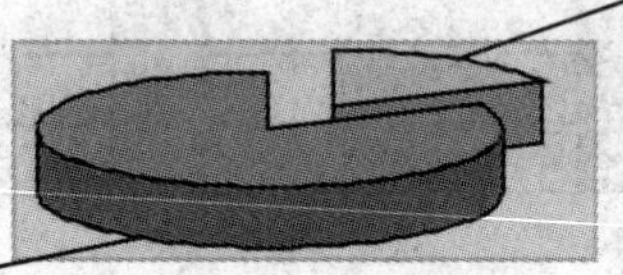

图 5－6　2010 年贵阳市七家基层法院受理的涉家庭暴力案件比例

贵州省被调研地区各基层法院严格按照“诉讼费交纳办法”的规定，对前来起诉的经济困难的家庭暴力受害人缓交、减交或免交诉讼费用；使部分经济困难的家庭暴力受害人得到了司法上的及时救济。并且，按照现行《婚姻法》对离婚案件审理的程序规定，对涉及家庭暴力的离婚案件，法官在审理中依法进行调解。法官在调解中，对施暴方给予严肃的批评教育，使其认识到家庭暴力行为的违法性和危害性，表示愿意改正，而取得受害方的谅解。如前所述，在 2010 年贵阳市某区法院涉家庭暴力的 45 例离婚诉讼案件中，调解结案和原告撤诉的案件共 32 例，占总数的 71.11%（见表 5－5、图 5－5）。

（三）妇联防治家庭暴力工作的主要成效和经验

妇联作为各族各界妇女在中国共产党领导下为争取进一步解放而联合起来的社会群众团体，负有代表和维护妇女权益，促进男女平等等职责，是预防和制止家庭暴力的重要社会力量。通过实地调研，我们总结认为 2008～2010 年贵州省被调查地区的基层妇联组织在防治家庭暴力实践中主要取得了以下成效和经验：

被调研的基层妇联工作人员在对家庭暴力的施暴人加以批评、教育、惩戒的同时，更加注重对受害人的保护。妇联通过与相关心理咨询部门或社会团体（如贵阳市婚姻家庭建设协会）合作，为受暴妇女提供免费的心理咨询；通过对其进行沟通疏导，以降低受暴妇女的无助感和焦虑，并避免其采取自杀等过激措施，以及时救助受害妇女。另外，据贵阳市 B 区妇联工作人员称，其接到妇女投诉后，视具体情况会立即与公安机关联系，并对施暴人做出警告，以帮助施暴人认识到施暴行为的违法性，避免暴力行为的再次发生。

（四）调解委员会防治家庭暴力工作的主要成效和经验

调解委员会作为依法设立的调解民间纠纷的群众性组织，负有及时解决民间纠纷，维护社会和谐稳定的职责，在防治家庭暴力的工作中亦起重要作用。被调查的九家基层调解委员会 2008～2010 年受理的涉家庭暴力纠纷占婚姻家庭纠纷总量的 20.00% 左右（见图 5－1a）。通过实地调研，我们总结认为，2008～2010 年贵州省被调查地区的基层调解委员会在防治家庭暴力实践中主要取得了以下成效和经验：

在贵州省，调解委员会一般与居（村）民委员会设在一处，合署办公，且大多数调解员由居（村）委会干部兼任；其扎根于普通群众之中，相对于法院、妇联来说更了解家庭暴力的实际情况。利用上述优势，调解委员会在处理涉家庭暴力纠纷时能准确切中要害，准确地把握家庭暴力发生的原因，从而有针对性地做好调解工作。也正因为如此，受害人在遭受家庭暴力后，也愿意首先向调解委员会寻求救济。根据我们对部分家庭暴力受害人进行的个人访谈，其结果表明，有 48.3% 的家庭暴力受害人在遭受家庭暴力后会选择向居（村）民委员会求助。

同时，调解委员会也发挥了普法宣传排头兵的作用，自“五五普法”提出法律进社区活动以来，贵州省（特别是贵阳市）各社区都开展了大量的普法宣传活动，禁止家庭暴力也成为普法宣传的重点之一。其通过居民集体学习、黑板报、印发传单等多种形式对家庭暴力行为的违法性等进行了深入宣传。由于其与社区居民的密切联系，其普法宣传的效果较法院和妇联更佳。

四、贵州省防治家庭暴力工作存在的不足和困难

贵州省被抽样调查地区的三机构防治家庭暴力实践虽然取得了上述成效和经验，但其存在的不足与困难仍然值得重视。我们通过实地调研，发现三机构在防治家庭暴力实践中存在下述不足与困难。

（一）法院防治家庭暴力工作存在的不足和困难

1. 部分法官对家庭暴力的认识存在一定的偏差

我们在对法官个人访谈中，100%的法官认为应该对《婚姻法解释（一）》第1条认定家庭暴力的标准做严格理解，据此辱骂（人格侮辱）等精神暴力、不予理睬等冷暴力、强迫性行为等性暴力都被排除在家庭暴力的范畴之外。此外，在审判实践中部分法官混淆了家庭暴力与虐待的关系，在贵阳市某区法院收集到的案件中，作为施暴人的妻子用刀砍伤受害人（丈夫），并被以故意伤害罪判处有期徒刑的情形下，受害人基于家庭暴力提出离婚损害赔偿要求，法院因没有认定家庭暴力而不予支持。法院认为“被告是一时冲动将原告致伤，其行为是虐待行为但不是家庭暴力”。[①]

2. 传统观念的影响使诉讼调解易陷入误区

基层法院在对涉家庭暴力案件的调解工作中，某些法官仍然倾向于尽力维系既有婚姻家庭关系，从而使一些充斥着暴力的婚姻得以继续存在，致使家庭暴力受害人难以脱离苦海。

---

① 参见贵州省某市某区人民法院（2010）某初字第某号民事判决书。

在实地调研的过程中，我们发现基层法院大多数法官仍旧持有“宁拆十座庙，不破一桩婚”的传统观念。贵州省被调查地区基层法院2008～2010年期间的涉及家庭暴力的离婚诉讼案件中，第一次起诉就能判决离婚的案件微乎其微（仅有1例），绝大多数判决离婚的案件都是原告在法院判决不准离婚后6个月重新起诉时做出的。

3. 严苛的证明标准使家庭暴力难于认定

对基层法院来讲，家庭暴力难以认定的根本原因是法院采取了对受害人过于严苛的证明标准，即侵权责任的证明标准。该标准认为：家庭暴力也是一种侵权行为，① 那么其成立必须同时具备构成侵权责任的四个要件，即“行为的违法性、损害后果、行为与结果之间的因果关系及过错”。如果受害人无法证明四要件其中任何一个，都将承担家庭暴力不被认定的不利后果。

根据我们实地调查获得的数据，在离婚诉讼中大多数家庭暴力受害人都能够向法院提供受伤照片或门诊病历以证明损害结果的发生，而对于施暴行为本身及其损害结果之间的因果关系却往往得不到有效证明。按照前述我们实地调查结果，在2010年贵阳市某区法院受理的涉家庭暴力的45例离婚诉讼案件中，受害人向法院提交证明家庭暴力存在证据的案件共有13例，占28.89%。其中，有11例的受害人提交了受伤照片或病历资料，占84.62%，其余2例只有个人陈述，占15.38%（见表5－7、图5－7）。根据以上情况，法官面临的困难是，即使法官对遍体鳞伤的受害人充满同情，其也无法认定家庭暴力成立的事实，从而使家庭暴力受害人仅因家庭暴力诉请离婚（包括提出离婚损害赔偿）在事实上成为不可能。例如，在贵阳市某区人民法院2010年涉家庭暴力的45例离婚诉讼案件中，法院认定家庭暴力的案件为零。

---

① 秦志远著：《基于性别的家庭暴力之民法规制——中国法与美国法之比较》，群众出版社2012年版，第142页。

表 5 – 7　涉及家庭暴力受害人提交证据情况

涉家庭暴力的离婚案件（件）	提交家庭暴力证据的案件（件）	所占百分比
45	13	28.89%

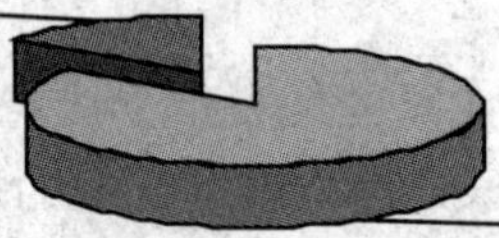

图 5 – 7　涉及家庭暴力受害人提交证据类型图

（二）妇联防治家庭暴力实践存在的不足和困难

1. 部分基层妇联救助无力

在实地调研中，我们发现部分基层妇联救助无力，对家庭暴力受害人（特别是受暴妇女）的投诉，仅仅做简单登记或告知其向公安机关报案，而其作出的登记也过于简单，并没有认真核实情况，在诉讼中根本不能作为证据使用。在对家庭暴力受害人的个人访谈中，有 30.23% 的家庭暴力受害人认为其根本没有获得（甚至不可能获得）妇联的任何帮助。

关于产生上述问题的原因，我们认为，基层妇联工作人员虽然相对了解受暴妇女及其家庭的实际情况，但缺乏执法权而无法对家庭暴力施暴方行为进行有效的制约。在对妇联工作人员的访谈中，有 84.11% 受访人认为妇联缺乏执法权是影响妇联开展防治家庭暴力工作的主要原因。妇联工作人员面对一些家庭暴力的受害人除了对其进行心理咨询和告知其到有权机关处理外，也爱莫能助。

2. 部分基层妇联办公经费匮乏，维权工作难以开展

在实际调研过程中，我们注意到部分妇联的工作经费与人员严重不足。例如，遵义市某县妇联只有一间办公室，两名办公人员；简陋的办公条件和有限的工作人员根本无法满足接待受暴妇女并为

其提供援助的需要。另外，我们还发现，部分妇联缺乏针对妇女心理咨询或法律咨询的专业人员，其咨询人员大多由行政人员兼任，咨询水平受到限制。

（三）调解委员会防治家庭暴力工作存在的不足和困难

经过实地调研，我们认为基层调解委员会在防治家庭暴力实践中存在的主要问题是，部分调解委员会缺乏主动介入涉暴家事纠纷的机制。

人民调解需要遵循自愿原则，实践中面对部分家庭暴力当事人（特别是家庭暴力的施暴人）不愿接受人民调解或调解无法达成协议的情况，调解委员会对此往往束手无策。此外，在对调解员的个人访谈中，提议将调解作为家事纠纷的必经程序的调解员占受访谈人总数的38.43%。

五、推进防治家庭暴力工作的对策建议

根据前述实地调研，我们针对贵州省被抽样调查地区家庭暴力情况的现状和原因，三机构单位防治家庭暴力实践中存在的不足和困难，从构建家庭暴力的证明标准，建立防治家庭暴力的社会综合网络体系，明确法院、妇联、基层调解委员会在防治家庭暴力工作中的具体职责三个方面提出对策建议。

（一）立法上应构建二元家庭暴力证明标准

法院对认定家庭暴力采取何种证明标准，实际上是在做一个利益平衡的考量，即法院既不能让受害人因无法证明家庭暴力而受困于失败的婚姻，也不能让所谓的“施暴人”蒙受不白之冤（尤其在承担高额离婚损害赔偿问题上），必须在这两者之间做出衡平。

我们认为对于家庭暴力的司法认定问题，建议应采取二元证明标准。其主要内容与基本理由为：

第一，对于作为离婚理由的家庭暴力和作为提出离婚损害赔偿依据的家庭暴力之认定，应采用不同的证明标准。做上述区分的主要理由在于，认定家庭暴力的目的不同，前者是使受害人摆脱暴力

婚姻的牢笼，而后者的受害人则希望通过类似侵权责任的方式获得经济赔偿。

第二，对于作为离婚理由的家庭暴力应采取宽松的证明标准。受害人仅需举证证明其受伤的事实（通过医院病历、受伤照片等证明）和受伤当天发生了家庭纠纷的事实（通过出警记录、邻居证言等证明），法院即应推定施暴人实施了家庭暴力。如果施暴人否认，应承担证明其未实施家庭暴力的举证责任。其基本理由在于：（1）给受害人一个摆脱暴力婚姻的机会，维持暴力婚姻绝非明智之举；（2）避免受害人遭受“二次伤害”，同时降低受害人提起离婚诉讼的心理负担；（3）其符合无过错离婚制度的基本原理。

第三，对于作为提出离婚损害赔偿理由的家庭暴力认定，应采用相对严格的证明标准（二元证明标准）。这里的相对严格的证明标准与侵权责任的证明标准不能等同，而是在“受害人”与“施暴人”之间对于证明责任做一个均衡的分配。相对于作为离婚理由的家庭暴力证明标准来说，将适当增加受害人的证明责任，降低施暴人的证明责任。其理由在于：（1）“受害人”提出离婚损害赔偿的目的在于获得经济利益（以弥补其损害），其类似于一种侵权责任；如果给“施暴人”苛以过重的证明责任，很可能使其蒙受不白之冤，遭受经济损失；对于“受害人”来说也可能引发道德风险。（2）虽然在这种情况下要对可能的“施暴人”给予适当的保护，但是由于男女性别差异的现实，有学者指出，女性更容易遭受家庭暴力，成为受害者。[①] 我们的实地调研也证明，女性是家庭暴力的主要受害者（见图5－2）。因此，对涉家庭暴力的离婚案件，不宜采用侵权责任的证明标准，以避免使我国的离婚损害赔偿制度形同虚设。

---

① 陈苇：《我国农村家庭暴力调查研究——以对农村妇女的家庭暴力为主要分析对象》，载《法商研究》2007年第6期。

（二）在实践中建立防治家庭暴力的社会综合网络体系

预防和制止家庭暴力，保障家庭成员免受家庭暴力的侵害，不仅是受害人自己的事情，也不仅是政府的责任，而应是全社会的共同责任。[①] 并且，家庭暴力问题基于其复杂性、隐蔽性也不是一个部门或一个单位能够独立解决的。

通过本次实地调研，我们发现妇联和基层调解委员会虽然相对了解受暴妇女及其家庭的实际情况，但缺乏执法权；而法院和公安机关虽然具有执法权，但却可能并不了解实际情况。目前，贵州省被调查地区三机构单位之间及其他政府职能部门或社会团体之间还缺乏一个统一的协调机制。基于此，我们建议建立如下防治家庭暴力社会综合网络体系：

第一，在县级以上人民政府建立专门的家庭暴力防治委员会，由家庭暴力防治委员会具体负责各机关、社会团体家庭暴力防治工作的协调与监督。[②]

第二，建立区域（贵州省）家庭暴力施暴人及受害人档案联网管理制度；公安机关、妇联及居（村）民委员会接到家庭暴力受害人（或其他任何人，如邻居等）投诉后，必须在听取受害人陈述的基础上，主动调查、核实相关情况，并建立家庭暴力施暴人及受害人信息档案；该档案由家庭暴力防治委员会统一管理并保存。受害人基于家庭暴力向人民法院提起民事诉讼后，该档案可以直接作为人民法院认定家庭暴力存在与否的证据。

第三，人民法院、公安机关、妇联及居（村）民委员会经过调查、核实，认为确有家庭暴力行为存在的（但不构成刑事犯罪的），应该将调查结果通知施暴人的工作单位。如果施暴人系公务

---

① 陈明侠等主编：《家庭暴力防治法基础性建构研究》，中国社会科学出版社2005年版，第38页。

② 陈明侠等主编：《家庭暴力防治法基础性建构研究》，中国社会科学出版社2005年版，第42页。

员或其他国家工作人员的，所在国家机关或主管单位应对该施暴人予以批评、训诫或行政处分，且在年度考评、职务晋升等问题上考虑其家庭暴力情节。各级国家机关和企事业单位在遴选各级干部的过程中，应该向当地的家庭暴力防治委员会调查该干部的家庭暴力档案信息，并将其作为重要的考评依据。

（三）在实践中明确法院、妇联、调解委员会防治家庭暴力工作的具体职责

1. 法院防治家庭暴力工作的具体职责

（1）依法及时受理并审理人民检察院、家庭暴力受害人起诉的涉家庭暴力案件；

（2）对于符合司法救助条件的家庭暴力受害人提供司法救助，并依其申请使其缓交、减交或免交诉讼费用；

（3）在离婚诉讼中，查明具有家庭暴力情形，属于刑事犯罪的，移送公安机关处理；不属于刑事犯罪的，应当告知家庭暴力受害人有提起离婚损害赔偿的权利；

（4）依公安机关或家庭暴力受害人申请，签发民事保护令；

（5）在审理涉家庭暴力案件中，依职权主动调查收集证据；

（6）在审理涉家庭暴力案件中，对施暴人予以训诫、警告，并通报其工作单位；施暴人属国家工作人员的，人民法院应向其所属单位提出给予其行政处分的司法建议。

2. 妇联防治家庭暴力工作的具体职责

（1）依法接受家庭暴力受害人的咨询及投诉，并建立家庭暴力施暴人及受害人信息档案，报当地家庭暴力防治委员会备案；

（2）对家庭暴力受害人陈述的事实进行如实记载，并派遣工作人员主动调查核实情况，并对调查结果形成书面记录；

（3）受害人提起民事诉讼或刑事自诉后，要求查阅、摘抄、复制家庭暴力受害人投诉记录档案的，妇女联合会应予提供；

（4）告知家庭暴力受害人有向公安机关报案及向人民法院起诉的权利，必要的情况下依据《民事诉讼法》第15条的规定，支

持受害人提起民事诉讼；

（5）在接到群众举报后，主动对家庭暴力施暴人予以批评教育或提出警告；提出警告的，应将警告处分通知书通报其工作单位；

（6）结合本区域实际情况，做好防治家庭暴力的普法宣传工作。

3. 调解委员会防治家庭暴力工作的具体职责

（1）依法接受家庭暴力受害人申请或依职权开展调解工作，并建立家庭暴力施暴人及受害人信息档案，报当地家庭暴力防治委员会备案；

（2）聘请高校教师、心理咨询师、律师等专业人士担任兼职调解顾问；

（3）受害人提起民事诉讼或刑事自诉后，要求查阅、摘抄、复制家庭暴力施暴人及受害人信息档案的，人民调解委员会应予提供；

（4）对受害人显失公平的调解协议不予承认，并告知受害人依法享有的权利（包括诉讼权利）；

（5）结合本区域实际情况，配合当地居（村）民委员会做好防治家庭暴力的普法宣传工作。

第六章　云南省防治家庭暴力情况实证调查研究*

一、云南省防治家庭暴力情况实证调查概述①

关于云南省防治家庭暴力实证调查概述，我们从以下三个方面简要介绍：（一）调查背景；（二）调查对象；（三）调查方法。

（一）调查背景

家庭暴力是一个世界各国都普遍存在的社会问题，我国也不例外。为了维护作为社会细胞的家庭的和睦安定，世界上许多国家都运用法律手段对家庭暴力予以禁止。在我国现行《婚姻法》首次明确规定"禁止家庭暴力"；《婚姻法解释（一）》中界定了家庭暴力的内涵；《妇女权益保障法》第46条进一步规定："禁止对妇女实施家庭暴力。国家采取措施，预防和制止家庭暴力。公安、民政、司法行政等部门以及城乡基层群众性自治组织、社会团体，应当在各自的职责范围内预防和制止家庭暴力……"2008年7月31日全国妇联等七部委发出了《关于预防和制止家庭暴力的若干意

* 本章作者简介：杨晋玲，女，云南大学法学院教授，硕士生导师、中国法学会婚姻家庭法学研究会理事；崔艳芬，女，云南大学法学院法律硕士生；吕敏，男，云南大学法学院法律硕士生。本调查报告由崔艳芬、吕敏负责项目的调查、统计工作，杨晋玲负责本报告的撰写工作。本报告关于妇联部分的内容采用了崔艳芬分报告的部分内容。

① 本章以云南省被抽样地区法院、妇联和司法所三机构防治家庭暴力工作情况为研究对象。

见》（以下简称七部委《意见》）。云南省根据现行《婚姻法》、《妇女权益保障法》、《云南省实施〈中华人民共和国妇女权益保障法〉办法》和七部委《意见》等相关规定，也在2010年制定了《云南省预防和制止家庭暴力的工作意见》（以下简称云南省《工作意见》），以预防和制止家庭暴力，建立和维护平等、和睦的家庭关系。为了解云南省防治家庭暴力的实践情况，按照本项目调研计划的要求，我们成立了调查组对云南省2008～2010年的家庭暴力情况以及防治情况进行了调查。

（二）调查对象

为了解云南省防治家庭暴力工作的情况，本课题组于2011年8月对云南省某二级市的三个县、市（以下简称三地区）2008～2010年防治家庭暴力的情况进行了调查，调查机构为当地的法院、妇联和基层司法所（以下简称三机构），实地调查地为该市的两个县和一个代管市。全市2009年末户籍总人口达600余万人，其中，非农业人口75余万人。全市少数民族人口数40余万人，占总人口的近7%。按常住人口计算，2009年人均GDP近1.5万元。

（三）调查方法

在调查中，我们运用了实地调查、分析案卷资料和与三机构工作人员、当事人访谈相结合的调查方法。根据调查中掌握的第一手资料，我们对某市三地区2008～2010年三年期间的家庭暴力现状进行统计分析，总结三机构预防和制止家庭暴力工作中取得的成效和经验、面临的困境和存在的不足，以期为我国在预防和制止家庭暴力的立法与司法实践改进方面提供建议。

二、云南省防治家庭暴力实证调查情况的统计分析

（一）法院受理的涉及家庭暴力案件情况的统计分析

此次调查，我们主要关注被调查法院以下八个方面情况：一是被调查法院2008～2010年受理家事案件总数、在受理的家事案件中涉及家庭暴力的案件所占比例；二是受理的案件中涉及家庭暴力

的情况；三是家庭暴力当事人（包括施暴者和受害者）的基本情况；四是家庭暴力的侵害对象；五是涉及家庭暴力的案件中的暴力方式；六是引发家庭暴力的因素；七是通过司法途径解决的涉及家庭暴力案件的情况和效果；八是对是否制定专门的《防治家庭暴力法》的认识等。由于被调查法院没有专门的家庭暴力案件统计资料，需要调查的情况都必须通过逐件翻阅以往的卷宗来了解，而需要翻阅的案件量过大，受人力、物力和时间的限制，故本课题组采用了以下的变通方法：在A县的调查采用全面调查的方式，即对法院2008~2010年所受理的家事案件逐件翻阅统计；而对B县和C市则采用抽样调查的方式，B县抽取了17件，C市抽取了15件。在对调查资料进行统计和分析时，以A县的资料为研究分析的对象，而以B县和C市的资料为印证和补充。以下我们将分别介绍被调查法院受理的涉及家庭暴力案件所呈现的八个方面的统计情况。

1. 涉及家庭暴力案件的数量

表6-1　2008~2010年三地区法院受理家事案件总数

	2008年（件）	2009年（件）	2010年（件）	三年合计（件）
A县家事案件数	1129	1241	1174	3544
B县家事案件数	688	706	876	2270
C市家事案件数	1218	1295	1211	3724
总计	3035	3242	3261	9538

表 6-2　2008～2010 年 A 县法院涉及家庭暴力案件所占比例

	家事案件数	涉及家庭暴力案件数	家庭暴力案件所占百分比
2008 年	1129	423	37.47%
2009 年	1241	501	40.37%
2010 年	1174	498	42.42%
三年合计	3544	1422	40.12%

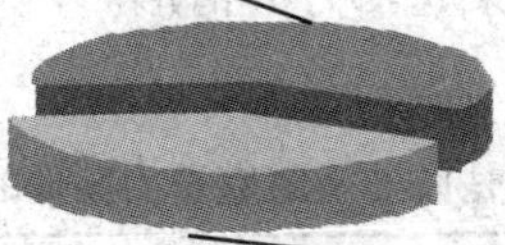

图 6-2　2008～2010 年 A 县法院受理涉及家庭暴力案件与其他家事案件的比例

统计结果显示，在 2008～2010 年期间 A 县法院受理的家事案件中涉及家庭暴力的案件占有较高的比例，且呈逐年增长的态势。2008 年，受理家事案件 1129 件，在受理的家事案件中涉及家庭暴力案件 423 件，所占比例为 37.47%；2009 年，受理家事案件 1241 件，在受理的家事案件中涉及家庭暴力案件 501 件，所占比例为 40.37%；2010 年，受理家事案件 1174 件，在受理的家事案件中涉及家庭暴力案件 498 件，所占比例为 42.42%（见表 6-2）。2008～2010 年三年期间，共受理家事案件 3544 件，其中涉及家庭暴力案件 1422 件，占 40.12%（见图 6-2）。

在法院受理的家事案件中，为何涉及家庭暴力案件所占比例如此之高，所占比例达到 40.12%，而且其中两年都超过 40%。据统计分析，一方面是由于近些年来家庭暴力确实有逐年增多的趋势；而另一方面也与本次调查对家庭暴力采取广义的界定方式有关。调查涉及的家庭暴力分为五类：（1）身体虐待（如打耳光、拳打脚踢、器具伤害等）；（2）性虐待（强奸、强迫卖淫、强迫与他人发生性关系、拒绝过性生活等）；（3）心理虐待（威胁要伤害对方及其所关心的人或物、经常辱骂、长期不理睬对方等）；（4）财产虐待（毁坏财物等）；（5）其他。而家庭暴力侵害的对象则包括丈夫侵害妻子、妻子侵害丈夫、父母侵害未成年子女、成年子女侵害父母、儿媳侵害公婆、女婿侵害岳父母和其他等类型。故只要发生家事纠纷起诉到法院的家庭，即使不存在身体暴力现象也会有精神暴力等现象，故或多或少都会存在家庭暴力的情形。

2. 涉及家庭暴力案件的类型

表 6－3　2008～2010 年 A 县法院涉及家庭暴力案件的类型

项目／数量	家庭暴力案件类型（件）						
	离婚案件	继承案件	赡养案件	抚养费案件	抚养权案件	离婚后财产纠纷案件	其他
2008 年	366	3	14	2	36	2	0
	86.52%	0.71%	3.31%	0.47%	8.51%	0.47%	
2009 年	433	13	26	1	26	2	0
	86.43%	2.59%	5.19%	0.20%	5.19%	0.40%	
2010 年	408	8	30	4	44	4	0
	81.93%	1.61%	6.02%	0.80%	8.84%	0.80%	
2008～2010 年	1207	24	70	7	106	8	0
	84.88%	1.69%	4.92%	0.49%	7.45%	0.56%	

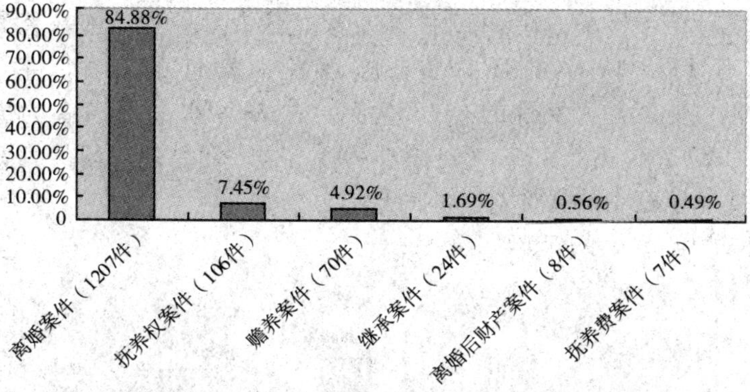

图 6－3　2008～2010 年 A 县法院涉及家庭暴力案件类型总数

统计结果显示，在涉及家庭暴力的 1422 件案件中，最多的是离婚案件，2008 年有 366 件，占 86.52%；2009 年有 433 件，占 86.43%；2010 年有 408 件，占 81.93%，2008～2012 年三年总计 1207 件，占总量的 84.88%（见表 6－3、图 6－3）。这一方面说明家庭暴力主要是发生在夫妻之间的暴力，而另一方面也表明随着人们权利意识的增强，家庭暴力行为日益成为导致夫妻感情破裂的重要因素。此外，家庭暴力在抚养权案件、赡养案件中也占有一定比例，其所占比例各自为 7.45% 和 4.92%，而在其他家事案件中所占比例则较低（见图 6－3）。

3. 家庭暴力案件当事人的基本情况

（1）当事人的性别

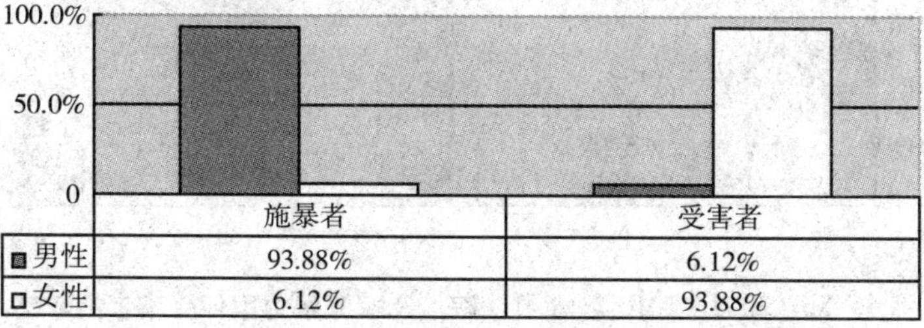

	施暴者	受害者
■男性	93.88%	6.12%
□女性	6.12%	93.88%

图 6－4　2008～2010 年 A 县法院涉及家庭暴力案件当事人的性别

统计结果显示，在1422件涉及家庭暴力案件中，施暴者为男性的有1335件，占93.88%，施暴者为女性的有87件，占6.12%；受害者为女性的有1335件，占93.88%；受害者为男性的只有87件，占6.12%（见图6－4）。这表明，现阶段的家庭暴力主要是家庭中的男性对女性的暴力。

（2）当事人的年龄

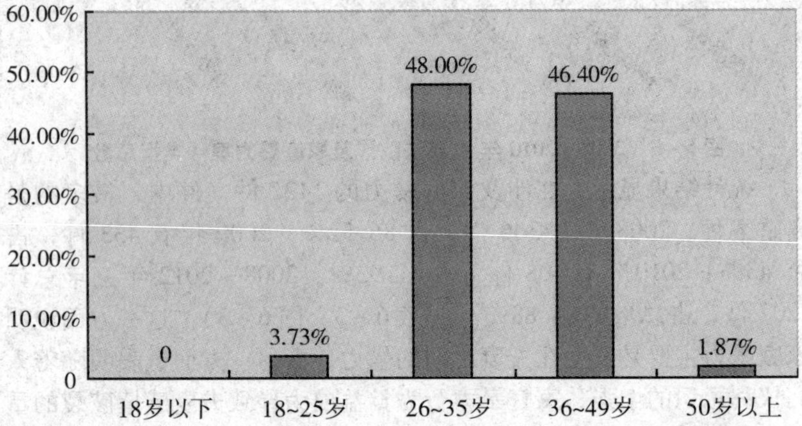

图6－5a　2008～2010年A县法院涉及家庭暴力案件施暴者的年龄

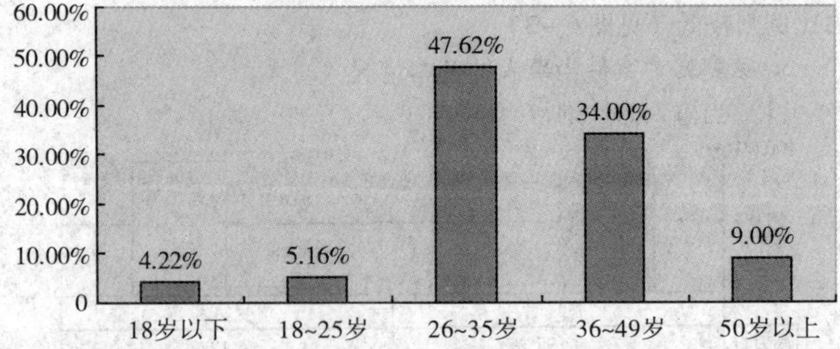

图6－5b　2008～2010年A县法院涉及家庭暴力案件受害者的年龄

统计结果显示，涉及家庭暴力案件中施暴者和受害者的年龄都主要集中在26～35岁和36～49岁两个年龄段，各占48.00%、

46.40%和47.62%、34.00%，这两个年龄段分别合计各自占到94.40%和81.62%（见图6－5a、图6－5b）。这表明这中青年人是家庭暴力的重点防治对象和保护对象。而18岁以下年龄段的没有施暴者，但受害者则各个年龄段的人都有，尤其是50岁以上的还占9%，这表明也有部分老年人是家庭暴力的受害人（见图6－5a、图6－5b）。

（3）当事人的职业

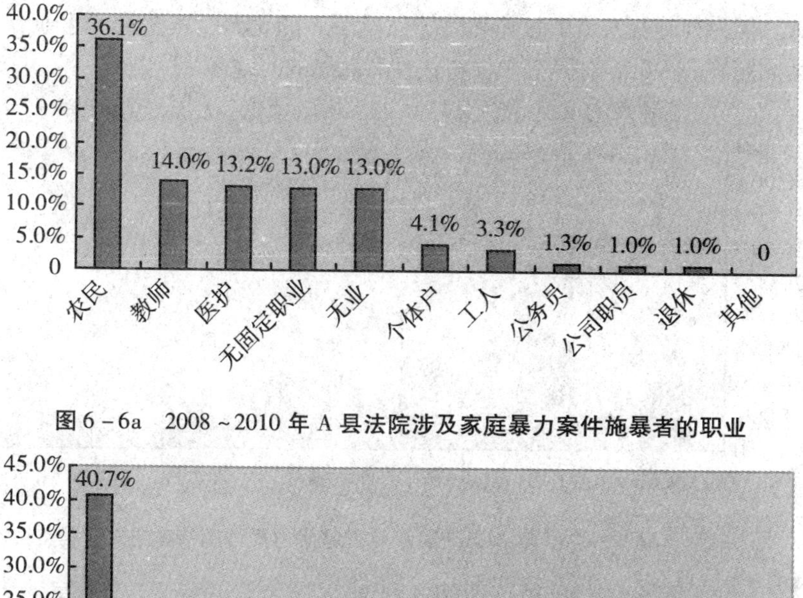

图6－6a　2008～2010年A县法院涉及家庭暴力案件施暴者的职业

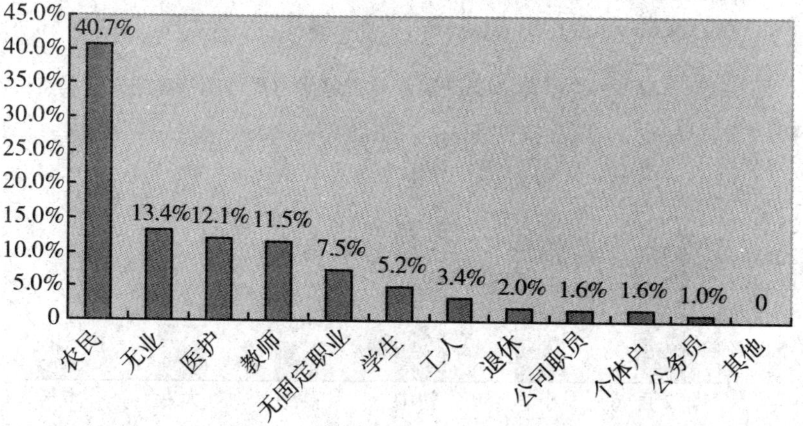

图6－6b　2008～2010年A县法院涉及家庭暴力案件受害者的职业

从涉及家庭暴力案件中当事人的职业情况看，施暴者比例最高的是农民，占36.1%，其次分别为教师、医护人员、无业者和无固定职业者，分别占14.0%、13.2%、13.0%和13.0%（见图6－6a）；受害者职业情况与施暴者的大致相当，比例最高的也是农民，占40.7%，其次为无业者、医护人员、教师和无固定职业者，分别占13.4%、12.1%、11.5%、7.5%（见图6－6b）。涉及家庭暴力案件的当事人中农民所占比例最高，与调查地属县级区域，农业人口占有较大比例有关。但为何施暴人员中教师和医护人员所占的比例竟然超过了无业和无固定职业人群，却是一个值得关注和深思的问题。

（4）当事人的文化程度

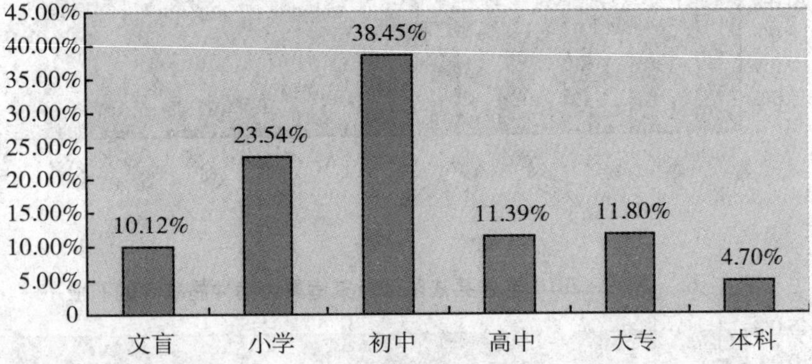

图6－7a　2008～2010年A县法院涉及家庭暴力案件施暴者的文化程度

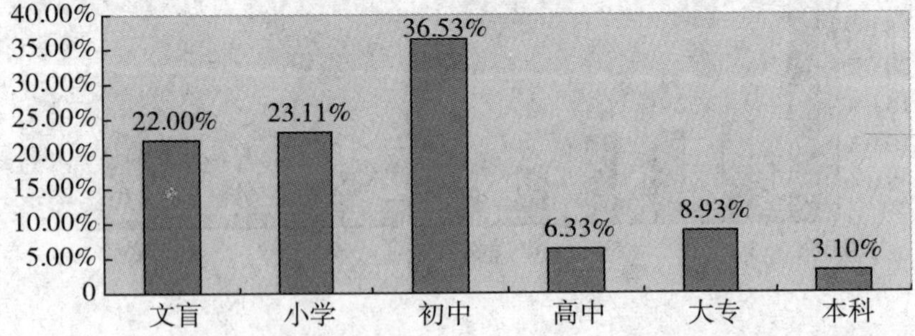

图6－7b　2008～2010年A县法院涉及家庭暴力案件受害者的文化程度

统计结果显示，施暴者的文化程度以小学和初中所占比例最高，分别占23.54%和38.45%，加上文盲占10.12%，初中及以下文化程度的合计占72.11%；其余的为大专占11.80%、高中占11.39%、本科占4.70%（见图6－7a）。而受害者的文化程度比施暴者的略低，其依次排序为初中占36.53%、小学占23.11%、文盲占22.00%、大专占8.93%、高中占6.33%、本科占3.1%（见图6－7b）。这一方面说明家庭暴力的发生率与当事人的文化程度有着比较密切的联系，但同时也表明各种文化程度的人中都存在发生家庭暴力的可能，而且随着生存、竞争压力的增大，家庭暴力正在向高文化层次的人蔓延。当然文化程度因素虽不是导致家庭暴力的唯一因素，但可能是人们选择什么样的暴力行为形式的主要决定因素。

4. 家庭暴力的侵害对象

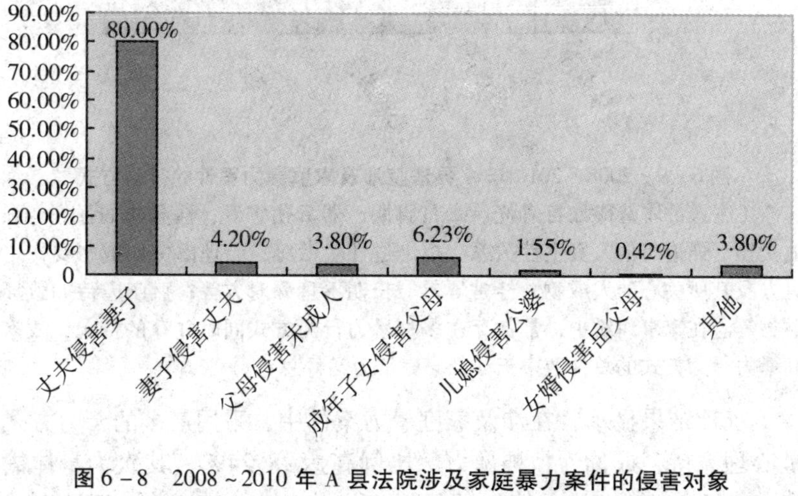

图6－8　2008～2010年A县法院涉及家庭暴力案件的侵害对象

（注：百分比为此家庭暴力之侵害对象占2008～2010年度三年涉及家庭暴力案件总量的百分比，由于存在多人对一人的家庭暴力行为，如父母共同对未成年子女或夫妻、成年子女共同对父母实施，故家庭暴力侵害对象的总件数多于涉及家庭暴力案件总数。）

统计结果显示，家庭暴力主要发生在夫妻之间，所占比例高达84.2%（其中丈夫对妻子占80.00%，妻子对丈夫占4.20%），而其他家庭成员间发生的家庭暴力比例都很少。需要引起关注的是成年子女侵害父母的案件有增多的趋势，虽然在所发生的涉及家庭暴力案件中所占比例不算太高，只占6.23%，但也排在了第二位，紧随丈夫侵害妻子之后（见图6-8）。

5. 家庭暴力的行为方式

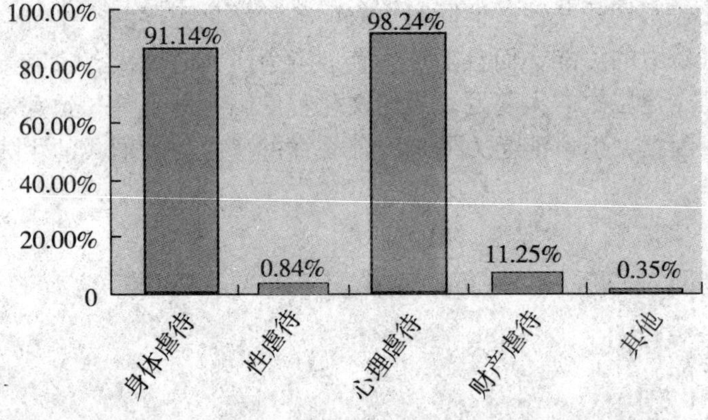

图6-9　2008~2010年A县法院涉及家庭暴力案件的行为方式

（注：身体虐待如打耳光、拳打脚踢、器具伤害等；性虐待如强奸、强迫卖淫、强迫与他人发生性关系、拒绝过性生活等；心理虐待如威胁要伤害对方及其所关心的人或物、经常辱骂、长期不理睬对方等；财产虐待如毁坏财物等。在家事纠纷中，常常存在多种暴力行为方式同时并存的情况，故家庭暴力行为方式的总件数多于涉及家庭暴力案件总数。）

统计结果显示，在涉及家庭暴力案件中，采用最多的暴力方式是心理虐待，或称为精神暴力，比例高达98.24%；其次为身体虐待，占91.14%；排在第三的是财产虐待，占11.25%。而性虐待和其他伤害方式所占比例很低，合计占1.19%（见图6-9）。

6. 家庭暴力的发生原因

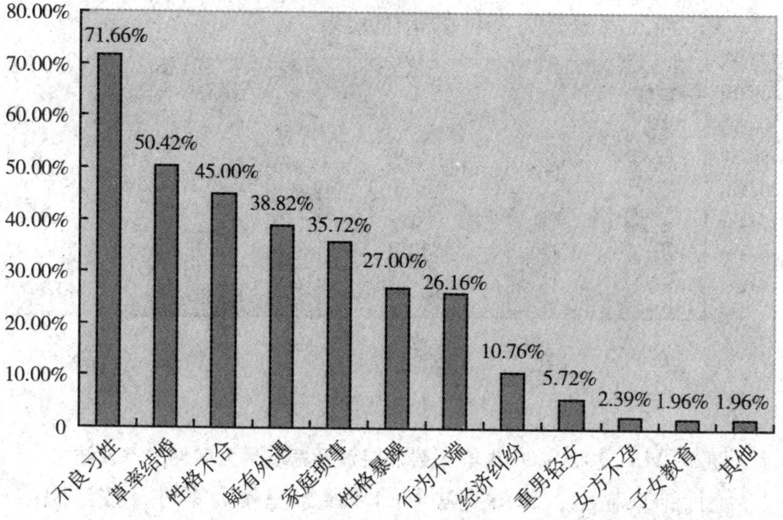

图 6－10　2008～2010 年 A 县法院受理的涉及家庭暴力案件的发生原因

（注：不良习性包括酗酒、赌博、吸毒和嫖娼，行为不端包括婚前行为不端和婚外性行为。百分比为家庭暴力发生原因占 2008～2010 年度三年涉及家庭暴力案件总量的百分比。因有的当事人同时具有多种行为体现，故各原因总数多于涉及家庭暴力案件总数，且百分比总量大于 100%。）

统计结果显示，引发家庭暴力的原因多种多样，其中排在前三位的分别是不良习性、草率结婚、性格不合，各自所占比例为 71.66%、50.42%、45.00%。从引发家庭暴力的原因排序来看，当事人自身的原因、婚姻基础、家庭矛盾等占据了前列，而因经济原因引发的比例并不高，只有 10.76%（见图 6－10）。因此，单纯经济状况的改善并不足以阻止家庭暴力的发生，而只有通过改变当事人的行为方式，提高家庭化解、调适纠纷的能力，才能有效避免家庭暴力的发生。

7. 通过司法途径解决家庭暴力的情况和效果

（1）涉及家庭暴力案件的审理结果

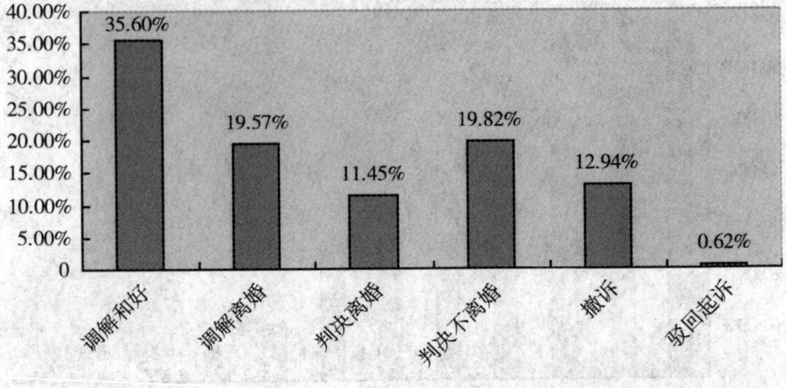

图 6－11a　2008～2010 年 A 县法院涉及家庭暴力案件的审理结果

统计结果显示，起诉到法院的涉及家庭暴力案件，按法院的审理结果的排序，依次为调解和好，占 35.60%；判决不离婚，占 19.82%；调解离婚，占 19.57%；撤诉，占 12.94%；判决离婚，占 11.45%；驳回起诉，占 0.62%。而其中以调解方式解决（包括调解和好和调解离婚）的比例最高，占 55.17%，达到案件总数的一半以上；以判决方式解决（包括判决离婚和判决不离婚）的合计占 31.27%，占案件总数的 1/3 以上，其中判决离婚的只占 11.45%（见图 6－11a）。

（2）当事人撤诉的原因

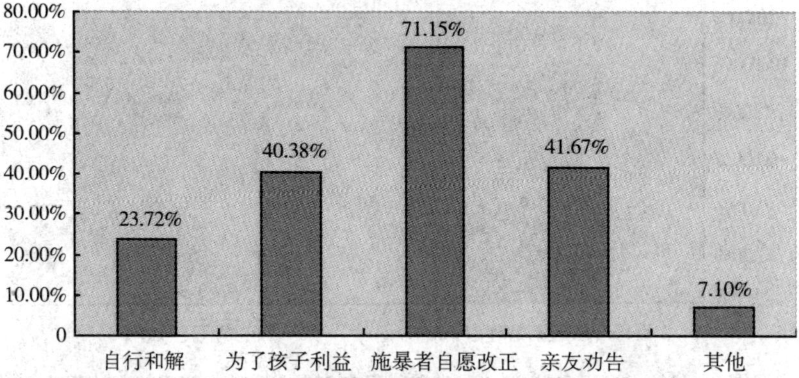

图 6－11b　2008～2010 年 A 县法院涉及家庭暴力案件当事人撤诉的原因

（注：当事人撤诉是基于多种原因的考虑，故所列原因之和大于 100%。）

统计结果显示，在当事人撤诉的案件中，属于施暴者自愿改正的，所占比例高达 71.15%；亲友劝告和为了孩子利益的紧随其后各占 41.67% 和 40.38%；自行和解的占 23.72%（见图 6－11b）。这说明，在涉及家庭暴力案件的审理中，只要施暴者表示改正错误，停止施暴，一般可以获得受害者的谅解，避免婚姻的解体。同时，这也是这类案件审理中应当重点关注的问题，如果施暴者不能改正错误、停止施暴，而受害者仅仅是为了孩子利益，在亲友劝告下撤诉，法院也不应准许。

（3）驳回起诉的原因

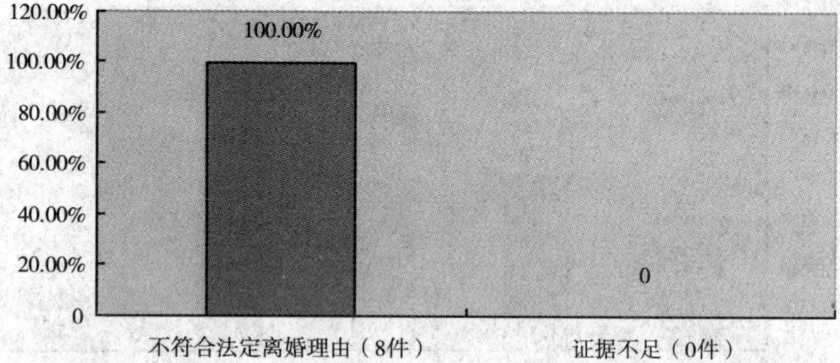

图6－11c　2008～2010年A县法院涉及家庭暴力案件中驳回起诉的原因

统计结果显示，在法院2008～2010年受理的1422件涉及家庭暴力的案件中，驳回起诉的只有8件（见图6－11c），而导致起诉被驳回的原因全部是不符合法定离婚理由的情况。

（4）审结的涉及家庭暴力案件证据认定形式

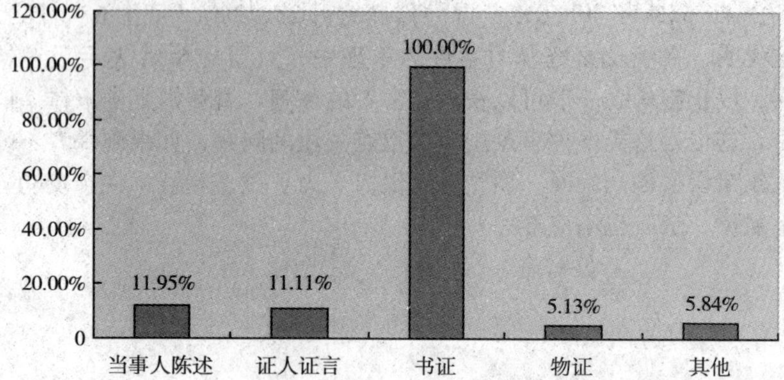

图6－11d　2008～2010年A县法院涉及家庭暴力案件的证据认定形式

（注：此为涉及家庭暴力案件证据认定形式占2008～2010年度三年涉及家庭暴力案件总量的百分比。）

统计结果显示，在审结的涉及家庭暴力案件中，法院运用得最多的证据形式是书证，占100%，也就是说每件案件的审理都离不开书证这种证据形式的运用：其次为当事人陈述，占 11. 95%；再次为证人证言，占 11. 11%；而物证和其他证据形式的运用很少，分别占 5. 13% 和 5. 84%（见图 6 - 11d）。所以能否提供书证就成了这类案件审理的关键。

（5）法院审理案件所依据的法律

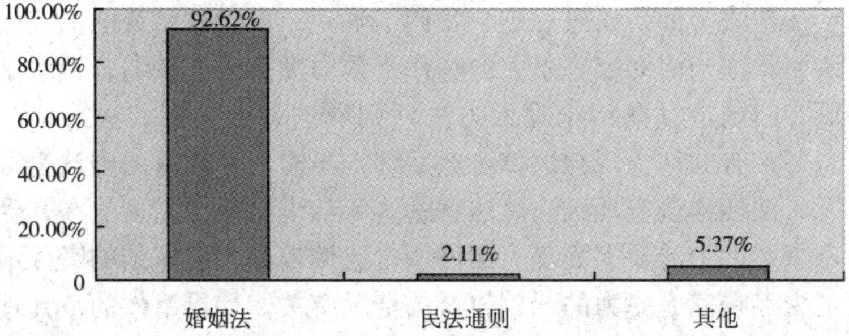

图 6 - 11e　2008 ~ 2010 年 A 县法院涉及家庭暴力案件所依据的法律

统计结果显示，法院审理涉及家庭暴力案件所依据的法律主要是《婚姻法》，占 92. 62%；其他法律占 5. 37%；《民法通则》只占 2. 11%（见图 6 - 11e）。这一统计结果与涉及家庭暴力案件中离婚案件占绝大多数的情形相关，而离婚案件的审理所依据的法律主要是《婚姻法》。

（6）法院审理的离婚案件对当事人的救济情况

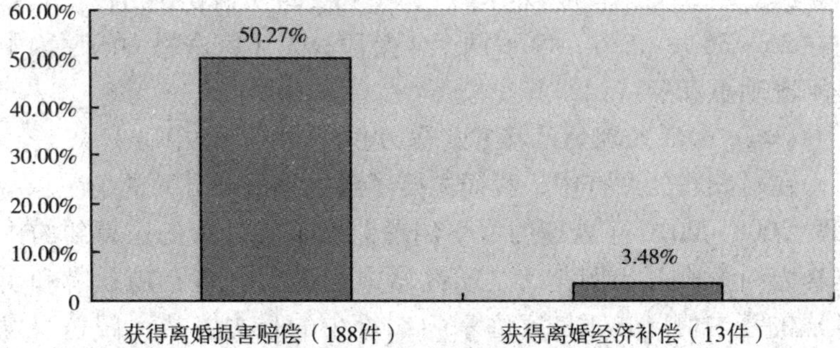

图 6 - 11f　2008 ~ 2010 年 A 县法院涉及家庭暴力的离婚案件中对当事人的救济情况

统计结果显示，在法院 2008~2010 年审结的 374 件离婚案件中（调解离婚 236 件，判决离婚 138 件），有 188 件离婚案件的当事人获得了离婚损害赔偿，占离婚案件的 50.27%；而获得离婚经济补偿的只有 13 件，占离婚案件的 3.48%（见图 6-11f）。

8. 法官对是否制定专门的《防治家庭暴力法》的认识

在与法官的访谈过程中，我们了解到，虽然被访谈的法官们普遍认为我国当前对家庭暴力的法律干预力度有限或较弱，但对是否需要专门制定《防治家庭暴力法》则看法各异，有的法官认为迫切需要；有的认为现行法律已经足够，不需要；而有的则认为可有可无。被抽样调查地区法院法官的这一认识结果，与虽然在其受理的家事案件中涉及家庭暴力案件所占比例较高，但审结的案件最终认定为存在家庭暴力的比例较低的情况有关。如果案件的裁判理由不涉及家庭暴力问题，现有的法律已足够其适用。

另外，对 B 县和 C 市法院的抽样调查统计结果所反映的情况也与 A 县的相似。在所抽取的 32 件案件中，无论是当事人的性别、年龄、职业、文化程度、侵害对象、暴力方式、发生家庭暴力的原因，还是法院的审结情况等方面与 A 县的情况都基本相同。如家庭暴力的施暴者主要是男性，受害者主要是女性；侵害对象主要是丈夫侵害妻子；暴力方式以身体虐待和心理虐待为主；当事人以农民为主，文化程度以小学、初中和文盲所占比例最高，年龄集中在 25~35 岁和 36~49 岁两个年龄段；发生家庭暴力的原因主要是家庭琐事和经济纠纷等。

（二）妇联处理的涉及家庭暴力纠纷情况的统计分析

在对妇联的调查中，我们主要了解以下五个方面的情况：一是妇联 2008~2010 年处理的家事纠纷总数、在处理的家事纠纷中家庭暴力纠纷所占比例；二是家庭暴力当事人（包括施暴者和受害者）的基本情况；三是家庭暴力纠纷中的暴力方式；四是引发家庭暴力的因素；五是对是否需要专门制定《防治家庭暴力法》的认识等。以下我们就被调查地区妇联处理的家庭暴力纠纷这五个方面的调查情况进行统计分析。

1. 涉及家庭暴力纠纷的数量

表 6－4　2008～2010 年 A 县妇联处理的家事纠纷总数及涉及家庭暴力纠纷所占比例

类别＼年份	2008 年（件）	2009 年（件）	2010 年（件）	三年合计（件）
家事纠纷	23	28	33	84
涉及家庭暴力纠纷	18	26	28	72
家庭暴力纠纷占当年家事纠纷的比例	78.26%	92.86%	84.85%	85.71%

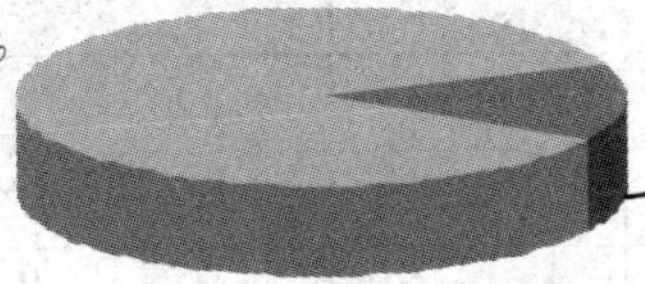

图 6－12　2008～2010 年 A 县妇联涉及家庭暴力纠纷与其他家事纠纷的比例

表 6－5　2008～2010 年 B 县妇联处理的家事纠纷总数及涉及家庭暴力纠纷所占比例

类别＼年份	2008 年（件）	2009 年（件）	2010 年（件）	三年合计（件）
家事纠纷	50	70	85	205
涉及家庭暴力纠纷	12	8	10	30
家庭暴力纠纷占当年家事纠纷的比例	24.00%	11.43%	11.76%	14.63%

图 6－13　2008～2010 年 B 县妇联涉及家庭暴力纠纷与其他家事纠纷的比例

表 6－6　2008～2010 年 C 市妇联处理的家事纠纷总数及涉及家庭暴力纠纷所占比例

年份 类别	2008 年（件）	2009 年（件）	2010 年（件）	三年合计（件）
家事纠纷	81	113	120	314
涉及家庭暴力纠纷	21	34	43	98
家庭暴力纠纷占当年家事纠纷的比例	25.93%	30.09%	35.83%	31.21%

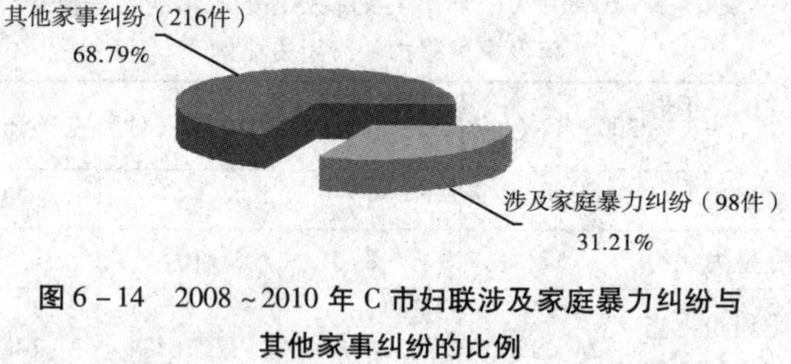

图 6－14　2008～2010 年 C 市妇联涉及家庭暴力纠纷与其他家事纠纷的比例

表 6-7 2008~2010 年三地区妇联处理的家事纠纷总数及涉及家庭暴力纠纷所占比例

类别＼年份	2008 年（件）	2009 年（件）	2010 年（件）	三年合计（件）
家事纠纷	154	211	233	598
涉及家庭暴力纠纷	51	68	81	200
家庭暴力纠纷占当年家事纠纷的比例	33.12%	32.23%	34.76%	33.44%

图 6-15 2008~2010 年三地区妇联涉及家庭暴力纠纷与其他家事纠纷的比例

统计结果显示，2008 年三地区妇联处理的家事纠纷共计 154 件，其中家庭暴力纠纷有 51 件，占 33.12%；2009 年三地区妇联处理的家事纠纷共 211 件，其中家庭暴力纠纷有 68 件，占 32.23%；2010 年三地区妇联处理的家事纠纷共 233 件，其中家庭暴力纠纷有 81 件，占 34.76%（见表 6-7）。综合 2008~2010 年三年的总体情况看，三地区妇联三年共处理家事纠纷 598 件，其中家庭暴力纠纷 200 件，占妇联处理的家事纠纷总数的 33.44%（见图 6-15）。

从三地区分别观之，2008~2010 年妇联处理的家庭暴力纠纷存在分布不均的情况，其中以 A 县发生率最高，三年平均达到 85.71%；而 B 县发生率较低，三年平均只有 14.63%；C 市居中，占31.21%（见图6-12、图6-13、图6-14）。[①] 但在这三年期间的总体情况是家庭暴力纠纷在家事纠纷中占1/3以上，且投诉的案件数量呈逐年平稳增长的态势。这说明虽然国家已加大了对家庭暴力的惩治力度，但要有效防治家庭暴力的发生仍然需要经过长期不懈的努力。

2. 家庭暴力当事人的基本情况

（1）当事人的性别情况。2008～2010年期间，在三地区妇联处理的家庭暴力纠纷中，从当事人性别看，只有A县妇联受理的家庭暴力纠纷中有女性施暴者和男性受害者存在。在72件涉及家庭暴力纠纷中，施暴者为男性的有69人，占95.83%；施暴者为女性的有3人，占4.17%。受害者为女性的有69人，占95.83%；为男性的有3人，占4.17%（见图6-16）。而在向妇联投诉的家庭暴力纠纷中，之所以有女性施暴者和男性受害者存在，这是因为涉及扶养费纠纷，在这类纠纷中，女性向受扶养的男性有过暴力行为。而其他两地的施暴者均为男性，受害者均为女性。这一方面表明，现阶段的家庭暴力主要是家庭中的男性对女性的暴力，另一方面也符合妇联作为女性“娘家人”的身份，男性受害者一般不会来向妇联投诉。

① 当然这种分布不均的情况可能是因各地统计资料的不全面、不完善，统计标准的不统一造成的。在调查中我们了解到，三地区妇联无论是在《接待记录表》的制作、登记要求，还是接待情况的统计方面都还存在某些不规范之处。

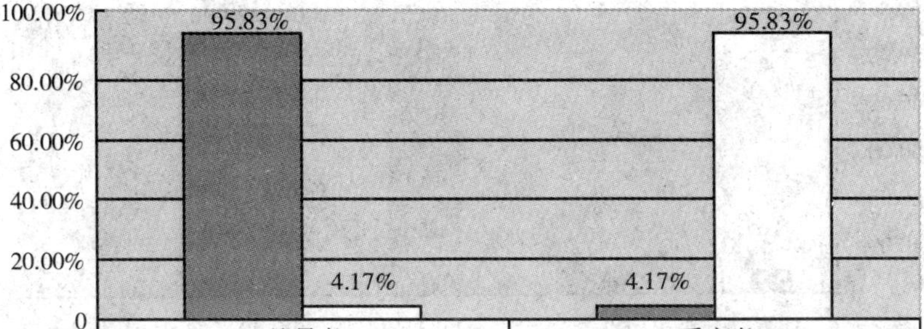

	施暴者	受害者
■男性	95.83%	4.17%
□女性	4.17%	95.83%

图 6－16　2008～2010 年 A 县妇联处理的家庭暴力纠纷中施暴者和受害者的性别比例

（2）当事人的年龄情况。由于 C 市无 2008～2010 年期间受理的家庭暴力纠纷当事人年龄、职业和文化程度的情况统计，在其工作人员填写的《接待记录表》中也无相关情况记录（只是在一张记录表中提到一名退休妇女反映她 62 岁的丈夫经常殴打她），故以下几图表所用数据只是 A 县和 B 县妇联处理的家庭暴力纠纷中当事人的年龄、职业和文化程度情况。

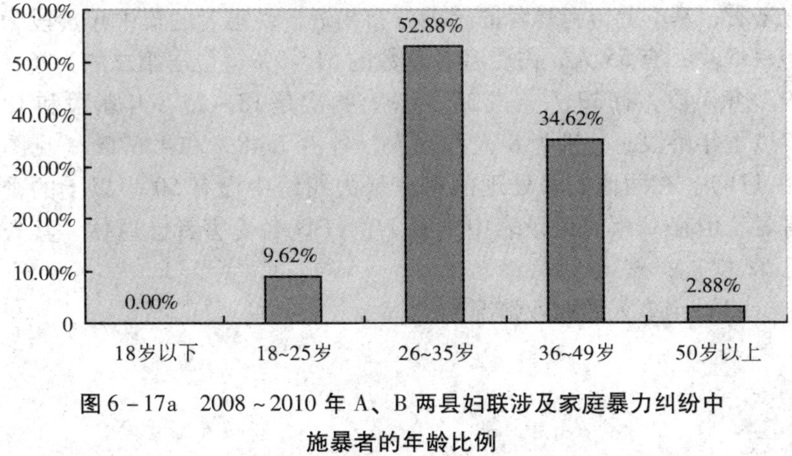

图 6－17a　2008～2010 年 A、B 两县妇联涉及家庭暴力纠纷中施暴者的年龄比例

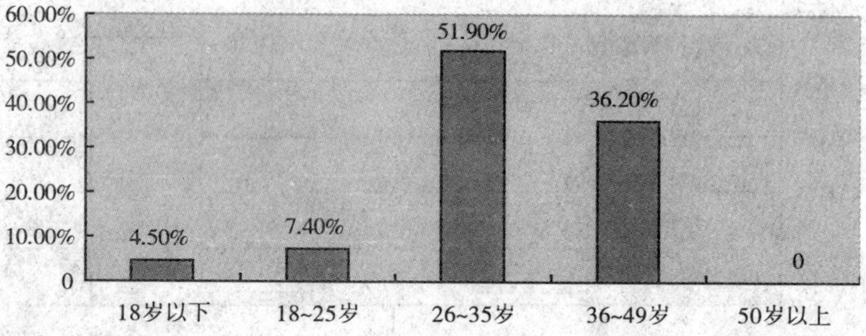

图 6－17b　2008～2010 年 A、B 县妇联涉及家庭暴力纠纷中受害者的年龄比例

统计结果显示，施暴者主要集中在 26～35 岁年龄段，在 2008～2010 年两地妇联处理的共 104 件家庭暴力纠纷中，处于该年龄段的施暴者高达 55 件，占施暴者总数的 52.88%；而位居第二的为 36～49 岁年龄段，有 36 件，占 34.62%；再次为 18～25 岁年龄段，有 10 件，占 9.62%；最后是 50 岁以上年龄段，有 3 件，占 2.88%；而 18 岁以下年龄段的则没有（见图 6－17a）。而在上述 104 件家庭暴力纠纷中，受害者有 107 名（在有的家庭纠纷中，受害者还包括其他家庭成员，特别是未成年子女）。从受害者的情况来看，基本上与施暴者的年龄分布相近，受害者的集中年龄段为 26～35 岁，有 55 人，占受害者总数的 51.40%；位居第二的为36～49 岁年龄段，有 39 人，占 36.45%；再次是 18～25 岁年龄段和 18 岁以下年龄段，分别为 8 人和 5 人，各占 7.48% 和 4.67%（见图 6－17b）。在两地妇联处理的家庭暴力纠纷中没有 50 岁以上的受害者，但在 C 市的记录表中则有 1 例（该名受害者已退休，其夫已 62 岁）。

（3）当事人的职业情况。

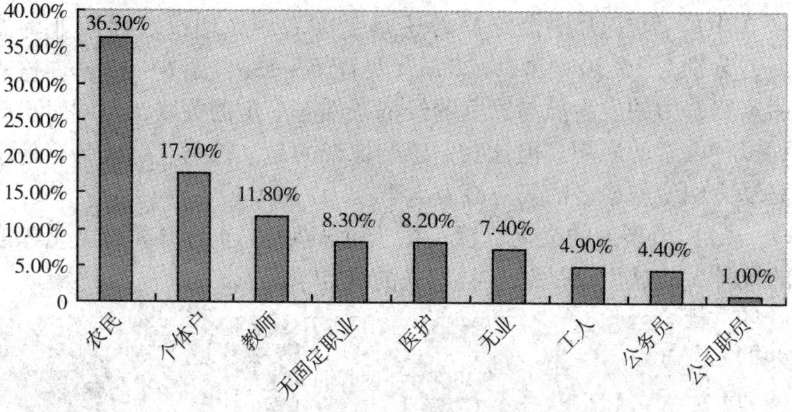

图 6－18a　2008～2010 年 A、B 两县妇联处理的涉及家庭暴力纠纷中施暴者的职业比例

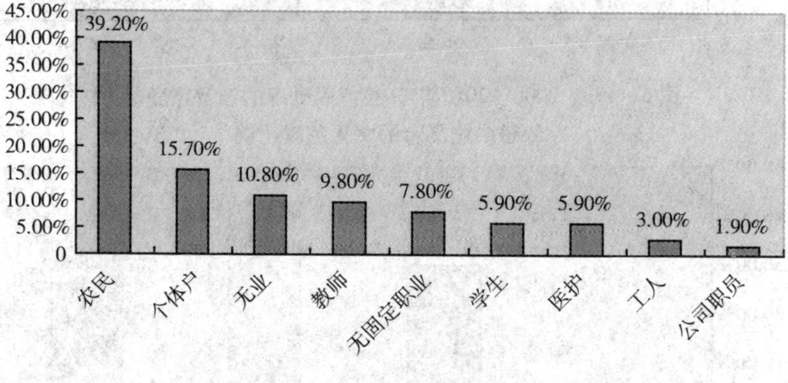

图 6－18b　2008～2010 年 A、B 两县妇联处理的涉及家庭暴力纠纷中受害者的职业比例

统计结果显示，当事人的职业情况呈现多样化趋势，但在施暴者中，职业主要集中在农民、个体户、教师、无固定职业和医护五类，各自所占比例分别为 36.30%、17.70%、11.80%、8.30% 和 8.20%（见图 6－18a）；而受害者职业分布情况与施暴者相近，主要集中在农民、个体户、无业、教师和无固定职业五类，各自所占比例分别为 39.20%、15.70%、10.80%、9.80% 和 7.80%（见图

6-18b)，其中无论是施暴者还是受害者中，均以农民职业为最高，分别为36.30%和39.20%（见图6-18a、图6-18b）。这表明家庭暴力的发生虽与家庭的经济条件有一定的关联，但同时也受到多种因素的影响。但让我们感到惊奇的是，教师竟然成为当地家庭暴力纠纷施暴者的第三高发人群。

（4）当事人的文化程度。由于A县和C市无当事人文化程度的统计，故这里仅是对B县妇联的统计情况。

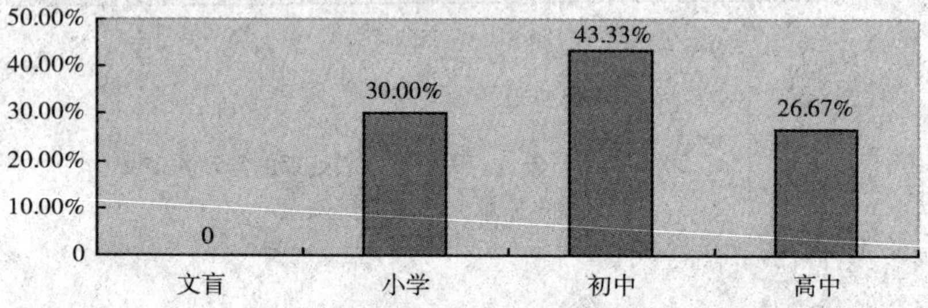

图6-19a　2008~2010年B县妇联处理的涉及家庭暴力纠纷中施暴者的文化程度比例

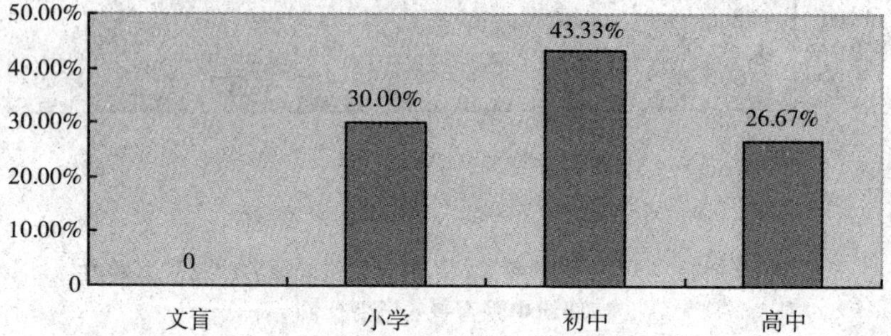

图6-19b　2008~2010年B县妇联处理的涉及家庭暴力纠纷中受害者的文化程度比例

统计结果显示，施暴者的文化程度主要集中在小学、初中和高中，所占比例分别为30.00%、43.33%和26.67%，即高中以下文化程度的合计占100%（见图6-19a）；而受害者的文化程度与施暴者的相当，也主要集中在小学、初中和高中，所占比例分别为

30.00%、43.33%和26.67%（见图6－19b）。但据调查地妇联的工作人员反映，近年来家庭暴力也逐渐向文化程度较高的人群蔓延，只是所占比例不高，因为有文化的人可能在处理家庭纠纷中一般不愿意通过暴力解决。从我们查阅的C市妇联2010年的17份《接待记录表》反映的情况看，涉及教师、医护的有3例，而教师、医护人员的文化程度至少是高中以上，如大专、大学等。

3. 家庭暴力的行为方式

在三地区妇联中，只有A县妇联的接待记录中有家庭暴力纠纷的行为方式记录，其他两地都没有这方面的记录，但在与妇联工作人员的访谈中，他们介绍来妇联投诉的还是以身体虐待为主，这从《接待记录表》记载的内容中也得到了反映。但近年来也出现了由身体虐待向心理虐待发展的情况。故图6－20的统计数据主要是来自A县妇联的调查情况。

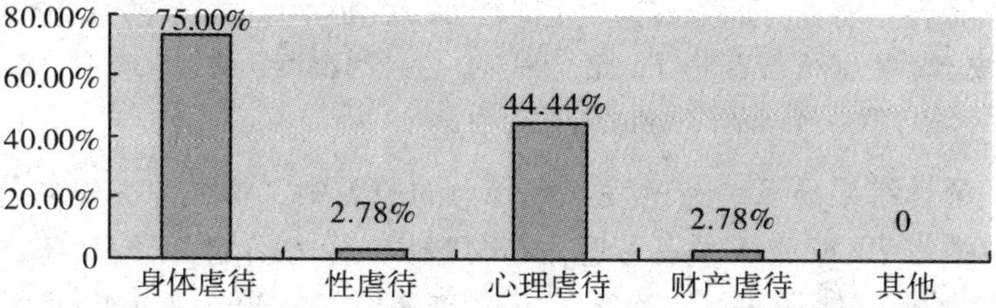

图6－20　2008～2010年A县妇联受理的涉及家庭暴力纠纷之行为方式比例

（注：百分比为此家庭暴力的暴力行为方式占2008～2010年度三年家庭暴力案件总量的百分比。身体虐待包括打耳光、拳打脚踢、器具伤害等；性虐待包括强奸、强迫卖淫、强迫与他人发生性关系、拒绝过性生活等；心理虐待包括威胁要伤害对方及其所关心的人或物、经常辱骂、长期不理睬对方等；财产虐待包括毁坏财物等。）

统计资料显示，A县妇联三年处理的家庭暴力纠纷中，身体虐待占75.00%，性虐待占2.78%，心理虐待占44.44%，财产虐待占2.78%（因其中有部分行为系复合性的，故总量超过100%）（见图6－20）。这表明目前家庭暴力手段呈多样化发展，但其中最常见的家庭暴力手段仍为身体虐待、心理虐待。

4. 家庭暴力的发生原因

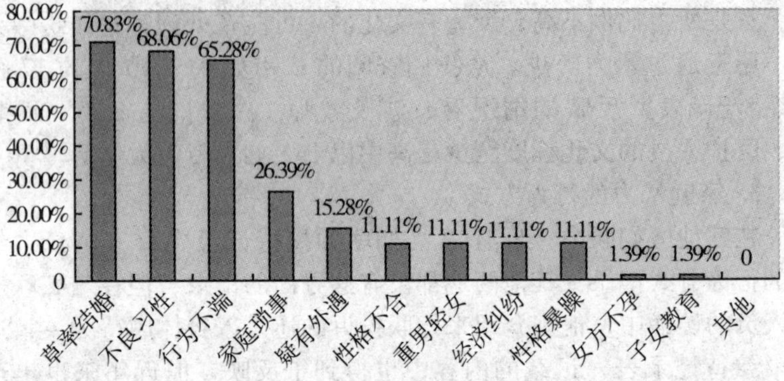

图 6－21　家庭暴力发生的原因比例

（注：因 A 县的数据较全面，故家庭暴力的发生原因分析以该县的调查数据为例。百分比为此家庭暴力原因占 2008～2010 年三年家庭暴力案件总量的百分比，总量大于百分百；此处的不良习性为酗酒、赌博、吸毒、嫖娼，行为不端包括婚前行为不端和婚外性行为。）

统计结果显示，在诱发家庭暴力的原因中，排在前三位的是草率结婚占 70.83%，不良习性占 68.06%，行为不端占 65.28%；其余的为疑有外遇占 15.28%，家庭琐事占 26.39%，重男轻女占 11.11%，经济纠纷占 11.11%，性格暴躁占 11.11%，女方不孕占 1.39%，性格不合占 11.11%，子女教育占 1.39%（见图 6－21）。这表明，诱发家庭暴力的原因呈多元化态势，其中位居前三位的分别是草率结婚、不良习性、行为不端。

5. 对是否需要专门制定《防治家庭暴力法》的认识

在对三地区妇联工作人员的访谈中，他们普遍反映我国当前对家庭暴力的法律干预度较弱，现有法律规定既分散又原则，缺乏可操作性。与此同时，对认定家庭暴力的证据要求则较高，而家庭暴力的取证难度又大，故在很多纠纷中，即便存在家庭暴力的事实很明显，但因达不到现有法律的要求而无法认定，因而也就无法对其进行有效的制裁。所以他们普遍认为我国需要制定一部专门的防治家庭暴力的法律。

（三）司法所处理的涉及家庭暴力纠纷情况的统计分析

司法所植根基层，在家庭暴力的预防和调处方面具有便民利民的天然优势，因此成为家庭暴力防治工作中一支不容忽视的重要力量。但在我们对三县市的两个镇一个社区司法所的调查中，却查找不到有关对家庭暴力处理情况的登记记录。在与司法所负责人及工作人员的交谈与问卷调查中，我们了解到他们接触和处理过的有关家庭暴力纠纷的一些基本情况以及对家庭暴力的一些看法如下：

1. 涉及家庭暴力纠纷的现状

据司法所负责人及工作人员介绍，在基层司法所接待的投诉中，主要是有关土地、林地、宅基地和财产纠纷等，因家庭暴力来司法所寻求帮助的并不多，只是有时当事人来寻求帮助的过程中偶尔会提到发生家庭暴力的情况。所以，司法所并没有作过有关这方面的统计，也没有这方面的记录。在对其他事项来访人员的接待记录中，也仅有来访人员姓名的记录，而没有其他的信息。据某社区的一名调解员回忆，在她所做的调解工作中只是在2010年有一家儿女对父母不好，偶有打骂并且明确表示不赡养老人，老人来司法所反映过一次情况。她当场给了一些建议，以后老人再没来过。由于是口头接待，并未存记录。而据某镇司法所的一名调解员介绍，遇到家庭暴力严重的也处理过，但也只是帮助其先稳住情况，随后再帮助其报警，让警察来处理，因为他们也处理不了。

2. 司法所家庭暴力投诉少的原因分析

（1）司法所在调处家庭暴力方面的作用所限

司法所的负责人及工作人员认为，家庭暴力严重的案件一般已到离婚的程度，当事人都会直接上法院解决，不会到司法所反映。即便不离婚来司法所投诉，司法所也只是帮助报警，让警察来处理，因为他们处理不了。还有就是找一些邻居和亲朋好友劝导。而程度较轻微的，一般还是固守“家丑不可外扬”的传统，自己在家里内部解决，不会拿出来宣扬。

（2）传统观念的影响

就家庭暴力的当事人而言，由于受“家丑不可外扬”观念的影响，发生家庭暴力后受害者大多都选择了忍受，而不向有关单位反映。即使上门调查，不管是施暴者还是受害者都不会将他们认为是“家丑”的事主动说出来。特别是一些较轻微的家庭暴力，受害者一般都采取忍忍算了的态度。而就司法所的工作人员而言，则持有家庭暴力属于家庭事务，应通过夫妻之间沟通谅解、受暴人增强自己的生活本领等来解决，即使是投诉到人民调解委员会也只能暂时缓解而无法根本解决问题的思想。在我们对相关人员进行的访谈中，持有这种看法的人员很普遍。这种观念反映在工作中，必然是对家庭暴力的防治采取一种消极回避的态度。

（3）司法所的人员条件所限

这主要体现在两个方面，一是人员数量有限。据了解，在乡镇司法所，固定上班的工作人员只有2～3名，而人民调解员一般不上班，需要开展调解工作时，要通过电话联系。据其负责人介绍，虽然司法所也有过做好家庭暴力防治工作的调查、研究、资料统计甚至写出调查报告的打算，但限于人少事多，故一直没有开展。二是人员素质所限。被调查的工作人员坦言，司法所方面对有关家庭暴力的知识如相关法律规定等并不是十分了解，所以也无法针对相关问题主动开展工作。

（4）司法所的工作职责所限

在现有防治家庭暴力的法律法规和部门规章中，对基层司法所和人民调解组织所担负的职责的规定比较原则、空泛，在人少事多的情况下，也会影响其对家庭暴力纠纷的关注度。例如，为预防和制止家庭暴力，云南省《工作意见》第7条规定：“司法行政部门要加大预防和制止家庭暴力相关法律法规的宣传力度，努力提高公民守法和依法保护自身合法权益的意识，增强预防和抵抗家庭暴力侵害的自我防范能力。基层司法所和人民调解组织对家庭暴力受害者的纠纷调解申请要认真接待，及时调处……”但其对如何与相关部门配合，具体开展工作尚无规定。

（5）司法所提供法律服务并非都是无偿的

在乡镇一级，司法所和法律服务所往往是“一套人马，两块牌子”，而法律服务所实行“有偿服务，适当收费”的原则。当事人之间发生纠纷来司法所进行调解时，如果调解不了，在接受法律咨询等服务时则要收取一定的费用。而家庭暴力纠纷事件，通过司法所的调解，一般也很难化解，如果当事人想咨询其他事项，如咨询离婚问题等还需支付费用。而同样的咨询服务，在妇联则是无偿提供的。这也是造成基层司法所处理家庭暴力纠纷投诉少的原因。

三、云南省防治家庭暴力工作的成效和经验

（一）法院预防和制止家庭暴力工作的成效和经验

1. 聘请妇联工作人员担任人民陪审员

涉及家庭暴力案件的受害者主要是妇女，而妇联不仅是妇女权益的维护者，而且对妇女的心理和遭受的伤害也最为了解。故在涉及这类案件的审理时，法院都尽量安排妇联工作人员担任陪审员，特别是在前述云南省《工作意见》实施后，调查地法院与当地妇联合作建立了妇联陪审员制度，聘请妇联工作人员长期担任人民陪审员、庭前社会调查员。

2. 注重调解方式的运用

在涉及家庭暴力案件的审理中，法院十分注重调解方式的运用。从前述 A 县法院审结的涉及家庭暴力案件的结果看，通过调解解决的案件占比最高，调解和好和调解离婚的比例达到 55.17%，而通过判决方式解决的只有 31.27%（见图 6 - 11a）。而在 B 县法院 2010 年受理的 703 件离婚案件中，通过调解解决的案

件就有342件，所占比例达到48.65%。如果仅从统计数据来看，[①]我们可以得出这样的结论：在家庭暴力案件的审理过程中，法院采用调解的方式，再调动其他力量的加入，可以对家庭暴力问题比较妥善地解决。因为无论是调解和好还是调解离婚，不仅可以有效避免当事人之间冲突的升级，而且可以达到案结事了的效果。而在审理过程中通过说服教育，当事人自行撤诉，不仅避免了家庭的解体，还节约了诉讼资源。

3. 及时立案受理

按照七部委《意见》和云南省《工作意见》的要求，凡涉及家庭暴力的案件起诉到法院的，法院都要及时立案受理。据某县派出法庭的法官介绍，在其法庭，当事人因遭受身体暴力来法院起诉离婚，如果身上有明显的伤痕，即便所带材料不全，也会当日即予立案。

4. 诉讼费减免

涉及家庭暴力案件的受害者属于家庭中的弱势者，家庭中的经济大权往往掌握在施暴一方手中，针对这种情况，在其交纳诉讼费有困难或无力交纳时，法院都会予以减免。

（二）妇联预防和制止家庭暴力工作的成效和经验

妇联肩负着“代表和维护妇女权益，促进男女平等”的职责，其工作任务之一即“为妇女儿童服务”，故在预防和制止家庭暴力方面发挥着其他部门难以替代的重要作用。在履行其职责，贯彻落实相关的法律法规和云南省《工作意见》的过程中，三地区妇联在预防和制止家庭暴力的活动中开展了一系列工作，并取得了一些成效和经验。

① 在与审案法官的访谈中，我们了解到调解所占比例较高，其实还与诸如证据不足等因素有关。

1. 结合"平安家庭"的创建活动，积极开展预防和制止家庭暴力的宣传、教育工作

为推进"平安云南建设"，2006年云南省正式启动了"平安家庭"创建活动。"平安家庭"的创建以"四防四无"为目标，"四防"是指防拐卖、防盗窃、防抢劫、防隐患，"四无"是指无毒品、无赌博、无暴力、无犯罪。在创建活动中，三地区妇联主要以"无家庭暴力"为活动的重点，开展了广泛的预防和制止家庭暴力的宣传、教育工作。除在每年的"三八妇女维权周"、"法制宣传月"等时期，定期到各自辖区内组织反家庭暴力的宣传活动外，还通过社区（村）宣传栏、黑板报、写布标、发放维权宣传资料、开展法律知识讲座等形式，向辖区群众宣传反家庭暴力及如何维权的相关知识，提高辖区群众防范和自觉抵制家庭暴力的意识，掌握处理家庭暴力的方法等。同时，还通过举办"零家庭暴力示范社区（村）"创建宣传动员会，宣传动员广大居民（村民）积极参与到"零家庭暴力示范社区（村）"创建活动中来，共同来关心、爱护每一位家庭暴力受害者，为构建和谐家园、和谐社区、和谐社会做贡献。

2. 与多部门配合，建立预防和制止家庭暴力的协调联动机制

家庭暴力的防治需要多机构、多部门的配合，在云南省《工作意见》中要求各地由妇联和综治部门牵头，建立预防和制止家庭暴力的协调联动机制，有效遏制家庭暴力，并对妇联应承担的工作提出了明确的要求。其第11条规定："妇联组织应当开展预防和制止家庭暴力的宣传、培训、咨询和信息服务等工作；利用12338维权热线和信访窗口接待家庭暴力受害者的投诉，并为受害妇女儿童提供必要及时的援助；协调督促有关部门及时、公正地处理家庭暴力纠纷，必要时可以向有关部门发出监督建议书。"为了落实云南省《工作意见》的要求，我们所调查的某市妇联主动与各相关职能部门联系，建立了妇女法律维权咨询中心、妇女法律援助中心、妇联陪审员制度和信访信息上报制度，并建立了《某市

维护妇女儿童合法权益联席会议制度》①。其具体工作包括：一是与当地法院合作加强维权合议庭建设，选派基层妇联干部担任人民陪审员、庭前社会调查员；二是与综治部门联合开展以“无家庭暴力”为重点的“五无”（无毒品、无赌博、无黄色、无家庭暴力、无邪教）平安和谐家庭创建活动；三是与公安部门联合，着力破解家庭暴力问题。2008 年，在某区试点成功的基础上，还与市公安局联合下发了《关于预防和制止家庭暴力的工作意见》，对全市有效预防和制止家庭暴力违法犯罪行为提出指导性意见。2010 年，仅某区 5 个街道“反家庭暴力投诉站”就成功调解家庭暴力纠纷 93 起，在 A 县已有一名男子因对妻子实施家庭暴力而被处以治安拘留 5 天的处罚。

3. 加强对工作人员进行职业素养的培训

家庭暴力纠纷的调处除需要具备法律专业知识外，还需要具备其他学科的知识。因为在家庭暴力纠纷的处理过程中，妇联的工作并不是制裁施暴者，而是一方面通过说服、教育使施暴者能够改正其错误，停止施暴行为；另一方面则是为受害者提供咨询、建议，化解其面临的困境，维护其权益。因此，妇联工作人员的接待态度和说话语气在调解工作中起着重要作用。为此调查地妇联要求工作人员树立一种服务意识，微笑、和蔼服务，同时还采取多种方式对其工作人员进行专业知识培训。例如，A 县妇联积极鼓励其工作人员参加司法考试，要求其熟读、理解现行《婚姻法》、《妇女权益保障法》、《未成年人保护法》等几部经常适用的法律法规等。

（三）司法所预防和制止家庭暴力工作的成效和经验

由于被抽样调查地的司法所尚未开展预防和制止家庭暴力的各项工作，所以也就没有提供出可资借鉴的经验。为了反映出云南省司法行政部门在防治家庭暴力工作方面的全貌，我们又走访了省和调查地的市司法行政部门，通过与省、市一级工作人员的访谈，我

① 城市名已隐去。

们了解到这样一些情况：自2010年云南省《工作意见》提出“预防和制止家庭暴力是全社会的共同责任。各地各单位应当将预防和制止家庭暴力纳入本地区、本单位平安创建和社会治安综合治理工作目标责任制加以落实”以来，云南省司法行政部门通过采取一系列的措施，加强了基层司法所和人民调解组织在预防和制止家庭暴力工作中的作用。

1. 加强对禁止家庭暴力的法制宣传

例如，某县司法局提出，将禁止家庭暴力的法制宣传教育列入普法工作规划，要求基层司法所和人民调解委员会在工作中加强对现行《妇女权益保障法》、《云南省实施〈妇女权益保障法〉办法》、《婚姻法》、《未成年人保护法》等法律法规的宣传，不断增强公民的法制观念和道德观念，提升预防和制止家庭暴力的能力和水平。这一举措将有利于增强当事人的法律意识，有效遏制家庭暴力的发生。因为在家庭暴力的防治中，预防是关键，施暴者了解了法律，知道了施暴将会承担法律责任以后，才可能改变用“拳头”说话的行为方式，由不敢施暴转为不愿施暴。

2. 加大对人民调解员的培训力度

现有的人民调解员由于受教育水平和知识储备的限制，业务素质普遍不高，在进行调解工作时也不够专业、规范。针对这种情况，当地主管部门加大了对乡（镇）、村调解员的培训力度。在培训时采用了集中学习、以会代训、旁听开庭、以案释法等多种形式。另外我们还了解到在有的地区，当地司法行政部门还定期到村（居）民委会对调解程序和调解协议书制作进行指导，要求调解机构做到简单民间纠纷《纠纷受理登记簿》、《调解工作记录簿》规范齐全；普通民间纠纷，纠纷受理登记、调解申请、调查笔录、调解笔录、调解协议书、回访笔录等“一案六件”规范化制作。

3. 采取多种措施充实人民调解员的队伍

在乡镇一级，人民调解员不仅人数少而且大多都是兼职。为了进一步加强专业性人民调解组织和调解员队伍建设，各地主管部门采取了多种举措。在增编不现实的情况下，有的地方通过政府购买公益性岗位充实到司法所从事人民调解工作。有的通过整合司法行政资源，广泛引导律师、法律服务工作者和专业调解员队伍共同参与调解工作。同时，省司法厅按照“重心下移、推动全局”的工作思路，组织开展了“厅机关百名干部进乡村”参与、指导矛盾纠纷化解活动，同时，要求各州市司法局组织好全省 129 个县（市、区）司法局，1377 个司法所的 7000 多名干部深入全省 13881 个村（居）民委会，开展进乡村进农户参与、指导矛盾纠纷化解活动，构建上下联动工作格局。2010 年，省司法厅第一批 21 个调解小组 60 余名机关干部，由厅领导带队深入昆明、曲靖、玉溪、保山、楚雄、文山、普洱、大理、临沧 9 个州（市）指导开展矛盾纠纷排查调解工作。

4. 改变对基层调解员的考评办法

为了进一步调动广大人民调解员的工作积极性和主动性，增强其进行调解工作的责任心和荣誉感，不断提升调解质量和调解成功率，充分发挥人民调解在化解矛盾纠纷中的基础性作用，云南省在 2010 年对人民调解员实行了“以奖代补、以件计补”的考评机制。目前昆明市已全面推行这项工作，并由市、县两级政府拿出 600 万元作为奖励经费。

5. 为家庭暴力受害者提供法律援助

虽然基层司法所在对家庭暴力受害者的救助方面存在许多困难，但仍通过一些变通方式，为其提供帮助。例如，调查地的某区某乡司法所在受害者来投诉时，通常建议其先报警处理。通过公安机关将存在家庭暴力的证据固定后，即为受害者提供相应的法律服务，对符合援助条件的受害者则提供法律援助，指派专门的工作人员办案。

四、云南省防治家庭暴力工作存在的不足和困难

（一）法院预防和制止家庭暴力工作的不足和困难

在我国的司法体制中，法院客观、中立、被动的工作性质决定了其在预防和制止家庭暴力中发挥的只能是“事中制止、事后制裁”的作用。也就是说只有当因家庭暴力引发的民事和刑事案件起诉到了法院，法院才能介入，而且在审理中还必须秉持“以事实为根据，以法律为准绳”的原则。而事实的认定需要当事人提供合格的证据，案件的裁判必须依据法律的规定，因此法院在预防和制止家庭暴力中面临的困难与存在的不足主要体现在以下方面：

1. 法律规定过于原则，缺少可操作性

正如有学者所指出的，尽管我国已在“《婚姻法》、《妇女权益保障法》等明确禁止家庭暴力，全国 27 个省、市、自治区出台了相应的地方性法规，2008 年中央宣传部、最高人民检察院、公安部、民政部、司法部、卫生部、全国妇联联合制定了《关于预防和制止家庭暴力的若干意见》，上述法律法规对遏制家庭暴力起到了重要作用，但仍存在以下问题：第一，缺乏全面禁止家庭暴力的全国性专门立法，已有的相关规定散见于不同的法律法规之中，相互之间缺乏衔接，体例不够系统、规范，内容不够周延、完整；第二，现行法律法规的规定过于抽象笼统，存在立法空白，缺乏可操作性，难以在审判实践中被切实遵从；第三，部门规章和地方性法规法律位阶较低，对于法律程序、举证责任、救助措施等基本法层面的现有规定难以有实质性的突破；第四，现有规范侧重于事后惩治，对正在实施的家庭暴力和持续发生的暴力行为欠缺及时、有效的事先干预和防范”。① 这种情况在我们所调查的法院中也同样存

① 《关于〈家庭暴力防治法〉专家建议稿的说明》，中国法学会反对家庭暴力网络，载中国法学网，http://www.iolaw.org.cn/showLaws.asp?id=22731，访问日期：2011 年 9 月 20 日。

在。从前述法院审理案件所依据法律的统计结果显示，适用最多的法律是现行《婚姻法》，所占比例高达 92.62%。而现行《婚姻法》中对家庭暴力虽有多条规定，[①] 但这些规定都比较原则，在适用时如何将家庭暴力与一般夫妻纠纷相区别？因为“一般夫妻纠纷中也可能存在轻微暴力甚至因失手而造成较为严重的身体伤害，但其与家庭暴力有着本质的区别”[②]。由于立法不够明确，在司法实践中缺少可操作性，导致法院在审理时对许多明明存在家庭暴力的家事纠纷案件都无法认定为家庭暴力，而只作为一般夫妻纠纷处理。

2. 司法解释对家庭暴力行为的界定类型过窄、认定标准过高

我国现行《婚姻法》没有对何谓家庭暴力作出界定。按照《婚姻法解释（一）》第 1 条的规定，“家庭暴力”，是指行为人以殴打、捆绑、残害、强行限制人身自由或者其他手段，给其家庭成员的身体、精神等方面造成一定伤害后果的行为。持续性、经常性的家庭暴力构成虐待。由于这一解释对家庭暴力的规定主要限于身体暴力，实践中普遍存在的精神暴力、经济控制等暴力形式不包括其中，故法院在案件审理中涉及这些类暴力形式时，往往难以认定。例如，我们在对某市三地区法院所做的调查统计结果显示，涉及家庭暴力案件中，采用最多的暴力方式是精神暴力（心理虐待），所占比例高达 98.24%；其次才是身体暴力，所占比例为 91.14%；第三是财产虐待，所占比例为 11.25%（见图 6－9）。而即便是身体暴力也需要“造成一定伤害后果”，如果没有达到“造成一定伤害后果”的要求，法院也就不会将其行为认定为是家庭暴力的行为。在与法官的访谈中，我们了解到，由于司法解释对家

① 现行《婚姻法》对家庭暴力的规定共 6 条，总则部分规定了“禁止家庭暴力”，离婚部分规定了实施家庭暴力构成离婚的法定理由，救助措施与法律责任部分规定了对遭受家庭暴力受暴者的救助措施和施暴者应承担的法律责任。

② 参见最高人民法院应用法学研究所《涉及家庭暴力婚姻案件审理指南》第 7 条第 2 款。

庭暴力的认定标准过高，某市三地近些年来所审理的家事纠纷案件，除了达到刑事案件轻伤标准的以外，判决结案的案件中还没有一件是以因家庭暴力的原因而审结的。这也是家事纠纷案件中采用调解方式审结的案件比例较高的重要原因。据一位派出法庭的法官介绍，由于无法认定为是家庭暴力行为，很多存在家庭暴力的离婚案件他们只有通过调解解决，如不能调解，第一次起诉的案件也大多判决不离。如果受害者半年后再起诉，即便是判决离婚，也不是以实施家庭暴力作为判决的法定理由，而是以其他理由判决，如分居达两年等。这种情况我们除了可以从前述对 A 县法院涉及家庭暴力案件审结结果的统计中看到外（见图 6－11a），在被调查地的其他法院也存在。以 B 县法院 2010 年审结的 701 件离婚案件为例，调解处理的 342 件，占 48.79%；判决处理的 181 件，占 25.82%；撤诉的 178 件，所占比例为 25.39%。其中，调解离婚的 254 件，占 36.23%；调解和好的 88 件，占 12.55%；判决离婚的 66 件，占 9.42%；判决不离婚的 115 件，占 16.41%。

3. 缺乏针对涉及家庭暴力案件的证据制度

在“谁主张，谁举证”的证据规则之下，当事人要赢得诉讼，证据是关键。从我们调查的情况看，在审结的家事纠纷案件中，法院首先运用得最多的证据形式是书证，所占比例为 100%（见图 6－11d）。也就是说，每起案件的审理都离不开书证这种证据形式的运用。其次为当事人陈述，再次为证人证言。当事人陈述需要其他证据形式来证明，鉴于家庭暴力隐蔽性的特点，能够有证人作证的案件其实并不多，所以能否提供书证就成了案件审理的关键。而涉及家庭暴力案件的受害者或者由于条件所限无法提供所需证据（如发生在农村的家庭暴力，或因其居住区域离医院较远，受暴后难以得到医院的诊断证明；或因经济原因而不能到医院就诊），或者因证据意识缺乏而没有注意收集必要的证据，这导致了在司法实践中对家庭暴力的认定率过低。以调查地的法院为例，据其介绍，在司法实践中，法院在认定一件纠纷是否构成家庭暴力时，一般要依据以下几个方面的事实来判断：其一，殴打、虐待是否是经常性的，而并非仅一两次；其二，殴打、虐待是否构成伤残，是否有医院的诊断证明书、司法鉴定中心出具的伤残鉴定、是否有派出所的出警记录等。而即便有了这些证据，也不一定就能证明伤残是因对方殴打所致。因而在其审理的涉及以家庭暴力作为离婚理由的案件中，当事人要么什么证据都提供不了，要么提供了证据也无法证明确实存在家庭暴力。由于难以证明存在家庭暴力，也不能以其作为离婚理由做出判决，所以法院在案件审理过程中会尽量避开是否存在家庭暴力的问题，尽管他们认为这样做对遭受家庭暴力的当事人很不公平，也无可奈何。而存在家庭暴力的家事案件无论是调解和好还是调解离婚，施暴者都不会受到法律制裁；而即便是判决离婚如果不以实施了家庭暴力作为离婚的法定理由，也同样是在放纵施暴者。在与调查地法官的访谈中，当问及“您认为您所在的法院处理家庭暴力纠纷是否得力”时，普遍认为不得力，尽管导致这种情况的原因多种多样，但占首位的都是“证据难以收集，违法难究”这一选项。既然不能认定为是家庭暴力，也就无法对受害者给予有效救济、对施暴者进行有效制裁。

4. 没有为家庭暴力案件配备专职审判员

由于家庭暴力具有复杂性、循环性、反复性、隐蔽性的特点，对这类案件的审理人员也就提出了更高的要求，最好有专门化的审理组织。按照2008 年 3 月，最高人民法院应用法学研究所《涉及家庭暴力婚姻案件审理指南》（以下简称《审理指南》）第 19 条第 3 款规定：“这是因为：处理家庭暴力问题不仅需要法学，还需要社会学、心理学、女性学和性别平等理论等知识，属于跨学科专业范畴。越是具备相关专业知识和社会阅历的人，越能理解婚姻案件中双方的心理互动模式和家庭暴力对婚姻的伤害，也就越能妥善处理涉及家庭暴力的婚姻案件。”但目前在调查地法院涉及家庭暴力的案件，县一级法院仍按普通家事案件一样由民三庭审理，而在其派出法庭（大都只有三名法官，刚够组成一个合议庭）则是什么案件都处理，专职化程度更低。而且由于派出法庭的工作环境、条件等都比法院所在地差，因此这里的工作主要由新分配来法院者担任。这也就导致面向基层涉及家庭暴力案件最多也最直接的法官，其专业知识和社会阅历反而越低。正是由于审判人员专职化程度低，且缺乏审理这类案件的专业知识，最高人民法院才发布了《审理指南》，以便“让办理涉及家庭暴力婚姻家庭案件的法官，能有一本专业的资源手册，帮助其做好法律规则、性别平等理念、家庭暴力理论知识、审判组织保障等方面的准备，以利于提高办案效率和分配正义的质量，更好地保障家庭暴力受害人的人身和财产权利。”① 但在调查地法院，审理这类案件的审判人员有的根本不知道有这样一部《审理指南》存在，有的虽然知道但并不了解其内容，所以也就不可能在审理案件时作为其办案指南。

5. 缺乏防范家庭暴力的有效措施

在涉及家庭暴力案件的审理过程中，目前调查地法院普遍缺乏防范家庭暴力继续实施的有效措施。据调查地法官介绍，在派出法庭对涉及家庭暴力离婚案件的审理过程中，时常会出现施暴者当着法官的面殴打受害人的情形。按照《民事诉讼法》“对妨害民事诉讼的强制措施”的规定，当此情形发生时，法院可以采用训诫、责令退出法庭、罚款、拘留等强制措施，情节严重的还可以追究其刑事责任。但在派出法庭，由于没有配备法警，法庭经常连正常的诉讼秩序都很难维持，更别说制裁施暴者。因为不是试点地法院，所以也无法通过发布“民事保护令”保护受害者。在目前的法律框架下，法院所能提供的只是事后的救济，也就是只有当家庭暴力的施暴者达到了刑事处罚或行政制裁的程度，法院才可以依法追究其法律责任。

---

① 参见2008年最高人民法院应用法学研究所的《涉及家庭暴力婚姻案件审理指南》前言：“本指南的编制目的”。

（二）妇联预防和制止家庭暴力工作的不足和困难

1. 家庭暴力具有隐蔽性，使得发现难、救助难、取证难

由于家庭暴力纠纷多发生在室内等私人领域，通常外人很难知晓，倘若受害者不向妇联反映，妇联则很难主动、及时介入，从而出现妇联的部分工作人员无事可做和妇联维权接待工作形同虚设的状况。同时，从部分受害者的亲身经历也显示，家庭暴力纠纷的隐蔽性，导致受害者在遭受家庭暴力时向他人和外界求助的机会较小，成功脱逃的概率更是微乎其微。不仅如此，等事后受害者想通过法律途径解决家庭暴力纠纷时，往往出现除受害者单方面陈述外再无其他证据佐证的局面，导致妇联等相关部门无法通过有效的法律途径制裁施暴者和解决此类纠纷，切实保护受害者。

2. 家庭暴力受害者维权意识缺乏或因其他顾虑，使妇联处理家庭暴力案件难

许多家庭暴力的受害者由于受传统观念的影响，加之存在“家丑不可外扬”的心理，在家庭暴力发生后，往往采取忍让的态度，而不愿追究施暴者，更不愿寻求妇联等相关部门解决，致使自己的合法权益一再受到侵害。加之家庭暴力的隐蔽性特点，如果受害者不寻求救助，妇联想要介入进行早期预防也就非常困难。此外，据妇联工作人员反映，大部分到妇联投诉家庭暴力的受害者，其内心并不是要制裁施暴者或与施暴者解除婚姻关系，他们多数只是因为一时的气愤无处发泄，更多的时候是希望能得到他人的同情、理解和鼓励，但这个“他人”又不愿意是熟人，最好是一个陌生人。至此，导致妇联工作在更大程度上是倾听家庭暴力受害者的倾诉，等受害者倾诉完毕，收拾好心情后，依然还是要回家过日子。所以，妇联的工作很少能触及施暴者，对其说服教育的可能性也较小，最终出现妇联维权工作被空置的情况，发挥不了实际作用。

3. 事前预防家庭暴力难，事后制裁乏力

相较于法院的审判工作而言，妇联在家庭暴力的防治方面更能

发挥积极主动的预防作用。但实际的情形是除了一般的宣传工作外，如何采取有效的措施预防家庭暴力的发生，目前妇联还没有成熟的经验可资借鉴。加之妇联的工作人员数量有限，不可能经常到辖区进行走访，所以"事前预防"很难实现。而对正在实施的家庭暴力的救济问题，由于现行法律的规定比较原则，缺乏可操作性，故当事人来投诉时，妇联只能劝说或提供一些咨询意见。这从妇联的《接待记录表》所记载的内容可以反映出来，很多来妇联投诉的受害者除了倾诉其遭遇外，大多是来咨询如何处理其所面临的问题的。而作为群众性组织，妇联对于施暴者除通过电话等形式对其进行说服教育外（与诉讼不同，受害者来投诉时，施暴者并不到场，且妇联也无法强迫其到场），只能通过其他部门来对其进行制裁。现阶段，对家庭暴力能够进行有力制裁的法律依据是现行《治安管理处罚法》的相关规定以及《刑法》中有关故意伤害罪、虐待罪、遗弃罪、非法拘禁罪和故意杀人罪等罪名的相关规定，而对于那些伤情较轻微、情节较轻、后果不严重的家庭暴力行为，只能对当事人进行批评教育，且对于"冷暴力"（即精神虐待）更是无所适从。从而使妇联在处理家庭暴力纠纷过程中经常陷入一方面当事人强烈要求法律制裁，而另一方司法机关因施暴行为达不到定罪量刑的标准而无法处理的两难境地，部分受害者因不理解而对妇联的工作提出各种质疑。

4. 接待工作不够规范，跟踪服务机制尚未建立，妇联主导与多部门配合的协调联动机制发挥作用不够

现阶段妇联对于家庭暴力纠纷的主要工作仅仅局限于接待受害者和倾听受害者的倾诉，但即便是这样，接待工作也不够规范。以C市为例，其《接待记录表》除受访者的姓名、单位、电话［电话一栏基本是空白，单位一栏填写的大多是某镇、村（居）委会或某单位等而不是具体、详细的地址，这也许有利于保护其隐私，但也造成回访、跟踪服务等工作的困难］外，受访者的其他基本情况如年龄、职业、文化程度等都没有记载；记录表记录的接访情

况也十分简略，许多记录表只有简单的一句："因家庭暴力前来咨询相关问题，已作了解答。"对于案件的真实情况如何、事后当事人的婚姻家庭状况如何等，并没有加以关注。只要当事人不再投诉，妇联的反家庭暴力维权活动即从受害者离开而终止。妇联在家庭暴力防治工作的某些方面还不够深入，虽有其客观原因，但在目前的法律框架下，如果妇联不能为受害者提供更多的关爱和帮助，其他部门也就更不可能如此。此外，虽然妇联已与多部门一起建立了处理家庭暴力的协调联动机制，但这种工作在目前还处于起步阶段，切实发挥其应有的作用还不够。加之法律在预防和制裁家庭暴力方面缺乏切实可行的有效措施，对其他部门的责任的规定也比较原则、概括，当出现互相推诿的情形时（这种情形其实很普遍），作为群众性组织的妇联也往往束手无策。

（三）司法所预防和制止家庭暴力工作的不足和困难

1. 防治家庭暴力的经费保障不足，各地防治家庭暴力的资源投入有限、分配不均

家庭暴力的防治工作需要必要的经费投入，而由于云南省地处祖国边疆地区，全省各地经济发展极不平衡，贫困落后地区占了很大比例，因此在防治家庭暴力工作的经费投入上各地存在很大差异。在省会城市或地市一级政府所在地的基层司法所，经费的保障相对容易解决，因此人员可以很快配齐，培训工作可以很快开展。而在离中心城市较远的县、市一级区域的基层司法所的经费筹措很困难。由于经费保障不到位，人员不足、缺乏培训的问题也就无法解决，因此，不仅防治家庭暴力的宣传工作难以开展，对受害者提供法律咨询和帮助的工作更是无法进行。例如，我们所调查的三县市两个镇一个社区司法所的情况，云南省《工作意见》已经发布一年多了，但这里的情况仍然没有什么变化。

2. 司法所工作人员肩负调解各种民间纠纷、提供多种法律服务的职责，难以为家庭暴力的防治投入更多的精力

与妇联主要"为妇女儿童服务"的工作性质不同，司法所承

担的调解民间纠纷的工作种类繁多，如我们调查的司法所其接待的投诉就涉及土地、林地、宅基地和财产纠纷等。在乡镇一级，司法所和法律服务所是“一套人马，两块牌子”，其提供的法律服务包括了担任法律顾问、代理民事经济行政诉讼、代理非诉事务、调解纠纷、提供法律咨询、代写法律文书等。而基层司法所人员有限，2～3 名工作人员的队伍既要担负调解各种各样民间纠纷的任务，又要提供多种多样的法律服务，使其不可能为家庭暴力的防治工作投入更多的精力，而只能是附带为之。

3. 调解人员普遍缺乏与防治家庭暴力相关的专业知识，难以满足当事人法律帮助的需要

基层司法所的工作人员大多没有受过专业的法律教育，虽然相较于缺乏法律知识的当事人，他们具有一定的法律知识，但掌握的程度也有限。与防治家庭暴力有关的各种法律规定散见于多种部门法中，具体内容过于原则，缺乏可操作性，即便是法律素养相对较高的法官也时常觉得无法适用，更何况是法律素养相对较低的人民调解员。由于能够得到专门培训的机会并不多，特别是在远离中心城市的乡镇一级，因此，调解人员普遍缺乏与防治家庭暴力相关的专业知识。就像调查地的一名司法所负责人向我们坦诚，他们对有关家庭暴力的知识如相关法律规定等并不是十分了解。

4. 家庭暴力取证难，司法所工作人员难以为受害者提供切实可行的帮助

取证难是各种救助机构面对家庭暴力时的一个共同难题。司法所在为家庭暴力的受害者提供法律援助时，如果提供不了合格的证据，法院无法认定家庭暴力的存在，当事人的合法权益就得不到维护。所以，面对受害者的求助，司法所只能建议其先自行收集需要的证据，或者建议其先向公安机关求助，待公安机关认定后再为其维权。据某区某乡司法所的工作人员介绍，由于家庭暴力取证较为困难，所以虽然有很多来访者自称受到家庭暴力，但是到目前为止，还没有一起最终被认定为家庭暴力的案件。

五、推进防治家庭暴力工作的对策建议

(一) 总的对策和建议

1. 尽快制定一部防治家庭暴力的专门性法律

家庭暴力是一个社会问题，涉及社会的方方面面，尽管我国目前已有多部法律对其进行了规定，“但与此同时，我国反家庭暴力的法律资源不足与浪费的情况依然严重存在，其不足主要表现为现有的法律条文较少，缺乏处理家庭暴力问题的基本原则，法律责任不明确，救助措施不具体，可操作性很差；其浪费则表现为现有的有关家庭暴力问题的法律规定与其他法律规定的衔接不够，影响了其他法律在保护家庭及其成员方面的适用；婚姻家庭领域司法干预的消极态度，严重影响了既有法律作用的发挥。为了改变这一现状，制定一部专门的具有新理念、新体系的反家庭暴力法是极其必要的”。[①] 从我们对法院、妇联和司法所三机构调查反映的意见和情况看，防治家庭暴力还存在某些效果不理想、防治措施不得力等情况。这尽管是多种原因作用的结果，但缺乏一部既具有“纲领性”又具有“综合性”的统一的家庭暴力防治法是导致这种状况的重要因素。“纲领性就是这部法律应明确防治家庭暴力的指导思想和应遵循的基本原则，为其他法律规定相关内容提供法律依据，指明方向；综合性就是要在内容上既有实体法的内容，又有程序法、组织法的内容；既有民事责任的规定，又有行政责任、刑事责任等方面的规定；既有关于政府组织的规定，又有非政府组织的规定；既有引述、重申性规定，又有协调性、独创性、保障性的规定；既有倡导性、宣言性的规定，又有义务性、强制性的规定。”[②]

---

① 参见李明舜:《制定反家庭暴力法的立法理念与体系建构》，载《中国法学会婚姻法学研究会 2010 年学术年会论文集》，第 85 页。

② 参见李明舜:《制定反家庭暴力法的立法理念与体系建构》，载《中国法学会婚姻法学研究会 2010 年学术年会论文集》，第 86 页。

有了这样一部法律规定，既可以解决各相关部门无力有效预防家庭暴力的现状，又可以加大对家庭暴力实施者的制裁力度。因为在保护人权和对家庭暴力“零容忍”的立法理念下，“禁止一切形式的家庭暴力”、“早期干预，预防为主”、“优先保护受害人”、“教育、矫治与惩罚相结合”等原则将贯穿整部法律的始终，目前对家庭暴力有些部门只能消极应对，无法积极预防的状况将得到改变。

2. 真正落实各级政府在防治家庭暴力方面的责任

防治家庭暴力是一项国家责任，“国家需要承担具有约束力的义务，预防、根除和惩罚这种暴力行为，如果国家未能履行这些义务则应该承担责任。这些义务源于国家采取措施来尊重、保护、促进和行使人权的责任”。① 将防治家庭暴力列为一项国家责任是国际社会的普遍共识，在我国学术界也持同样的看法，但这种观念在现行的法律文件中还没有得到切实体现，② 相关职能部门仍缺乏这种认识。例如，在七部门《意见》中只强调了“预防和制止家庭暴力是全社会的共同责任”，而没有着重强调国家和政府的责任。而在云南省《工作意见》中，在强调“预防和制止家庭暴力是全社会的共同责任”后，则把妇联的职责放在了其他职能部门之前，并要求“各地由妇联和综治部门牵头，建立预防和制止家庭暴力的协调联动机制，有效遏制家庭暴力”。这种观念反映在现实生活中就变成作为群众团体的妇联成了防治家庭暴力的积极倡导者和执行者，而真正的责任主体——政府，则处于一种消极应付的状态。妇联由于其职责和权限所限，在家庭暴力的防治问题上难以有效调

---

① 联合国秘书处经济和社会事务部提高妇女地位司编写：《秘书长的报告：关于侵害妇女的一切形式的暴力行为的深入研究》，第 17 页。载联合国官方网，http://www. un. org/womenwatch/daw/vaw/index. htm，访问日期：2012 年 1 月 20 日。

② 虽然 2005 年 8 月 28 日颁布的《妇女权益保障法》第 46 条 2 款规定“国家采取措施，预防和制止家庭暴力。”这也是国家承诺履行责任的一种形式，但采取措施的体现不应只停留在法律的倡导性规定上，而是应该颁布具有操作性、约束力的法律规范。

动更多的力量和资源的投入和关注。例如，在2012年的全国人大和全国政协两会上，全国政协委员曾海生在谈到妇女和儿童权益保护问题时就说道："妇联组织是一个协调机构，她为了妇女跑断腿、磨破嘴，还不如行政部门一个公章。"① 所以家庭暴力的防治，首先需要得到各级政府部门的重视，在此基础上为家庭暴力的防治进行必要的经费投入，设立专门性的反家庭暴力机构，并开展一系列的防治家庭暴力的工作，并使这种工作能够做到经常化、常态化。在提交给全国人大的《家庭暴力防治法》专家建议稿中，对国家和政府在防治家庭暴力方面职责的规定，既符合国际社会的普遍共识，也是我国履行其对国际社会的承诺、保护公民人权的体现。其第3条【禁止一切形式的家庭暴力】规定："国家保护家庭成员依法享有的各项权益，禁止一切形式的家庭暴力。国家采取必要措施，逐步完善防治家庭暴力的各项制度，消除一切形式的家庭暴力。"第4条【政府主导，多机构合作】规定："家庭暴力防治工作，实行政府统一领导，有关部门各负其责，社会广泛参与、多机构合作干预的工作机制。"第5条【人民政府职责】规定："各级人民政府应当重视和加强家庭暴力防治工作。县级以上人民政府应当将家庭暴力防治工作纳入国民经济和社会发展规划，并将家庭暴力防治经费列入本级财政预算。鼓励和支持社会力量参与为家庭暴力受害人提供救助的公益事业及其他家庭暴力防治工作。县级以上人民政府设立反家庭暴力委员会，负责组织、协调、指导、督促有关部门做好家庭暴力防治工作。各级人民政府有关部门在各自职责范围内做好家庭暴力防治工作。"并在第11条、第12条对反家庭暴力委员会的设置、职责等作出了明确规定。如果建议稿中的这些内容能在将来制定的反家庭暴力的法律中得到体现，将有助于促使各级政府真正履行其防治家庭暴力的职责。同时由政府设立的反

① 2012全国两会名人堂：《曾山之女曾海生：妇联跑断腿不如行政部门一公章》，载《春城晚报》2012年3月9日A14版。

家庭暴力委员会来负责组织、协调、指导、督促有关部门做好家庭暴力的防治工作，防治的效果可能更好。

3. 整合各种社会资源，加大对家庭暴力的预防和制裁力度

家庭暴力的防治是一项系统工程，既需要全社会的关注，也需要多机构、多部门的配合。虽然在七部委《意见》中，按照防治家庭暴力工作中的预防、介入、制止、惩处、救助、服务的顺序，分别对宣传部门、司法行政部门、公安机关、人民检察院、卫生部门、民政部门和妇联的职责进行了规定，但仍然难以改变我国家庭暴力防治工作只能事后制裁而无法事前预防、事中干预的状况。例如，发生在我们调查地 C 市的一起因家庭暴力导致受害者死亡的案件，受害者刘某是该市某看守所的一名女民警，其丈夫毛某也曾在该市某派出所工作过，后调至交警大队培训学校。2011 年 8 月 20 日凌晨，双方因家庭矛盾发生吵打，吵打过程中刘某受伤，后被其丈夫送往医院抢救。到医院后经医生确定：刘某已死亡。经该市法医技术室法医鉴定：刘某系颅脑外伤死亡。同日该市公安局以涉嫌故意伤害罪对毛某刑事拘留。事后据其家人、同事、所在小区的保安证实，刘某经常被其丈夫殴打，并曾向小区保安、派出所求助过。作为一名女民警，刘某却无力制止针对自己的家庭暴力，相关部门也没有能阻止这种暴力的一再发生直到受害者死亡。另一起发生在云南省昭通市永善县家庭暴力受害者“以暴制暴”杀死施暴者的案件，家庭暴力存续时间长达 12 年，受害者 4 次报警求助仍然难以制止施暴者的暴力行为。这表明在我国现行的法律和政策框架下，对正在进行或持续发生的家庭暴力，根本无法及时、有效地干预，只有在严重后果出现后，相关部门才会介入处理。按照国际社会的做法，“预防工作分为三类：初级预防——在暴力发生前予以制止；二级预防——暴力发生后立即反应以限制其严重程度和

后果；三级预防——对遭到暴力侵害者给予长期关心和支持”。[①]如果以这样的标准为参照来评估我国在反家庭暴力方面所做的预防工作，其差距是很明显的。因为从我们调研过程中所了解的情况看，在暴力发生前予以制止的初级预防现在还做不到，因为这种预防“需要转变态度和向社会的陈规定型观念发起挑战，并协助社区争取结束对侵害妇女的行为持容忍态度的现状。这种预防还需要增强妇女在政治上和经济上的能力，以改变其在社会上的从属地位”。[②] 而这需要全社会通过长期的、持续的努力才能实现；“暴力发生后立即反应以限制其严重程度和后果的二级预防”，在我国实践中也做不到位，以前述的“杀夫”案为例，受害者曾四次报警，但警察来后每次都是调解并对施暴者训斥一番后就算完成了救助任务；“对遭到暴力侵害者给予长期关心和支持的三级预防”，在我国仍处于空白状态。与此同时，对家庭暴力的制裁也缺乏力度，施暴者“获利不受罚”是造成家庭暴力屡禁不止的主要原因。正如《审理指南》所指出的，“由于在家里打人能达到目的而不受惩罚，不管加害人事后多么后悔，又多么真诚地道歉，并保证决不再犯，都必然因缺乏真正改变自己行为的动机而一再使用暴力”。以我们调查中所了解的情况和其他学者的研究成果[③]看，在农村家庭暴力的发生情况较为普遍，家庭暴力的当事人以农民所占比例最高，但与此相反，农村社会打架斗殴的现象却已经极少。华中科技大学中

① 联合国秘书处经济和社会事务部提高妇女地位司编写：《秘书长的报告：关于侵害妇女的一切形式的暴力行为的深入研究》，第 85 页。载联合国官方网，http://www.un.org/womenwatch/daw/vaw/index.htm，访问日期：2012 年 1 月 20 日。

② 联合国秘书处经济和社会事务部提高妇女地位司编写：《秘书长的报告：关于侵害妇女的一切形式的暴力行为的深入研究》，第 85 页。载联合国官方网，http://www.un.org/womenwatch/daw/vaw/index.htm，访问日期：2012 年 1 月 20 日。

③ 2007 年陈苇教授主持的一项对我国 31 个省市农村家庭暴力现状的调查显示，农村家庭暴力现象依然严重，有 62.02% 的被调查者表示，近两年来在其所居住地的村发生过家庭暴力。参见陈苇、倪丹：《我国农村家庭暴力调查实证研究》，载陈苇主编：《家事法研究》（2007 年卷），群众出版社 2008 年版，第 131～151 页。

国乡村治理研究中心主任贺雪峰教授的《河南周口农村调查》文中写道："在周口市郊农村调查发现，农村社会中打架斗殴现象已经极少。两人吵架，即使情绪很激动，也一般没有人敢动拳头。也是因此，虽然在当地农村，门子大兄弟多的家族在村庄中的各方面都会占强，但不会有兄弟多就动手打人的事情。按当地农民的说法，现在是法制社会，你打人了就得负相应责任。只要动手打人，皮肉伤也是轻微伤，轻微伤住到医院，这检查那检查，没有几万元的医药费根本就不可能出院，而所支付医疗费几乎无例外都应由打人者出。这样，当地就有一个关于打架的说法，即'你是想打十万块钱的架还是想打八万块钱的架'……"① 由于"受罚不获利"，"通过110深度进入农村的国家法一下子就将习惯法决定了，国家法与国家力量深深地嵌入到了乡村社会，并改造和重塑了乡村社会的运作逻辑"。② 所以任何陋习的改变也许不是一朝一夕就能完成的，但只要加大了惩治的力度就能有效遏制，在这方面我国已有制裁"酒驾"的经验可资借鉴。如果国家加大了对家庭暴力的惩治力度，如对达不到刑事制裁的施暴者可进行行政处罚、强制矫治、发布民事保护令限制其行为；增设"家庭暴力犯罪"的罪名，对故意造成家庭成员身体、精神、性伤害或者财产损害的行为，按家庭暴力犯罪处罚，且处罚时不再要求必须是"情节恶劣"、"情节严重"的情况，这样，施暴者就不再因"获利而不受罚"，有效防治家庭暴力也就有了可能。

4. 送法和资源下乡，加大对基层地区家庭暴力防治资源的投入

家庭暴力的防治需要各种资源和经费的投入，虽然七部委

① 参见贺雪峰：《河南周口农村调查》，载《21世纪经济报道》2012年1月17日第15版。

② 参见贺雪峰：《河南周口农村调查》，载《21世纪经济报道》2012年1月17日第15版。

《意见》要求“各部门要依法履行各自的职责，保障开展预防和制止家庭暴力工作的必要经费，做好预防和制止家庭暴力工作”。但由于一方面各地经济发展的不平衡性，导致财政困难的地区在防治家庭暴力方面存在经费投入困难；另一方面，即便经费的投入能够得到保障，但受到关注的往往是城镇特别是一些中心城市，广大的乡镇及农村地区经常成为“被遗忘的角落”，而这些地区正是家庭暴力的高发区。除了防治经费的保障存在困难外，广大基层地区在防治家庭暴力的知识储备、人员配置上也存在很多困难。以我们对基层司法所的调查为例，虽然基层司法所植根基层，在家庭暴力的预防和调处方面具有便民利民的天然优势，但在我们调查的地方，乡镇司法所并没有发挥出这样的作用。究其原因，一方面是人员数量所限，另一方面是相关的法律知识素养所限。这样的情况在法院的派出法庭和妇联也同样存在。在广大基层地区，遭受家庭暴力的受害者普遍缺乏法律知识。（从妇联的《接待记录表》可以看到，来妇联投诉的受害者除了倾诉其遭受的家庭暴力外，90%以上的受害者还同时有咨询相关法律问题的要求。）而负有防治职责的相关机构工作人员也非常缺乏这方面的知识，所以在这些地区，家庭暴力的防治要取得成效就必须在各种资源的配置上不仅要得到保障，而且还应该向其倾斜。

5. 建立预防和制止家庭暴力的长效机制

家庭暴力是一种社会“顽疾”，在我国有上千年的存在历史，虽然我国现已进入法制时代，但这种社会“顽疾”并没有随着社会的发展而消失，现实生活中仍然有其存在的社会、文化土壤，我们熟知的许多民谚如“打是亲，骂是爱”、“夫妻没有隔夜仇，床头打架床尾和”等就是这种社会文化现象的体现。而我国虽然早在20世纪90年代就开始致力于家庭暴力的防治工作。[①] 但20多年过去了，情况依然如故。造成这种状况的原因也并非国家、社会不重视，而应是预防和制止家庭暴力的长效机制没有建立起来。以对家庭暴力防治的宣传为例，宣传时间主要集中在每年的“三八妇女维权周”、“11·25国际反家庭暴力日”、“12·4全国法制宣传日”等时段，过了这几个时段，相关的宣传活动也就停止了。而在执行等方面，采用的也是“运动式”的执法模式，为的是与这几个防治的热点时间相配合。家庭暴力存在的长期性、发生的频繁性和持续性等特点，要求国家和社会持续不断地重视和关注，只有建立预防和制止家庭暴力的长效机制，家庭暴力的防治才会取得成效。

（二）针对法院、妇联和司法所的具体对策建议

1. 针对法院的对策建议

（1）设立专门处理婚姻家庭案件的人事诉讼特别程序和专门的家事审判庭

由于人事诉讼标的即实体法律关系的性质特殊，世界许多国家和地区，对人事诉讼采取了与其他诉讼不同的审理方式和原则，如设置专门的人事诉讼特别程序和审理机构。在诉讼中，通常程序采用辩论原则及处分原则（不干涉原则），人事诉讼程序采用干涉原则（也称职权审理原则）及限制当事人处分权等。[②] 由于家庭暴力具有复杂性、循环性、反复性、隐蔽性的特点，对这类案件的审理

---

① 一般认为我国的家庭暴力防治工作始于1995年在北京举行的“联合国第四次世界妇女大会”。这次大会通过的《北京宣言》和《行动纲领》把家庭暴力作为第四个重点关注领域提出来，对其进行了详细的规定和说明。但家庭暴力首次作为问题在我国提出是在1991年，这年的《中国妇女》杂志发表了一篇名为“家庭暴力白皮书”的文章。参见金眉：《对中国反家庭暴力立法的评述——法律移植的一个立场》，载夏吟兰等主编：《婚姻法学专题研究》（2007年卷），中国人民公安大学出版社2008年版，第31页。

② 参见王强义著：《民事诉讼特别程序研究》，中国政法大学出版社1993年版，第299页。

人员也就提出了更高的要求，最好有专门化的审理组织。而对这类案件的处置更需要全方位、多渠道的保护和救济，如行政、社会、民事、刑事等的干预。既然我国对知识产权案件可以进行“三审合一”（即对知识产权的民事、行政、刑事诉讼都由一个专门的法庭审理，现正在一些地区的法院试点），对涉及家庭暴力的案件也可以统一由一个专门的审判庭承担。

（2）引入民事保护令制度

“民事保护令制度是当前世界不少国家应对家庭暴力的主要司法手段之一，其有效性和可行性已为司法实践所证实。与传统的救济方式相比，民事保护令制度的重心由对施暴人的事后惩罚，转变为对受害人的事前保护，具有事先性、预防性、简捷性等特点，其程序也更加简洁，时间更加迅捷，是受害人得到快速、有效救济的更直接有力的预防措施。”① 民事保护令制度在不同的国家有不同的实践，如英国 1976 年《家庭暴力与婚姻诉讼法》中即赋权民事法庭发布命令制止家庭暴力。在 1996 年《家庭法》中又引入三种新的命令以有效防治家庭暴力，这三种命令是停止侵扰令、占有令和紧急保护令。而且其适用的对象很广泛，除通常的夫妻外，还包括相关的关联人。② 美国的民事保护令主要分为暂时保护令和保护令两种，为了保证其有效实施，美国联邦及各州还制定了一系列的配套法律，如《家庭暴力逮捕法》、《预防家庭暴力与服务法案》、《被害人权利法》、《民事保护令》等。③ 此外，加拿大、澳大利亚、挪威等国也设置有类似制度。尽管保护令制度在各国具体规定略有不同，但都具有以下共同特点：第一，法院处于核心地位，

---

① 参见《关于〈家庭暴力防治法〉专家建议稿的说明》，载中国法学网，http://www.iolaw.org.cn/showLaws.asp? id = 22731，访问日期：2011 年 9 月 20 日。

② 参见蒋月：《英国防治家庭暴力与保护受害人立法述评》，载《政法论丛》2011 年第 2 期。

③ 参见李秀华：《人身保护令准入法律实施机制之思考与突破》，载《中国法学会婚姻法学研究会 2010 年学术年会论文集》，第 124 页。

“法院居于程序的核心，不仅可以作出客观、公正的裁判，更重要的是，经法院作出的裁判由于具有较强的执行效力——违反保护令或怠于执行保护令，都要承担相应的刑事或民事责任，故而更具有操作性，能够有效地制止和预防家庭暴力”。第二，强调多机构合作。第三，注重对受害人的保护。[①]《中华人民共和国家庭暴力防治法》（专家建议稿）在第四章“民事干预”部分的第一节规定了“民事保护令”制度。按其解释，民事保护令，是指为制止家庭暴力，保护受害人安全，法院依法作出的要求施暴人完成一定行为或禁止实施一定行为的命令。它由两部分组成：一是禁令，即法院为制止家庭暴力依法作出的禁止施暴人实施一定行为的命令，如禁止施暴人对受害人继续实施家庭暴力；禁止施暴人利用电话、信件、网络等方式骚扰受害人等。二是要求施暴人给付金钱、物或完成一定行为的命令，如责令施暴人给付受害人及其所抚养家属的生活费、医疗费或其他必要的费用等。

（3）制定针对涉及家庭暴力案件的证据制度

由于家庭暴力的隐蔽性特点，在司法实践中受害人因举证能力的限制，法院目前能认定家庭暴力的，基本上是根据加害人的自认，认定率不到10%。[②] 因此学界提出应通过举证责任的倒置、适用表见证明等方式减轻受害人的证明责任。这在《审理指南》第四章“证据”部分也得到体现。但证明责任的改变也就意味着败诉的危险负担的转移，为了保证这一制度的公平与正义，必须有明确的法律依据，作为法官办案参考的《审理指南》显然无法做到这一点。

① 参见郝佳：《论保护令在家庭暴力法律防治中的作用》，载夏吟兰等主编：《婚姻家庭法前沿——聚焦司法解释》，社会科学文献出版社2010年版，第173～174页。

② 转引自李秀华：《人身保护令准入法律实施机制之思考与突破》，载《中国法学会婚姻法学研究会2010年学术年会论文集》，第124页；孙娜娜：《中国家庭暴力发生率达35.7%女性受害者占9成》，载中新网—人民日报，http://www.gscn.com.cn2008－10－7，访问日期：2011年9月22日。

2. 针对妇联的对策建议

（1）重视和加强对基层妇联维权工作人员反家庭暴力专业知识的培训

虽然云南省妇联一直重视这方面的培训工作，多次邀请北京的专家来对其工作人员进行培训，但这种培训的受益者主要是昆明等中心城市的工作人员，广大基层的工作人员接受正规、专业培训的机会其实并不多。故今后妇联培训的重点地区应下移，其对象应主要是基层的接待人员，而不只是中心城市的工作人员。

（2）规范接待工作

这包括对受害人在内的投诉人的接待程序的规范，记录表表格的制作、填写内容、其他记录事项等的规范以及调解、解答、建议等法律服务的规范。

（3）加大与相关部门的合作力度，及时有效地处理家庭暴力纠纷

妇联作为一群众性的组织，要真正在家庭暴力的防治工作中发挥作用，就要善于取得公、检、法、司等部门的支持和配合，而不应将其接访工作仅停留在对家庭暴力纠纷做形式上的记录的现状下。其合作方式可多种多样，如为加强调解的效果，在对部分态度恶劣、屡劝不改的施暴者进行说服教育时，妇联可与公安机关联系，与其一起进行处理；同时监督公安部门的出警和立案情况。又如与司法局和司法所合作，建立家庭暴力援助中心，将经济困难的家庭暴力受害者列入法律援助对象，为受害者提供法律救济，从而通过法律途径有效惩治施暴者。

（4）建立家庭暴力接访工作的反馈、跟踪机制

在存在家庭暴力的家庭，一次调解并不能彻底根除，反复发生是家庭暴力与一般家庭纠纷相区别的特点。来妇联投诉的受害者中有很大一部分是来倾诉、寻求安慰的，虽然他们仍愿意维持现在的婚姻家庭关系，但仅靠其力量无法阻止施暴者的一再施暴。这种状况不改变，这些受害者最有可能成为家庭暴力的牺牲品——因受暴

致死、致残或以暴制暴成为罪犯。所以，妇联应通过建立家庭暴力接访工作的反馈、跟踪机制，以实现家庭暴力的早期预防、事中制止。

3. 针对司法所的对策建议

（1）设置专职的家庭暴力纠纷调解员

基层司法所面对的民间纠纷种类繁多，使其在家庭暴力的调处工作中由于人员和专业知识的缺乏而不能很好地发挥作用。因此，有必要为其增加人员配置，通过设置专职的家庭暴力纠纷调解员，使其在家庭暴力的防治中真正发挥植根基层、便民利民的优势。

（2）增加对基层司法所的资源投入，为基层调解人员提供专业的防治家庭暴力知识培训

为解决现有一些偏远、贫困地区基层司法所资源缺乏，资金短缺的问题，政府有必要加大对基层司法所的资金和人员的投入，努力改善司法所的基础设施，加强对基层调解人员的法律知识培训，从而更有效地开展防治家庭暴力活动，制止和减少家庭暴力的发生。

（3）加强与公安、妇联等的合作，为家庭暴力的受害者提供更便捷的法律服务和更多的法律援助

基层司法所作为群众性组织，受理的工作范围广，因此有必要加强与地方派出所、公安局以及妇联的合作，通过三个组织的配合，可以为家庭暴力受害者提供更便捷的法律服务和更多的法律援助，有效地解决和制止家庭暴力问题。

附录 1

西南政法大学外国家庭法及妇女理论研究中心简介
(中英文对照)

学术顾问(以姓氏笔画为序):丁中平、王建华、张淑钰、
李春茹、陈彬、谢晓曦

主　　任: 陈　苇

副 主 任: 张华贵、朱　凡

秘 书 长: 杜江涌

副秘书长: 胡苷用

2003 年 12 月至 2004 年 12 月，西南政法大学民商法学院博士生导师陈苇教授受国家留学基金资助，由国家教育部公派出国留学，她作为访问学者到澳大利亚悉尼大学法学院进修家庭法一年。她回国后于 2005 年 1 月向学校提出了建立“西南政法大学外国家庭法及妇女理论研究中心”的书面申请。2005 年 4 月 1 日西南政法大学校长办公会议批准同意该研究中心成立。

本“研究中心”的工作宗旨是：通过整合本校婚姻家庭法及妇女理论方面的科研与教学资源，联合校内外其他单位与部门的相关人员，以西南政法大学为依托，开展中外学术交流，着力研究现阶段中外婚姻家庭继承法及妇女领域的重大理论和实践课题，为我国婚姻家庭继承法的完善及妇女理论的发展提供有益的借鉴经验，为我国立法机关提出相关建议，为司法部门提供法律咨询服务，争取多出科研成果，出精品科研成果，为创建国内一流、国际知名的西南政法大学而努力。

本“研究中心”的主要任务包括：1. 开展中外学术交流；2. 提

供专业咨询服务；3. 进行学术前沿理论和司法实务问题研究；4. 培养婚姻家庭继承法及妇女理论的学术人才；5. 组织开展学术讲座等，以期造就一批本学科领域有一定影响的学术骨干和后备学术带头人。

本“研究中心”的学术研究平台，为促进学术研究和学术交流，本研究中心主任陈苇教授自2005年起先后创办、主编出版《家事法研究》学术论文集刊和“家事法研究学术文库”丛书，到2013年底为止的九年期间，已出版《家事法研究》（2005年卷至2010年卷）学术论文集刊六卷和“家事法研究学术文库”丛书著作九部。这些论文集和著作，着力研究婚姻家庭继承法领域的前沿理论和司法实务热点难点问题，在我国学术界和实务界已产生了良好的社会影响。必须说明，为进一步扩大《家事法研究》的学术影响，在2009年中国婚姻家庭法学研究会常务理事会上，经陈苇教授提出申请，该研究会常务理事一致同意，夏吟兰会长宣布自2010年起《家事法研究》改由学会主办。但由于2010年该学会将出版“2009年中国婚姻家庭法学研究会年会论文集”，故夏会长委托陈苇教授继续主编出版《家事法研究》（2010年卷）。即从2011年起《家事法研究》改由中国婚姻家庭法学研究会主办，它成为该学会的会刊。为继续推进婚姻家庭继承法领域前沿理论和司法实务问题的研究，本“研究中心”决定打造新的学术研究和交流的平台，自2012年起陈苇教授担任主编，负责遴选出版“家事法研究学术文库”丛书，每年计划出版2～3本，由国家级出版社出版。同时，本“研究中心”继续与杨晓林律师组建的家事法律师团队合作，在“西南政法大学外国家庭法及妇女理论研究中心”网页——学习园地之“学术前沿”栏，发表婚姻家庭继承法领域的前沿理论和司法实务热点难点问题的最新研究成果，以期实现学术研究与立法、司法的良性互动，促进中外学术研究和学术交流。

本“研究中心”的团队成员，以西南政法大学民商法学院婚姻家庭继承法和妇女理论研究所的人员为基础，并聘请校内外的专家、学者担任学术顾问和特约研究员而组成。

Appendix 1

Introduction of the Research Center on Foreign Family Law and Women's Theory of Southwest University of Political Science and Law, China

Academic Consultants: DING Zhongping, WANG Jianhua, ZHANG Shuyu, LI Chunru, CHEN Bin, XIE Xiaoxi

Director: CHEN Wei

Deputy Director: ZHANG Huagui, ZHU Fan

Academic Secretary: DU Jiangyong

Deputy Academic Secretary: HU Ganyong

Professor CHEN Wei, the doctor tutor of the Civil and Business Law School of Southwest University of Political Science and Law, China [hereinafter refers to SWUPL], studied family law in the Law School of Sydney University, Australia from Dec. 2003 to Dec. 2004 with the sustentation of "STATE SCHOLARSHIP FUND AWARD". In Jan. 2005, some days after came back to China, she presented the application for establishing "Research Center on Foreign Family Law and Women's Theory of SWUPL, China". On Apr. 1st 2005, the President's Working Office of SWUPL approved her application.

The aim of the Research Center is to develop academic exchange between China and foreign countries, put emphasis on grand important theory and practice problems of family law and women's theory by associating the researching and teaching resources of SWUPL with relevant personnel of other units and departments. All of that we have done and will do have some important meaning: (1) may provide the valuable experiences for the perfection of the laws of family and succession in China and the development of women's theory, (2) may provide relevant suggestions to Chinese legislature, and (3) may provide legal advices to judicial practice departments. We hope that SWUPL will be top ranking internally and famous internationally with our efforts.

The assignments of the Research Center including: (1) developing academic exchange between China and foreign countries in relevant fields; (2) providing professional consultation service; (3) strengthen academic research; (4) training some academic adepts of family law and women's theory; (5) giving academic lectures. We hope that some adepts and reserve academic leaders with certain influence in family law field would be brought up.

The academic research platforms of the Research Center: In order to promote the academic research and exchanges, Professor CHEN Wei, director of the Research Center, has founded and edited the publication of the Periodical of Research on Family Law and the Works of Researches on Family Law early or late since 2005. By the end of 2013, 6 volumes of the Periodical of Research on Family Law (Volumes 2005 to 2010) and 9 Works of Researches on Family Law have been published during the nine years. These papers and books, focusing on the frontier theory research on Marriage, Family and Inheritance Law and the judicial practice issues, have had good social affluence in the academic circle and practice circle of China. It is noteworthy that, in order to further expand the academic influence of the Periodical, in the Executive Council of Society of Marriage and Family Law of China (SMFLC) in 2009, upon Professor CHEN Wei's proposal, the Executive Council agreed and President Xia Yinlan announced that the Periodical of Research on Family Law was edited by SMFLC after 2010. As SMFLC would publish the papers submitted to the Annual Meeting of SMFLC in 2009, President Xia Yinlan authorized Professor CHEN Wei to edit the publication of the Periodical of Research on Family Law (Volume 2010) in 2010. The Periodical was edited by SMFLC and became its Society Journal from 2011. In order to continue to advance the theoretical research and judicial practice in the field of Marriage, Family and Inheritance Law, the "Research Center" decided to build a new platform for academic research. 2 - 3 of the Works of Researches on Family Law which will be selected and edited by Professor CHEN Wei for publication each year by the national publishing press since 2012. At the same time, the "Research Center" continues to cooperate with the Family Law Lawyer Team built by Lawyer Yang Xiaolin. On the webpage of "Foreign Family Law and Women's Theory Research Center of SWUPL"—"Academic Frontier" of Study Column, the latest research achievements on the frontier theory of Marriage, Family and Inheritance Law and judicial practice issues are published to realize the benign interaction between academic research, legislation and justice and promote the academic research and exchanges between China and foreign countries.

The personnel of the Research Center is mainly composed of scholars from the Marriage, Family and Succession Law and Women's Theory Research Institute of the Civil and Business Law School of SWUPL, China. We also invite some famous experts and scholars around the whole country to be the consultants and special research fellows. They are the members of the Research Center too.

附录 2

西南政法大学外国家庭法及妇女理论研究中心 已出版书目（2006～2012 年）

《外国婚姻家庭法比较研究》（2006 年出版）

《中国大陆与港、澳、台继承法比较研究》（2007 年出版）

《当代中国民众继承习惯调查实证研究》（2008 年出版）

《改革开放三十年（1978～2008）中国婚姻家庭继承法研究之回顾与展望》（2010 年出版）

《中国婚姻家庭法立法研究》（第二版）（2010 年出版）

《外国继承法比较与中国民法典继承编制定研究》（2011 年出版）

《当代中国内地与港、澳、台婚姻家庭法比较研究》（2012 年出版）

《加拿大家庭法汇编》（2006 年出版）

《澳大利亚家庭法（2008 年修正）》（2009 年出版）

《美国家庭法精要》（第五版）（2010 年出版）

《澳大利亚法律的传统与发展》（第三版）（2011 年出版）

《家事法研究》2005 年卷（2006 年出版）

《家事法研究》2006 年卷（2007 年出版）

《家事法研究》2007 年卷（2008 年出版）

《家事法研究》2008 年卷（2009 年出版）

《家事法研究》2009 年卷（2010 年出版）

《家事法研究》2010 年卷（2011 年出版）

图书在版编目（CIP）数据

我国防治家庭暴力情况实证调查研究：以我国六省市被抽样调查地区防治家庭暴力情况为对象/陈苇主编．—北京：群众出版社，2014.5

（家事法研究学术文库）

ISBN 978-7-5014-5232-3

Ⅰ.①我…　Ⅱ.①陈…　Ⅲ.①家庭问题—暴力—防治—调查研究—中国　Ⅳ.①D669.1

中国版本图书馆CIP数据核字（2014）第081316号

我国防治家庭暴力情况实证调查研究

陈　苇　主编

出版发行：群众出版社
地　　址：北京市西城区木樨地南里
邮政编码：100038
经　　销：新华书店
印　　刷：北京兴华昌盛印刷有限公司

版　　次：2014年5月第1版
印　　次：2015年10月第2次
印　　张：10.875
开　　本：880毫米×1230毫米　1/32
字　　数：294千字

书　　号：ISBN 978-7-5014-5232-3
定　　价：48.00元

网　　址：www.qzcbs.com
电子邮箱：qzcbs@sohu.com

营销中心电话：010-83903254
读者服务部电话（门市）：010-83903257
警官读者俱乐部电话（网购、邮购）：010-83903253
法律分社电话：010-83905745